21世纪

经济管理精品教材

会计学系列

Advanced Management Accounting

Theory and Practice

高级管理会计
理论与实践

冯巧根◎著

清华大学出版社

北京

内 容 简 介

本书以管理会计基本理论、概念框架和工具方法的研究为核心,结合企业组织与技术等特征体现管理会计研究的最新成果。本书通过采用大量简捷的企业案例展现管理会计应用的精髓,突出管理会计理论与方法的实用属性,注重学科体系间的完整性和协调性,强调传承与创新并重,积极探索"互联网+"等新经济条件下的管理会计新情境。本书可作为经济与管理研究生的教学用书,也可以作为会计学及相关专业的高年级本科学习用教材。此外,还可作为相关人士自学或进修"高级管理会计"的参考用书。

图书在版编目(CIP)数据

高级管理会计:理论与实践/冯巧根著.—北京:清华大学出版社,2019(2024.9重印)
(21世纪经济管理精品教材·会计学系列)
ISBN 978-7-302-52586-8

Ⅰ.①高… Ⅱ.①冯… Ⅲ.①管理会计—教材 Ⅳ.①F234.3

中国版本图书馆 CIP 数据核字(2019)第 044602 号

责任编辑:梁云慈
封面设计:李召霞
责任校对:宋玉莲
责任印制:刘海龙

出版发行:清华大学出版社
    网   址:https://www.tup.com.cn,https://www.wqxuetang.com
    地   址:北京清华大学学研大厦 A 座   邮   编:100084
    社 总 机:010-83470000   邮   购:010-62786544
    投稿与读者服务:010-62776969,c-service@tup.tsinghua.edu.cn
    质量反馈:010-62772015,zhiliang@tup.tsinghua.edu.cn
印 装 者:涿州市般润文化传播有限公司
经 销:全国新华书店
开 本:185mm×260mm   印 张:14   字 数:318 千字
版 次:2019 年 4 月第 1 版   印 次:2024 年 9 月第 6 次印刷
定 价:49.00 元

产品编号:080983-01

前言

　　全面推进管理会计体系建设是我国会计改革与发展的一项重要任务,其核心是要构建具有中国特色的管理会计理论与方法体系。改革开放 40 年的管理会计变迁实践表明,我国管理会计从早期以强化成本控制与预算管理控制为主的管理控制系统"一元观",向管理控制系统与信息支持系统融合的"二元观"转变,体现了现代科技进步的内在要求,展示了管理会计发展的强大生命力。当前,在供给侧结构性改革的背景下,"互联网十""中国制造2025"等又引领管理会计理论与方法体系进入了一个大发展的转折时期。传统的商业模式和经营流程已经或即将发生革命性的变化,新商业模式和新业态等在给管理会计机制注入新动力与活力的同时,对企业的发展也提出了更高的要求,即由"中国制造"向"中国创造"转变,实现"全球品牌,中国制造"向"中国品牌,全球制造"转型。经济新时代对企业管理提出了新要求,会计作为企业管理的一个重要组成部分,必须加速转型,推动中国管理会计的变迁与发展。

　　客观地说,我国管理会计正处于制度化的关键时期。随着中国经济模式从高速增长向高质量发展转变,企业面临的国内外环境将更具不确定性。对管理会计在提升组织效率和竞争力中的经验与做法进行归纳和整理,并将其融入高级管理会计的知识体系之中,是增强我国管理会计在国际上的话语权,加快企业管理创新的重要课题。中国社会进入了"新时代",结合现阶段经济发展中存在的不平衡、不充分现象,管理会计的功能作用将变得更加重要。因此,积极推进高级管理会计的理论与方法研究,并使其在会计学、管理学及经济、社会学科中普及与推广意义重大。"高级"是相对于"初级""中级"而言的概念,且表现出更宽、更广的知识系统特征。我认为,构建"高级管理会计"的学科体系应符合以下要求。

　　1. 体现学科发展的规律。作为建立在初级与中级管理会计之上的一门学科,高级管理会计针对的是管理会计理论体系建设中存在的紧迫性问题,以及由此呈现的相关对策性的研究成果。高级管理会计必须能够展现管理会计学科的发展规律，并结合经济社会发展的需要不断创新管理会计的工具和方法。管理会计的初级、中级与高级的内容体系设置应主动加强协调，即不仅要突出管理会计学科体系的完整性，还需要有权变性的动态发展理念，并且通过知识、技能与方法之间的平衡，提升高级管理会计在实践中的信度与效度，增强解决企业实际问题的能力。

2. 满足制度建设的需要。管理会计制度体系建设既要符合宏观经济政策的需要，也要满足产业转型升级的需求，更要为企业有效应用制度提供良好的环境。高级管理会计应当包含管理会计的基本指引和应用指引中的核心内容，同时，其理论面与知识面又需要适当超越制度规范，为制度未来的完善与发展提供变迁的空间。全面推进中国管理会计制度体系建设，必须坚持以管理会计概念框架和工具方法研究为基本范式，财政部将其概括为"4＋1"，即力争通过5～10年的努力，使得中国特色管理会计理论体系基本形成，管理会计指引体系基本建成，管理会计人才队伍显著加强，管理会计信息化水平显著提高，管理会计咨询服务市场显著繁荣。

3. 突出理论与实践的结合。高水平本土化管理会计研究的动力来自两个方面，一是改革开放40年来我国市场经济规模的迅速扩展，二是以IT技术为代表的会计信息支持系统的快速完善。尽管财政部已经明确了全面推进管理会计体系建设的路线图，即沿着"基本指引——应用指引——案例指南——咨询服务"向前发展，但管理会计教学体系中的内容安排仍是见仁见智。理论指导实践，实践反作用于理论。本书在写作过程中遵循理论与实践融合的客观规律，适度地在书中加入了一些简捷的案例，并且在每章的末尾附加了一节"案例与讨论"的内容。这种写作安排基于两点思考：一是增强学生的感性认识；二是加深对每章内容的理解。换言之，高级管理会计的研究价值是双元的，一方面，它表现为文献基础上的知识创造，或者价值贡献；另一方面，它体现在企业实践之中的价值提炼，是对管理会计实践主体的经验总结，即案例研究。

4. 实现传承与创新的融合。从目前国内已有的高级管理会计书籍来看，其内容安排有两种研究方式：一种是从成本入手，传承成本性态的基本观念，通过对各种管理会计工具的分析予以阐述；另一种是从概念框架与理论创新入手，结合技术进步、组织变革等因素对管理会计活动进行阐述。前者的客观性比较强，知识体系较为完整；后者主观性比较强，研究性与实用性较为突出。从我国的管理会计学科体系上看，考虑到本科管理会计教材中已对成本性态、本量利分析等初级内容，以及作业成本法、平衡计分卡等诸类中级管理会计的内容作出了充分的讲解，因此，从后者入手研究和设计高级管理会计的内容体系则比较符合国情，尤其是能够减少内容的重复交叉。此外，"高级管理会计"与"管理会计研究"相比较，它传递的是一种"工匠性"的学术价值观，创新的需求主要是基于整合驱动的工具方法创新与开发。

此外，需要说明的是，本书没有对成本管理与预算管理进行专门的章节安排，原因主要是这些内容在研究生阶段的课程体系中是单独开设的，且一些基础性的知识已经在初级与中级管理会计学中有比较多的涉及或介绍,从避免学科体系内容重复的角度考虑,未将它们写入本书之中。

本书是作者近年来教学与研究的结晶,主要是根据普研和全日制会计专业研究生的上课课件进行整理而成的,这些内容大都有五年以上的讲授体会,其中的部分章节根据应用环境的变化也修改过若干次,同时对业界同人的一些优秀成果也采取了积极吸纳及认真补充的态度(在此对这些学者们表示感谢)。本书可作为高等财经院校、综合性大学的会计学、管理学及相关专业的研究生(包括各类专业硕士)学习高级管理会计的教材,也可以作为会计学及相关专业的高年级本科生学习管理会计理论与方法的参考用书。此外,还可用作广大经济管理干部自学或进修高级管理会计学的学习用书。

限于作者的水平,书中难免存在疏漏、不妥甚至错误之处,敬请广大读者批评、指正,以便再版时进一步改正和提高。

冯巧根

2018 年 10 月

目 录

第1章

总　　论

管理会计是一门新兴的边缘学科,是多种学科相互交义、相互渗透的结合体。从理论研究的视角考察,管理会计大致有三个流派:一是经验学派,强调经济学在管理会计中的应用;二是案例学派,注重管理学在企业实践中的普及与推广;三是评价学派,是社会学等在管理会计理论与实践中应用形成的派别,并时常对上述两种流派及管理会计存在的问题及现状加以分析与评判。从管理会计实践视角分析,管理会计研究成果不能仅停留在某个领域或某一层面的工具属性上,而是应当形成一套完整、全面的理论与方法体系,并为企业实践应用发挥积极的指引作用。

第一节　管理会计的学科定位

管理会计学科是一门交叉学科,也是一门边缘学科,它是随着科学技术的进步和社会生产力的发展而逐渐从传统成本会计中派生出来的分支学科。然而,这门学科的创建具有强烈的目的性,即它是为改善企业经营管理效益和提升核心竞争力服务的。因此,目前该学科已独立成科,并在实践中发挥着积极的作用。

一、管理会计的概念界定

作为一门从成本管理分类中发展起来的学科,管理会计的核心理念是"成本性态"。进一步,就有了变动成本法与完全成本法的对比,以及"边际贡献"等的管理会计概念应用,也由此形成了"本量利分析"等管理会计工具。据此,大大提高了管理会计决策的效度和信度。然而,管理会计是动态发展的,其概念也会随着环境的变化而不断发展变化。

(一)对管理会计概念的认识

1. 管理会计概念是创新的基础

正确认识管理会计概念,理解和分析管理会计的学科定位,是管理会计研究的重要任务。从理论上讲,概念的界定可以从内涵与外延上进行定义,同时因外延的不同还可以区分为广义的概念与狭义的概念。从内涵上看,目前主流的定义是从功能入手的。美国管理会计师协会(IMA)的《管理会计公告(第1辑)》对管理会计概念的定义是,"管理会计是一种深度参与管理决策、制订计划与绩效管理、提供财务报告与控制方面的专业知识以及帮助管理者制定并实施组织战略的职业"。另一种定义是从管理会计内在属性上进行的定义,如1966年,美国会计学会对管理会计重新作了定义,认为管理会计是:"运用适当的技术和概念,对经济主体实际的经济数据和预计的经济数据进行处理,以帮助管理人员制订合理的经济目标,并为实现该目标而进行合理决策。"1986年,美国全美会计师协会管理会计实务委员会将管理会计定义为："管理会计是向管理当局提供用于企业内部计划、评价、控制以及确保企业资源的合理使用和经营责任履行所需的财务信息,确认、计量、归集、分析、编报、解释和传递的过程。管理会计还包括编制供诸如股东、债权人、规章制定机构及税务当局等非管理集团使用的财务报告。"前两种概念是狭义的定义,后一种是广义的定义。广义管理会计的核心内容是:(1)管理会计以企业为主体展开其管理活动;(2)管理会计既为企业管理当局的管理目标服务,同时也为股东、债权人、规章制定机构及税务当局等非管理集团服务;(3)从内容上看,管理会计既包括财务会计,也包括成本会计和财务管理,管理会计的范围扩大到除审计以外的各个组成部门。长期以来,我国的管理会计体系沿用的是欧美发达国家的概念范式,没能将中国情境的理论结构和工具特征等体现出来。因此,合理界定管理会计的概念内涵,明确管理会计与财务会计、成本会计,以及内部控制与财务管理的关系,是管理会计在企业中有效定位的基础。

2. 管理会计概念是动态发展的

2014 年 11 月,在《财政部关于全面推进管理会计体系建设的指导意见》中,按职能对管理会计进行了定义,即"管理会计是会计的重要分支,主要服务于单位(包括企业和行政事业单位,下同)内部管理需要,是通过利用相关信息,有机融合财务与业务活动,在单位规划、决策、控制和评价等方面发挥重要作用的管理活动"。同样在 2014 年 10 月,英国皇家特许管理会计师公会与美国注册会计师协会携手推出了《全球管理会计原则》,并对管理会计的概念定义:"管理会计通过全面分析并提供一些能够支持企业开展计划、执行与控制战略的信息,来帮助企业做出明智的决策,进而创造价值,并保证企业持续性地成功。"另一个翻译版本是"管理会计是通过综合分析,向组织机构提供信息,帮助和支持组织机构进行战略规划、组织实施和管理控制,促使其做出合理决策,从而为组织机构的可持续发展创造价值。"我认为,上述概念界定过于实用化,对管理会计的未来发展以及引导企业实践缺乏宽泛性、包容性与发展性。据此,我认为,在推广与普及管理会计的初期可以简化管理会计概念的定义,例如可以尝试定义为:"管理会计是指企业组织围绕信息支持系统与管理控制系统,以实现价值增值为目标而开展的一系列管理活动。"这一定义可以简称为"一个目标,两个系统",其好处是观点明确,便于记忆,延展性强。概念中的"价值增值"是整个会计系统共同追求的目标,它体现了管理会计与财务会计的内在联系;概念中的"两个系统",无论是管理会计的信息支持系统,还是管理控制系统,均以内部使用者为导向,这种对"两个系统"的表述较好地将管理会计与财务会计的区别作出了诠释。当然,随着管理会计的实践发展,其理论也可以进一步深入,并动态地调整管理会计概念的内涵与外延。

(二)管理会计的职能扩展

1. 管理会计的学科发展

管理会计作为一门年轻学科,其形成的标志有二:一是民间标志。1922 年美国学者麦金西(J. O. Mckinsey)写了《预算控制》,1924 年又撰写了《管理会计入门》。这两本书最早使用了管理会计的概念,后者还被称为第一本管理会计专著。二是官方标志。即 1952 年国际会计师联合会(IFAC)正式通过了"管理会计"(management accounting)这个专门名词,它标志着管理会计学科的诞生。与管理会计相关的学科主要有财务会计、成本会计、财务管理与内部控制等,其中管理会计与财务管理、内部控制的关系最为紧密。主流的管理会计概念界定大都是从职能入手的,为了增进人们对管理会计概念的认识与理解,学科间关系的讨论成为一种必然。在管理会计与相关学科探讨中,需要注重学科前景与发展能力。例如,财务管理与管理会计之间都存在预算管理边界的划分问题,若从未来企业管理的实践来判断,则"全面预算管理"有可能单独成科,这对管理会计与财务管理的发展都是一个促进。同时,重视学科效率与交易成本。某一学科若能够为企业带来更大的效率与效益,且能够节省交易成本(便于企业寻求外部成本内部化与内部成本外部化的对策与措施),则该学科的发展动力必然强大。此外,要有权变性思维,注重学科变迁管理中的包含关系。在学科的变迁过程中,谁的逻辑关系清晰,管理效果突出,谁在今后的企业管理实践中就能够脱颖而出,其学科生命力就强。从当前国内外一些代表性的管理会计教材来看,管理会计这门课程的主要内容有:(1)作业成本法;(2)预算管理;(3)最佳经营模式;(4)环境管理会计;(5)业绩评价;(6)平衡计分卡;(7)公司激励制度;(8)决策中的成本;(9)供应链管理;(10)学习型组织中的管理会计等。管理会计学科在现代会计学科体系的地位,如图 1-1 所示。

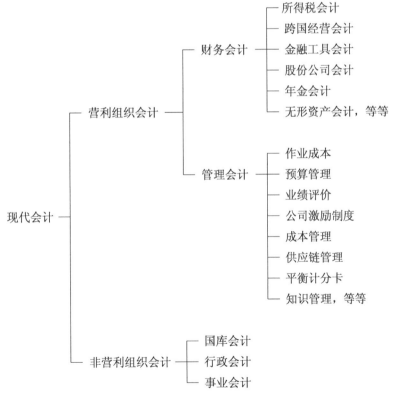

图 1-1　管理会计在现代会计体系中的地位

图 1-1 表明,一般意义上的管理会计就是营利组织会计,或者说是工商企业会计,这里的"营利"是指经营活动产生利润的意思,它是在工商管理部门登记注册的企业组织。不宜用"盈利组织"这个词,因为"非营利组织"往往产生的利润远远高于工商企业,虽然不

以经营利润为目的,但其"盈利"能力却很高,如医院、学校等。会计学科体系中的"审计"归入财务会计,财务管理归入管理会计,这也是国际惯例的内在要求。

2. 管理会计的职能作用

管理会计的职能扩展是与管理会计师的作用密切关联的。在管理会计师发挥的各种作用中,一般认为,"记录与报告"和"长期战略决策"是最重要的两项工作。据美国管理会计师协会的调查,20 世纪 90 年代以前,这两项工作之比是 47%:32%,而到了 90 年代之后,这一比例倒了过来,变成了 25%:53%,这说明人们对管理会计功能的认识有了明显的变化。从管理会计师的角色定位来看,90 年代初强调管理会计师的计算者与检查者的身份,而到了 90 年代末,则强调在发挥团队作用上下功夫。随着会计核算技术手段的发展,管理会计与财务会计的界限会发生变化,有的由管理会计转化为财务会计,有的从财务会计实践中萌生出来。例如:适应报告社会责任的要求,增值会计有可能转化为财务会计的内容,弥补财务会计报告的信息局限性;适应预测企业未来业绩和财务状况的要求,原来属于管理会计的预测决策会计可能变为对外报告会计的一个重要成员;适应表外信息披露的需求,财务分析将成为财务会计的一个不可或缺的组成部分。同时,以往体现在计划功能、控制功能、决策功能、成本管理功能、激励功能上的管理会计,也将随着会计环境的变迁而改变。人们在进行管理会计分析时,将突出结构性动因与执行性动因融合的职能作用,以德国、法国为代表的欧洲大陆国家的管理会计备受全球管理会计界重视就是这方面的反映。在法国的管理会计功能扩展过程中,主要采用坐标功能评价法加以体现。即,从大的方面讲,管理会计具有两个系列的功能,一是经济计算功能和信号传递功能,二是生产、技术导向和组织导向的功能。我们前面提出的"一个目标,两个系统"的概念界定,可以将上述的功能坐标涵盖其中。即,管理会计的信息支持系统类似于法国管理会计中的纵轴(经济计算功能和信号传递功能),而管理会计的控制系统类似于法国管理会计中的横轴(生产、技术导向和组织导向的功能)。我们认为,这一概念表述不仅仅是管理会计内涵与外延的扩展,而且是从以下两方面对管理会计的发展提出具体的要求:一是通过企业实践活动中的情境依赖,促进管理会计的概念扩展与内容创新,从中提炼出具有中国特色的高水平、本土化的原创性管理会计知识成果;二是将管理会计创新成果在企业实践中进行情境嵌入,使新的理念与方法融入企业管理会计的具体活动之中,进一步丰富和发展管理会计的理论与方法体系。

二、管理会计的功能作用评价

管理会计概念的界定表明,统一的管理会计认识需要世界各国一起努力,并构建一个共同的理论框架。当前,一套国际公认的具体、完整的管理会计模式尚未形成,从而对历史的和国际间的管理会计进行比较研究仍然困难重重。管理会计的研究成果与环境的相关性要求非常紧密,当管理会计的技术与方法的专用性越强时,其局部或全面推广的风险,如错误的含量也就越高。因此,只能通过充分的评价,才能有效地降低管理会计成果的错误含量,满足企业管理的要求。

(一)管理会计与财务会计的地位错置

改革开放 40 年来,尽管管理会计的理念和方法始终存在,也在实践中得到不同程度的应用,但相比财务会计的发展进程,管理会计显得滞后。主要原因是,基于资本市场发展的会计准则和外部审计的制度安排,资本市场利益相关者对财务会计的关注所引起的社会效应远高于管理会计。

1. 经济发展对管理会计的影响

早期的管理会计地位较低,是其不重视实践需求,过于计量化和学理化所造成的。1987年约翰逊和卡普兰(Johnson,T. H. and R. S. Kaplan)所著的《相关性消失——管理会计的兴衰》一书有详细的描述。在这本书的第一章"引言"的开篇写道:"如今的管理会计信息受企业财务报告系统程序和周期的驱动,提供得太晚、太不具体,已经扭曲得与管理者的计划和控制决策完全不相关了。""今天被广泛利用的所有管理会计工具,实质上是1925年以前就已经开发出来的产物。19世纪前半叶到1925年是管理会计的兴盛时期。"这一时期,随着组织结构的变迁,管理者运用适当的会计信息进行经营决策,如加工费用信息、ROI管理、变动预算、标准成本管理等。进入20世纪以后,多样化的生产不仅要面对产品成本计算的管理,还要对所采用的事业部制这种组织形式进行规范,管理会计受到高度重视。1925年到1980年是管理会计相关性消失的时期,该时期的一个重要事件是注册会计师对财务报告审计的要求被严格规定下来,以此为目的,财务会计成为理论与实务界关注的焦点。此外,到了20世纪初,实务界对管理会计研究的创新失去了兴趣。许多实务部门人士即使有了管理会计的创新,往往也只是作为秘密来保存,管理会计的普及与推广动力不足。之后,日本经济崛起,全面质量管理、适时制(JIT)、计算机集成制造系统(CIM)等管理会计创新工具带动管理会计重新受到重视。进入20世纪后,尽管管理会计理论与方法也有所推进,管理会计工具中也出现了作业成本法与平衡计分卡等工具,但资本市场的发展,尤其是兼并重组等资本经营的广泛实施,管理会计的地位又让给了财务会计。许多学者认为,管理会计的理论与方法体系之所以存在令人不满意的局面,最根本的问题在于财务会计和管理会计的地位摆得不对。以往和近年的文献都说明,偏重于财务报表的心态在会计上居凌驾地位。而我国则是改革开放后,市场经济的推进与实施对财务会计准则的偏重引起管理会计的相对滞后,即是与我国作为世界第一制造大国对会计规范的急迫需要密切相关的。从我国的会计学科发展体系来看,中国的会计已经步入了国际化的会计轨道,现在的问题是如何在会计实践中更有机地与国际会计规则进行对接。传统观点认为,会计的国际化就是财务会计的国际化,而近年来的事实表明,这种观点存在偏差。如果一味强调财务会计的国际化,而忽视管理会计的国际化,现代会计这一大系统就会失调,就难以平衡,和谐会计就不能够实现。或者进一步说,财务会计国际化的实施就会受到阻力,难以有效推行。对此,充分认识财务会计与管理会计的关系,并从中把握其发展方向,具有十分重要的现实意义。可喜的是,自2014年起管理会计得到了政府的高度重视,我国管理会计已经从引进、消化、吸收、积极推进转向全面推进。

2. 理论研究滞后对管理会计的影响

针对管理会计指导实践功能的降低,以及为企业创造价值效果的不理想等,管理会计具有管理控制系统和信息支持系统的"二元观"成为一种新的范式。即需要针对管理会计的特征改进现代会计的信息体系,更好地满足决策科学的信息需求,优化管理会计控制系统的有效性与针对性。在理论研究方面，卡普兰号召学术界人士走出"象牙塔"，多多从事案例之类的研究，①他自己也确实身体力行，并取得了相当丰硕的成果。② 从理论方面来看，对管理会计相关性产生影响的原因大致可以反映在以下两个方面：

一是对环境不确定性管理的理论准备不足。通常可将企业的环境分为五种形式，一是渐进型变化环境。也就是说环境变化不是很明显，组织在这种环境下实施的变革，主要是内部的改革与完善。二是干扰型变化环境。总体而言，其环境变化也不大，但有时会受到外部事件的冲击，需要借助于组织的变革来应对这种冲击，诸如危机的管理等。三是周期性变化环境。面对周期性的变化，组织如何提出有针对性的应变策略，例如是否采用并购重组等手段。四是相机型变化环境。电子学里有一个"相机"的概念，即与原来的环境相比，现在发生了哪些改变，对此组织采取了怎样的应对措施等。五是随机型变化环境。由于环境变化的不确定，企业组织如何适应这种变化，如何构建一种自我学习、自我修复，或者形成一种自制的能力等。以往的管理会计虽然注意到了这种环境管理的不确定性，但考察的视野还比较窄。采用的主要手段是进行决策模型设计和进行敏感性分析模型的构建等，没能从理论的高度上形成管理会计决策与分析的应变机制及方法体系。近年来，权变理论在管理会计研究中的广泛应用，就是试图从更灵活的视角来观察企业现象。例如，人们认为，世界上不存在某种"普遍最优"的环境应对策略与方法，应结合企业情境权变处置，等等。

二是管理会计"责任"的内涵与外延没有得到及时的扩展。责任会计一直以来是管理会计的骄傲，但随着企业组织结构的变化，以及经营模式的创新，有逐渐趋淡的倾向。以往，人们对作为管理会计理论基础的经济学比较崇拜，对管理会计的"责任"研究也主要体现在"生产函数"的层面上，即强调商品经营中的"责任观"，如规范企业的成本中心、利润中心等，并据此加强责任预算管理等。现在看来，管理会计的"责任"内涵过于狭窄，随着经济社会学、经济心理学等的发展，"责任"的内涵得以扩展。管理会计理论构建中相关的经济学、社会学、心理学、环境学等结合也愈益紧密，管理会计"责任"的外延也不断延伸。例如，受福利经济学的影响，环境问题的成本责任使环境管理会计得到了迅速发展。相应地，创建慈善型的社会企业，若仅靠传统的财务会计规范可能无法计量其社会价值的创造能力，等等。这些理论准备的不足，就会影响管理会计相关性的有效发挥。

（二）管理会计的"自信"及其决策价值

1. 中国管理会计的"自信"

管理会计"自信"是学科发展的前提，也是中国特色管理会计理论与方法体系建设的思想基础。中国本土的管理会计是在我国几十年的实践中形成，主要以政府主管部门的"经验总结"和系列"规章、制度、办法"为构成内容的方法体系。其主要内容包括成本会

---

① 事实上，学术界人士选定管理会计为其研究方向的，往往处境维艰。照说，案例研究是管理会计研究中的一种重要方法。然而，学术界的反响并不很热烈，大部分的研究者仍然只推崇实证研究（empirical research），常常看低案例这一类的研究。

② 卡普兰（Robert S. Kaplan）是位数学博士，是美国会计学"实证研究"的创始人之一。但提出号召后，他再也没有发表实证研究的文章。平衡计分卡、作业成本管理等工具的开发与应用是其近年来获得的最主要成果。2006年，在美国会计学会管理会计学部（Management Accounting Section of The American Accounting Association）的年会上，卡普兰教授被授予了"管理会计终身贡献奖"。

计、成本管理和责任会计。其看似"粗糙""简陋",但却包含着适用的合理"内核"。张明明(2006)将其概括为以下三个方面：

（1）中国的成本会计和成本管理。我国政府一直非常重视成本会计核算和成本管理，早期的会计核算和成本管理在方法上受苏联会计核算和管理模式的影响较大。中华人民共和国成立前夕，在已经解放的东北，人民政府已经开始酝酿经济建设。当时的东北工业部首先提出要加强经济核算的指标，而经济核算的中心任务是降低成本，提高质量，开展反浪费的群众运动，强调定额管理，加强劳动组织和劳动纪律。中华人民共和国成立后，在多年高度统一的计划经济管理体制下，为管理好企业上缴的利润，一直借助于包括成本管理控制在内的广义会计制度，对国营企业的成本核算和成本管理进行控制。各个工业部的会计司都有专管成本的部门，分别制定了成本核算方法和管理制度，都有一套行之有效的管理办法。20世纪80年代以后，对外开放的政策打破了学术上的禁区，人们开始学习和引进西方发达国家先进的管理思想和管理会计，并且结合自己的实际情况进行吸收、消化和创新。如在国有企业改革进程中起着重要作用和很大影响的"邯钢经验"就是一例。这个"低成本扩张的集约经营"的管理经验，其管理方法的核心是目标成本的管理思想和责任会计相结合，有人说"邯钢经验"可谓管理会计在我国企业应用的成功典范。

（2）中国特色的责任会计。从开始就提出的加强经济核算制是成就中国式管理会计的基础。我国的责任会计导源于厂内经济核算制，我国的很多企业，如鞍钢等，从20世纪50年代就开始推行以班组核算为基础的厂内经济核算。60年代又推行与目标管理相类似的资金、成本归口分级管理形式，这些都可以看作是我国责任会计的雏形。80年代以后，把厂内经济核算纳入经济责任制范畴，与权、责、利紧密结合，实现了从单纯的行政管理向采用经济手段进行管理的重大转变。

（3）"经验总结、推广应用"管理企业模式在建立中国式管理会计中的作用。我国过去的政治体制决定了政府管理企业，且经历了很长的一段历史时期。方法通常采用"总结、培育好的典型，树立样板；以红头文件，号召学习"的行政方式进行推广应用。这种方法可以概括为是"经验总结、推广应用"的管理模式。正是这些被推广应用的管理"经验"中的部分内容，逐渐形成了中国式管理会计的重要组成部分，逐步形成了一个符合中国水土环境的管理会计理论与方法内核。包括：①具备扎实的各项基础管理工作（如根据生产工艺和工序核定的各种定额消耗指标）；②制定严格全面的管理规章制度；③形成群众当家理财的班组经济核算；④建立完善的内部责任制；等等。

2. 管理会计的"效度"与"信度"

必须借助于管理会计控制系统和信息支持系统的功能作用，提高管理会计实践中的有效性和理论研究中的有用性和针对性。人们之所以对管理会计的相关性提出质疑，一个重要原因就是管理会计对实践的指导作用在下降。为了提高管理会计指导实践的有效性，管理会计改革的重点是：

（1）提高管理会计研究人才培养的力度。目前，我国管理会计研究人员缺乏，研究者对管理会计的学术热情降低，对管理会计的现实问题缺乏敏感性，对国际前沿的管理会计学术理论问题进行跟踪的力度趋缓。因此，各级会计管理机构应当从课题资助，以及职称评定等若干方面入手，加强管理会计研究人员的培养力度，或者说给予一定的政策倾斜。

（2）改革管理会计研究方法。要积极提倡实地研究,促使管理会计理论与企业实践的结合。实地研究具体可以分为案例研究与定量的多样本研究两种方式。它对于管理会计工具"专用性"情境特征极为相关的企业组织而言,具有很好的效果。正如卡普兰(1984)所言:"管理会计真正有价值的课题不能仅依赖于大样本的'跨期间考察',而应该深入实践,到企业实地去发掘有价值的东西。"定量的多样本研究是个案研究与经验数据研究的整合,它经常采用问卷调查方式针对企业经营实践中的问题展开研究,这种研究方式有助于通过案例研究得出理论假设,或者将大样本问卷研究的结果结合企业实践作进一步的检验。

（3）加快国内管理会计创新成果的提炼。一个国家的进步依赖于实体经济的发展,尤其是高科技企业的成长与发展。开展对国内典型企业的管理会计案例研究是财政部及中国会计学会长期以来坚持的学术路线,如 2002 年在中国会计学会的组织下就曾经开展过全国性的案例研究活动。十多年过去了,这项活动没有得到很好的弘扬,学术界对案例研究仍然存在重视不够,且取得的管理会计研究成果质量差,学者发表成果的媒体少,评定管理会计方面的职称相对较难等问题;加之管理会计学者对相关理论的积累不充分,以及不愿意投入过多的精力去进行总结提炼,所以这方面的创新成果明显不足,无法发挥中国管理会计界对世界会计学术的贡献。①

（4）增强管理会计工具等应用的权变性。管理会计的改革,一方面要考虑政治、经济、文化、社会心理、形势与政策等多变量的变化情况;另一方面要与时俱进,适时调整企业的决策与行为,确保企业取得最佳的经济效益。如前所述,管理会计应用的权变性,就是要在管理会计工具的应用过程中嵌入权变管理的理论与方法体系,在每个环节都考虑权变的因素,使决策和管理留有权变的空间,使企业的经营和管理主动性,在每一个环节都能充分发挥出来。同时,随着企业群及供应链管理会计的形成与发展,促进了人们从财务与业务一体化的视角来研究管理会计问题,使管理会计能够更加自觉地适应环境变化的客观要求。

第二节　管理会计的发展历程与特征

管理会计的发展在很大程度上受组织、外部环境变迁的驱动,它是落实企业战略、创造顾客价值的重要手段。

一、管理会计的发展阶段

管理会计作为一门学科,是随着社会科学的进步和社会经济的发展逐步形成和发展起来的。从总体上看,管理会计的形成与发展过程可以分为三个不同的阶段。

1. 执行性管理会计阶段

这一阶段是 20 世纪初到 50 年代。这一时期,西方管理会计形成的标志有两个:

---

① 目前,国内对会计专业硕士(MPAcc)等的培养,提出毕业论文原则上要求以案例研究作为其论文选题,这一做法对于推动我国企业案例的研究将起到积极的作用。

①民间。1922年美国学者麦金西(J. O. Mckinsey)的管理会计相关书籍。②官方。国际会计师联合会(IFAC)的"管理会计"(management accounting)命名。这一时期企业管理的重点聚焦在控制上,正如麦金西在《预算控制》一书中主张的那样,要求将企业会计服务的重心从对外提供信息转移到对内强化经营管理上来。这一阶段,在管理会计的相关概念中,标准成本与预算控制得到重视,传统成本会计的主体内容与基本结构发生改变,意味着已经开始向管理会计过渡。然而,由于受企业生产经营过程复杂性的影响和当时科学水平的限制,企业管理中的许多问题尚难以在多种因素的交错与变异中正确解决。尽管企业内部有了标准成本、预算控制和差异分析等控制系统,但该时期的成本信息并未充分应用于管理决策(David Ashton et al.,1995)。因此可以说,这一阶段的管理会计表现出的是一种局部性、执行性的情境特征,处于管理会计发展历程中的初级阶段。

2. 决策性管理会计阶段

这一阶段是20世纪50年代到20世纪末。20世纪50年代以后,现代科学技术突飞猛进并大规模应用于生产,使生产力获得迅速发展。同时,跨国公司大量涌现,企业的规模越来越大,生产经营日趋复杂,企业外部的市场情况瞬息万变,竞争更加激烈。这些新的条件和环境要求企业内部管理更加合理、科学,同时要求企业具有灵活反应和高度适应的能力。这一时期,以运筹学和行为科学等为代表的现代管理科学取代了泰罗的科学管理学说,责任会计、本—量—利分析等专门方法进入原有的会计方法体系之中,使会计学科的深度和广度有了较大的突破。这一阶段的管理会计也从安东尼(Anthony,1965)学说下的管理控制"一元观",即重点在于为组织的管理规划、管理控制提供信息,向"二元观"转变。这种"二元观"要求管理会计不仅要重视管理控制,也要强化自身的信息支持系统建设。其背景有以下几个方面:

(1)企业组织的扩大。公司向多元化的跨国经营发展,如何规划内部组织层次之间的权责范围、如何合理计量和评价管理者业绩、如何确定内部转移定价,以及如何衡量分部业绩,以助于管理当局的投资决策,进而提高资源利用效率与效益,为企业创造价值的理念和问题等受到关注。这一阶段,顾客价值创造经营(customer value added management,CVAM)得到普及,IT技术的不断推进,使顾客化生产有了技术上的保证,同时提高了劳动生产率和产品的市场竞争力。

(2)战略管理会计形成。1981年,英国学者肯尼斯·辛蒙兹(Kenneth Simmonds)首次提出了"战略管理会计"的理念与方法。这一时期,英美等国家的管理会计研究热点集中在:①有关代理人理论(agency theory)的研究及其在内部控制和评价系统中的应用;②有关组织行为、管理决策与管理会计信息之间的关系及个人行为等方面的研究;③有关作业成本会计(activity based-costing)方面的实地研究(field research);④有关战略成本分析(strategic cost analysis)、目标成本法(target costing)、生命周期成本法(life cycle costing)、平衡计分卡(balanced scorecard)、资源消耗会计(resour-consuming accounting)等内容的管理会计研究等。

3. 权变性管理会计阶段

这一阶段是21世纪初至今。进入21世纪以来,基于战略视角的管理会计研究又通过战略重组、流程再造等理念促使管理会计向内部流程重组及行业价值链、供应链的领域扩展；此外，网络经济的管理会计研究（如管理会计与科技创新渗透及相互驱动的研究等），以及有关不同国家文化背景对管理会计的影响等研究正成为现阶段的重要课题。在全球竞争不断加剧，外部环境不确定性增强的情况下，管理会计中的权变性思维正在受到重视。权变理念对管理会计的研究有了这样一个假设前提：不存在广泛适用于所有环境所有组织的会计系统（Otley，1980），应该明确会计系统的具体特征及应当考虑与某种确定的环境相联系，并且管理会计的方法之间是相互匹配的（Emmanuel el al.，1990）。权变思想主要包括：①企业组织是社会大系统中的一个开放型的子系统，受环境的影响。因此，必须根据企业组织在社会大系统中的处境和作用，采取相应的组织管理措施，从而保持对环境的最佳适应。②组织的活动是在不断变化的条件下以反馈形式趋向于组织目标的过程。因此，必须根据组织的近远期目标以及当时的条件，采取依势而行的管理方式。③管理的功效体现在管理活动和组织的各要素相互作用的过程中。因此，必须根据组织的各要素的关系类型及各要素与管理活动之间相互作用时的一定函数关系来确定不同的管理方式。权变理论的内容主要涉及：①组织结构的权变理论。这类理论将企业组织视为一个开放系统，并试图从系统的相互关系和动态活动中考察和建立一定条件下最佳组织结构的关系模型。②人性的权变理论。认为人是复杂的，要受多种内外因素的交互影响。因而，人在劳动中的动机特性和劳动态度，总会随着其自身的心理需要和工作条件的变化而不同，不可能有统一的人性定论。③领导的权变理论。认为领导是领导者、被领导者、环境条件和工作任务结构四个方面因素交互作用的动态过程，不存在普遍适用的一般领导方式，好的领导应根据具体情况进行管理。权变性管理会计不仅能够传承顾客价值创造经营的愿景，更能够设定企业的价值增值目标，通过管理会计的"管理控制"与"信息支持"两大系统在企业内外进行不同层面的沟通与交流，将企业目标凝聚为利益相关方的共同信念，通过创新驱动保持企业持续的竞争力和竞争优势。

二、管理会计的理论框架与特征

一般而言，理论框架是学科体系在企业实践应用中的体现。管理会计的理论框架需要结合企业组织情境，在企业目标引领下，构建符合自身发展的理论体系，创造管理实践中有效的工具方法。理论框架最明显的特征是理论与实践的紧密性，以及目标与方法的一致性，具有高度的整体性与连贯性。

（一）管理会计的理论框架

当前，增强企业组织的价值创造力已经成为架构企业管理会计体系的基本理念。传统的管理会计理论框架往往局限在管理会计的对象、目标与原则等方面，缺乏将管理会计内容连接起来的一条主线。"一体两翼"的管理会计定义，对于我们构建管理会计的理论框架具有积极的指导意义。图 1-2 是我们设计的管理会计理论框架示意图。

图 1-2　管理会计的理论框架

图 1-2 将管理会计的理论框架分为五个环节,现分述如下。

1. 企业组织

企业组织是管理会计活动的基础,企业组织性质和特点决定企业组织的目标定位与实践效果。传统的垂直一体化的层级组织正在向扁平化的组织结构转化,以"作业""流程""虚拟价值流"等为战略单元的跨职能的合作小组正在形成各种不同的动态的组织结构,这种企业组织内部的结构变化需要创新的管理会计理论进行指引并与之相适应。同时,随着产业的加速集聚,企业群的发展对管理会计理论也提出了新要求。企业群是指在产业上相互关联的众多企业在同一个地域的聚集。企业群作为一种产业组织形式,既规避了"一体化"和大集团所导致的管理成本和代理成本过高的问题,又避免了远距离交易所导致的交易成本和物流成本过高的问题。这种就近、择优选购,是一种竞争性的配套关系。它既有垂直整合(内配)的效率,又有广泛的灵活性。从企业聚集的效应看,它具有成本分散、成本约束、成本节约、成本增值等机制。企业群管理会计活动可以分三个层次:一是技术标准层面的管理会计;二是以品牌层面为核心的管理会计;三是以供应链为基础的管理会计。这三个层次可以同时出现在一个集群之中,也可以是一层或两层次组合而成的企业集群。今后,随着云产业集聚的逐步规范,以云集群为特征的企业集群新形式将得到发展,管理会计需要未雨绸缪,提前开展物联网、大数据、云计算下企业集群的管理控制系统规划,以及相关的信息支持系统的构建。

2. 目标定位

目标是行动的指南,之所以强调以战略经营目标来定位管理会计,是因为管理会计不仅仅是停留在业务管理的系统战术,它还必须有助于企业的战略目标管理。相对于财务会计,管理会计的发展滞后了。概括其原因,大致有两个方面:一是管理会计的应用环境。随着全球经济的不断推进,传统的管理会计工具变得难以适应企业的经营需要,迫切要求创新的管理会计方法与手段,而传统的管理会计学科由于面临世界制造业竞争,在发展速度上的确滞后于财务会计的发展,无论在管理会计实务界还是学术界这方面的人才均表现出严重的不足。二是管理会计学科本身的定位。管理会计在企业中应如何定位,长期以来不明确,使人们仅仅看到了一些传统会计教科书上的管理会计问题,而没有关注管理会计在一些新的价值增值领域的作用。对此,确立管理会计的战略目标新定位具有积极的现实意义和长远的理论价值。战略管理拓展了人们的价值观,使得以顾客价值为核心的管理会计理念得以盛行,"顾客价值"是"顾客化生产"的进一步扩展,它要求企业能够为顾客创造价值,并从性价比、使用功能等多个方面满足顾客的需求。随着外部环境的变化,企业组织结构开始向微型化、扁平化等方向转变,管理会计的主题也转向提高企业竞争力这一核心目标,即从战略视角为顾客价值创造服务。同时,企业经营的重点也正在由"从销售额向利润,再进一步向价值"的方向转变。顾客价值创造经营(CVAM)已成为现阶段的一个重要课题。

3. 理论体系

从具象上看,管理会计是在与财务会计的"同源"基础上发展起来的,两者具有密切的联系。这种联系的桥梁是成本会计,因为成本会计既是管理会计的前身,又是财务会计与管理会计的中介。这种解释似乎可以说明,为什么管理会计、成本会计、财务管理之间具有过多的交叉性问题,这也正好诠释了管理会计理论体系的"共融性"特征。以往,管理会计理论与应用关注的重点是制造,随着我国经济结构的调整,大量非制造企业在经济体中扮演重要角色;与此同时,大量非营利组织的管理也提到议事日程。管理会计发展的一个趋向是:由制造业向非制造业,由营利组织向非营利组织等的延伸。20世纪末,一种主流观点认为,21世纪管理会计的主题将以核心竞争力的培植为特征,这种认识是基于管理学派的能力理论而延展的。目前,这种理论正受到激烈的挑战。现行的主流观点认为,21世纪管理会计主题应以"价值创新"为特征,这种认识是基于管理学中创新学派的思想而形成与发展的。通过利用"价值创新"这种战略逻辑,大力拓展行业的边界,让竞争对手变得无关紧要。可以肯定的一点是,随着信息科技的突飞猛进,会计人员不再独立拥有会计系统的全部设计权。工程师和经营管理者等的共同参与已成为21世纪管理会计发展的一个重要特征。管理会计理论在内容和特征上的扩展与变革绝非偶然,它有着深刻的内在原因和广泛的现实基础,至少表明管理会计的内容在逐步走向成熟,并开始向更高的层次发展。

4. 工具指引

管理会计属于管理学,虽然有时也会引用微观经济学中的一些概念或工具,如边际成本等,但本质上讲,管理会计毕竟是一门管理学科。管理学和经济学分属不同的领域,有人认为:"只是在中国,这一点被人遗忘了。"具体的表现是:原来研究宏观经济和金融问题的,也摇身一变成为了管理会计专家。而在美国一流大学里,经济学系一般都设在人文与科学学院,管理学则属商学院或管理学院。更狭义的管理学则指一般管理,外延可宽可窄,通常包括领导力、组织管理、人员管理、创业管理、战略管理、国际管理等领域,其中很多分析思路和研究方法与经济学有很大差异,有时甚至格格不入。社会学、组织学、社会心理学、认知心理学等其他学科,在这里非常重要。因此,管理会计工具指引的设计与创新,需要充分考虑管理学的内容特征,体现商学的性质,突出企业的价值创造和价值增值。在具体的工具指引配置上,不仅要追求管理会计工具应用的"原汁原味",更应注重中国市场环境下的"改良优化";不仅追求工具运用形式,更应注重工具应用的实际效果;不仅追求单一管理会计工具的应用,更应注重各种管理会计工具的整合;不仅追求管理会计工具应用实践的自发性,更加重视管理会计应用的政府引导和推动性。管理会计是由管理控制系统和信息支持系统构成的整体,工具指引可以包括业务管理工具、管理控制工具和战略信息工具,此外,工具指引要具有独立性,管理会计所应有的"工具理性"不能屈从于管理者的个人权威及管理行为的非理性,管理会计工具指引要适应盈利模式改变及经营活动复杂性等的情境特征,采取动态变化的组合策略。

5. 实践效果

管理会计的发展受到多方面因素的影响,制度体系是一个重要变量。2014年我国政府大张旗鼓地宣传和推广应用管理会计,并强调要全面推进管理会计体系建设,并安排了计划表,即争取在3~5年内,在全国培养出一批管理会计师,为全面提升企业和行政事业单位经济效益和资金使用效益服务。力争经过5~10年的努力,使我国管理会计跻身世界先进水平行列。管理会计研究要跳出传统的会计框框或者企业框框,与政府行为和市场活动相联系。管理会计的课题是被嵌入网络结构与社会结构之中的。网络位置与结构位置相结合,等于把管理会计的规则嵌入国家宏观、行业中观与企业微观的整体制度网络,又嵌入范围更加广阔的社会经济结构关系,相当于管理会计的关系性嵌入与结构性嵌入。从我国管理会计研究的现实情况来看,当前的研究重点是深入挖掘中国企业的实践问题,根据国家经济社会发展的重大战略调整,选择管理会计的研究课题。即围绕现阶段全球管理科学的前沿领域,在管理会计学科中形成一批"情景嵌入式"的原创性成果,在管理会计具体应用领域形成"情景依赖式"的原创性成果。从管理会计实践角度考察,企业最终的目的是追求价值增值,价值增值是一种整体的理念,它不同于价值创造。新时代的企业管理会计应当树立一切价值增值活动都应以顾客为中心的观点,即通过为顾客提供价值来获得价值增值。价值创造未必能够带来价值增值,因此价值增值的管理会计战略,应当体现以下要求:一是以顾客为中心。没有顾客,公司就没有真正的价值。二是明确价值创造的功能。即顾客的价值创造要超过其成本的增量,价值增值来源于顾客自愿支付的价钱,而超额价值则产生于以低于对手的价格提供同样产品或服务的效益节余,它是企业获取竞争优势的前提和保证。三是把握管理会计的职能特征。在观念及组织权责上,管理会计部门的功能并不大于其他部门的功能。其他部门的受众者及支持管理会计的单位,是因为管理会计功能作用可以集中反映和转达价值增值的信息。四是树立整合的价值管理理念。管理会计部门必须与其他部门密切协作,发挥公司整体性的力量,进而使企业的价值最大化。

(二)管理会计的发展特征

管理会计的理论框架体现了时代发展的特征,它来自企业实践,通过总结归纳,又回到企业实践,预示着管理会计变迁与发展的新去向。

1. 管理会计主体的发展特征

管理会计正由单一管理主体到复杂管理主体扩展,从职能化结构的管理主体转向流程化结构的管理主体,从单纯追求企业效益向利益相关者层面的效益扩展。经济全球化使企业处于一种开放式的、全方位的经营环境之中,面对全球化市场的顾客需求,企业与企业之间的相互依赖性增强,企业已不是单一的管理主体,而是全球市场链中的资源整合者,它要求企业与企业之间加强战略合作,分享共同的利益。一方面管理会计通过信息支持系统给管理会计主体提供各类财务与非财务信息;另一方面,通过管理会计控制系统帮助企业有效决策,提供长期的竞争优势。必须转变传统的管理会计观念,将企业内部的固定成本转化为企业外部的可变成本。具体做法是,借助于契约关系和市场关系,充分利用社会的外部资源,通过获取使用权而非所有权的形式,充分利用社会的价值网络,在整合和集成各种功能和资源的前提下,确保自己所选的功能和资源成本最低、效果最好。同时,企业还可以根据具体的需要,及时灵活地调整功能与资源,使生产的各种要素实现动态的配置与优化。此外,企业还可以灵活地利用外部的技术创新资源,借助于全社会技术发展的动态来把握趋势,确保最先进的技术归自己所用。

2. 管理会计对象的发展特征

要结合企业的运行规律和经营模式的创新趋势重新规划管理会计的研究对象,管理会计研究要以过程为导向(process-oriented family)观察现象,寻找研究的问题。其中,包括对"过程"中关键成功因素的再甄别,关键指标目标偏差的校正控制、差异分析,以及关键原因查找、计划与方案的修正、核心资源的配置与整合等管理会计对象的研究。要注意各种管理会计工具之间的相互联系，要注意从管理会计的环节管理中寻求内在联系，要注重现实和历史的联系。从管理会计研究对象的变迁上看，传统的以成本控制和预算管理为研究对象的管理会计，是一种商品经营的运作理念，需要结合新时代"互联网＋"和智能制造等新特征加以改进与提升。当前，管理会计的研究对象要注重网络经济，要提倡人本管理，要从经营权控制向经营权与剩余权控制结合的资本经营方向转变，充分调动企业内部组织的积极性，通过构建组织单元等小利润中心，盘活企业的现有资产；要遵循价值管理的内在规律，从经营价值向价值经营转变，要努力使企业有限的资源与外部无限的资源进行对接，即通过外包、契约关系整合等的管理工具运用，将原来不属于自己的社会资源为己所用。例如，围绕价值链分析，将那些成本高、附加值低的生产环节外包给社会的企业来经营，而自己着重抓技术、品牌和标准等高附加值环节的生产与经营。即从全国范围内整合资源，这样不仅可以缩短产品与消费者的距离，还可以节省大量的运输成本；通过与外部科研院所的合作，不仅可以降低研发成本，还可以增加企业的知名度、美誉度和影响力，进而利用外部资源整合内部环节，反过来降低企业的内部成本。

3. 管理会计内容的发展特征

随着资本市场的不断推进，信息技术迅猛发展，以及经济全球化步伐的加快，企业面临的经营环境发生了深刻的变化。管理会计的作用范围正在不断扩大，即从传统的组织内(intra-organizations)管理拓展到组织间(inter-organizations)协作与经营。由组织内部价值链延长到组织间供应链体系，由组织内部纵向科层责任体系拓展到横向责任体系，由组织财务责任拓展到组织的社会责任等。管理会计内容的丰富，为企业核心竞争力的建立提供了决策和管理的支持，通过控制外部市场不确定性的功能建设为组织防范自身不利影响提供了理论与方法的保障。过去，整个社会生产能力短缺，企业要想进行生产，就要自建生产能力，进行固定资产投资，形成企业固定成本，此时的企业有多大能力就进行多大规模生产，管理会计的内容也就是生产、投资、再生产的核算及相关的控制活动。现阶段，外部生产能力过剩，企业完全可以根据客户的需求，灵活地选择外部的生产能力，把固定成本转化为可变成本，而且要多大规模有多大规模，只要整合能力足够强大。可变成本的资源配置效率要高于固定成本的资产专用性，而可变成本的资产专用性低于固定成本的资产专用性。把企业内部的固定成本变为企业外部的可变成本，把自己的固定成本变成别人的固定成本。用别人的可变成本替代自己的可变成本，置换出自己的可变成本并集中于核心业务的经营上(李海舰、郭树民，2008)。这些经营活动内容的变迁，需要管理会计加强变迁管理，不仅注重商品经营活动中的外包等业务活动，还需要结合资本经营，优化内部的组织结构，扩展外部的资源组合，使管理会计功能发挥更积极的作用。

4. 管理会计方法的发展特征

各种管理会计方法和手段的形成与发展都具有一定的规律性。比如，成本分配与控制，从传统的标准成本管理到预算成本、责任成本，再到目标成本、作业成本，再到各种专门的成本，如环境成本、物流成本等，都体现了一定的发展特征。各种方法之间有一定的传承性，如标准成本制度在面临作业成本等的挑战下仍然具有自身的生命力。因此，我们固然要注重管理会计新方法与新技能的学习，但对过去的技术与方法仍然需要有一个总括的理解与把握。换言之,管理会计研究需要不断地总结、吸收前人的经验,需要在实践中获得资料,并加以科学地提炼。即要重视通过实证分析、案例研究、现场观察和实验研究相结合的科学积累与发现去开展探索,要重视现有中国管理实践经验的凝练与总结,重视能够开展实质性对话的国际性合作研究。同时,要认识到管理会计方法自身的局限性,不能像英国谚语所说的:手里有把锤子,看什么都像钉子。对待许多实践中的管理会计问题,要认真思考,先想后说,再发表论文。尽量不要说一些外行的话,更不要自己都不太清楚就发表建议或评论。否则,"看似深刻,实则皮相",或者"看似皮相,实也皮相",所谓的"学术"研究不过是逢场作戏罢了。此外,在管理会计的研究方法上,要具有学术的责任心,要热爱自己的理论与实务工作,只有认真执着的追求,才能获得理想的成果。

5. 管理会计观念上的发展特征

当今的管理会计已经进入权变性的发展阶段之中,新思想、新方法等层出不穷,管理会计需要将权变理论作为手段,将组织架构作为保障,以价值创造作为核心。结合社会经济学的"嵌入理论",可以进一步将"权变理论"嵌入管理会计的组织架构之中,实现企业价值创造的增值效果,通过管理会计工具的创新实现企业的可持续发展,等等。实践表明,权变性管理会计的形成是立足于价值增值和竞争能力的基础上的,要进一步转变管理会计观念,重视管理会计信息支持系统的工具开发与应用,强化管理会计控制系统的决策科学与战略导向。随着权变理论的兴起,人们开始认识到世界不存在某种"普遍最优"的管理会计控制系统,各种有关管理会计的影响因素成为学者们研究的重点。比如,有学者认为,只有包含了业绩变量的研究才是真正完整的权变研究(Otley 1980),并据此设计了区分调节作用和中介作用的两种不同的权变机制。然而,管理会计的"专用性"特征很强,学者们在对影响因素进行变量设置或研讨时一定要充分考虑企业或组织的情境特征,否则管理会计的相关性就会受到冲击。随着权变理论研究的深入,研究内容和研究方法中的科学性有所提高。比如,将权变理论"嵌入"管理会计的控制系统研讨时,这种基于权变理论的研究,如业绩评价、预算制定和成本系统等的影响因素,能够进一步利用交互项的检验来考察管理控制系统的业绩后果,这对于管理会计理论研究与实务发展起到了推动与促进作用。

第三节　管理会计研究的主题

20世纪的管理会计发展是与公司制度建设、金融体系完善和资本市场的发展同步推进的,21世纪的管理会计发展则表现出明显的全球化、金融化、知识化、信息化等的特征。实践中表现出来的一个重要特征是管理会计与财务会计之间的相互交融开始增强。管理会计的研究主题也从核心竞争力培植向价值创新转变。管理会计形成的历史较短,目前对许多问题尚无定论,可以用观点纷呈来表达,但是有一点是可以肯定的,即随着环境的变迁,管理会计功能作用将会不断增强。

一、管理会计概念框架及其理论创新

任何理论的构建都离不开概念框架的支撑,管理会计概念框架是管理会计统一推进的基本逻辑或体系。简言之，管理会计概念框架是在相关范围内，为管理会计的理念和程序等提供理论支撑的结构体系。进入 21 世纪以来，企业面临的环境更加趋向于经济的全球化、市场的国际化、消费的个性化、竞争的无界化、员工的个性化、组织的网络化、技术产品生产周期的超短化，以及政治社会形势的复杂化等的具体特征。这些环境变化影响着管理会计的发展，并对其理论与方法体系建设产生直接或间接的影响。研究管理会计概念框架是十分重要的，因为它关系到管理会计学科的发展、关系到管理会计理论与实践的结合，只有在一套相对完善的概念框架上形成的理论体系才具有现实意义和实践价值。同时，管理会计概念框架也是规范管理会计制度体系的基础与前提，是理论创新的源泉。传统的管理会计实践往往倾向于追求短期效率，从 20 世纪管理会计发展的历程看，管理会计概念框架研究的滞后是影响学科发展的重要原因之一。科学不是仅仅追求短期的效率或对某种单一现象进行跟踪，而是依据在长期的历史实践中被认识的科学理论、概念积累的基础上发展形成的。当然效率是不能忽视的，但它仍然需要借助于历史的实践经验和科学的概念框架，并由此来对这些方面的情境作出正确的判断。管理会计概念框架研究同样需要考察这些问题。随着管理会计主体由单一企业向企业集群转变，管理会计的对象、手段与方法将发生相应的变化，并从注重单一企业的管理会计，转向关注组织的未来发展，进一步向战略视角的企业间联盟与生态结合的组织间资本共享转变。管理会计主体的拓展使企业间的转换成本降低，由于空间上的接近性，知识创新的溢出效应促进企业间的模仿和学习，交易成本大大降低。因此，必须重构管理会计概念框架，放宽管理会计的组织边界和假设边界，加快诸如跨组织及组织间管理会计的理论创新。同时，随着管理会计的不断扩展，传统管理会计概念框架中的核心概念，即"成本性态"理论已经难以统驭新时代的管理会计理论体系，必须丰富和完善管理会计的概念框架。比如，在"成本性态"基础上增加"价值理念"和"工具理性"等核心概念。一方面，通过"价值理念"为管理会计战略与决策，以及风险管理等提供理论支撑；另一方面，通过"工具理性"进一步丰富管理会计的方法体系，为管理会计工具中的现金流量分析，以及增加值等指标的应用提供理论支撑。

二、管理会计的工具整合与技术创新

　　管理会计是环境的产物，创新、求变的企业管理模式要求管理会计加快其工具的开发与整合，注重技术方法的创新。工具是达成目的的手段，是使用的方法。管理会计工具要服务于企业的管理目标，强化管理会计控制系统和信息支持系统的职能作用。管理会计工具可以是一种方法，也可以是一系列方法的组合，或者是对若干种方法的整合。由于管理会计起源于实务，在不同的时期会受到不同环境因素的影响，并由此形成各具特色的管理会计工具。现行的管理会计工具往往局限于面向规模经济的竞争战略安排，而对于速度经济模式下的新经济公司，这些管理会计工具面临挑战。或者说，我国管理会计工具研究大多未从管理会计的技术角度对技术的目标进行分解，从而无法确定各阶段的技术攻关目标。这种现象不仅造成管理会计工具研究的难度加大，且也使相关风险增大。由于管理会计的技术跨度和技术状态难以控制，从而造成管理会计工具整合的稳定性和有效性受到影响。基于速度经济开展管理会计工具的创新，可以从两个方面入手：一是围绕时间效率,在系统的整体产出速度和物流管理上设计管理会计工具,实现投入/产出、成本/效益的持续改善;二是结合行业特征(尤其是新经济企业),在产品创新及价值链的整合环节设计管理会计工具,围绕企业核心竞争力的培育,提高企业整体价值的创造能力。当然,管理会计工具在与其他工具衔接时需要关注工具实施的有效性。因为,管理会计工具是最基础的实践手段,深入实践、开展实地研究是十分必要的。

从管理会计面临的技术环境考察,随着企业之间、行业与行业之间的独立性增强,"差异化共存"成为商业主流。人与人之间的关系是"协作",技术创新的出路是升级管理会计的控制系统和信息支持系统,并使其"平台化"。平台化的本质是给客户或组织提供创造价值的机会,把管理会计变成一个价值创造的支撑场所(平台)。一种趋势是,未来所有的公司、企业、组织都将平台化。海尔总裁张瑞敏说:"互联网时代有一个趋势,那就是大企业要被平台型企业替代,海尔就是大企业;海尔的目的,就是把大的公司做小,做成很多很多的小公司,就像一个生态圈一样,他们自己来创业。"目前,海尔的 7 万名员工已经逐步被分解成为 2000 多个自主经营体,每个自主经营体都有可能成为一个小微公司,他们共同利用海尔这个平台进行资源交互,海尔集团则通过参与股份、注入资产等方式实现收益。海尔一改传统管理组织模式,提出"人人是创客,让员工创客化"的理念,以用户为中心,组织流程从研发、制造到销售的串联变为并联,所有各方并联在一起服务用户。"小微"是指在海尔开放平台上成立的小微企业,海尔强调"企业平台化、员工创客化、用户个性化"。未来"一流的企业做'标准'"这句话可能不再成立,企业需要具备两种能力,即提供定制化的能力(依靠智能制造等技术的创新)和对接消费者的能力(依靠"互联网+"等新经济技术的创新)。未来每一件产品,在生产之前就知道它的顾客是谁,个性化时代到来,乃至跨国生产和定制,这对打破美国主导的全球产业链和贸易结构将起到积极的作用。未来的 30 年,将诞生一大批垂直式的应用型软件或平台,能够更好地分配世界的物质资源,解决产能过剩,创造更加普世的价值。随着个性化、定制化和个体化路线的推进,产品的增值空间将被打开,管理会计为企业创造价值和价值增值的能力也将进一步得到提升。

三、管理会计的研究范式与治理结构

一般而言,范式是研究者共同使用的思维模式与框架。中国的管理会计范式是与中国经济发展的情境特征相适应的。实践表明,中国的管理会计有其自身的形成规律,中国的管理会计范式既体现了政府导向的特殊性,也展示了市场化条件下所具有的包容、持续、健康发展的内在属性。管理会计的研究路径大致有两种:一是由下而上的研究路径(bottom-up approach)。它通过对一些管理会计理论上的细小问题的研究,提出自己对管理会计问题的看法与认识。二是自上而下的研究路径(top-down approach)。它通过对企业战略的制定,围绕政府或市场的要求展开研究。这种研究往往需要利用"情境嵌入"及"情境依赖"的范式解决我国管理会计的问题,既不能停留在一般的理论研究上,也不能满足于成功案例的推广,更不是通过知识普及就能奏效的,而应从基本理念上为提高管理会计应用指出一条清晰的工作路径。管理会计研究所欲达到的最终结果有两个:一是能够在管理会计学科建设中形成一批"情境依赖"式的原创性成果。如日本的成本企画,就是以丰田公司为"依赖",将其成本管理的经验与方法作为"情境"表现出来,从而形成原创性成果的。二是在管理会计具体应用领域形成"情境嵌入"式的原创性成果。如美国管理会计实务界在作业成本管理中嵌入"时间因素",使作业成本管理更加完善和有效等。由此可见,管理会计研究范式就是管理会计理论与方法体系形成与发展所达成的一种认识框架,是管理会计工作的指导思想和行为规范。正确认识和理解管理会计范式及其形成规律,对于中国特色的管理会计理论体系的构建,以及加强中国情境特征的管理会计工具开发具有积极的现实意义。

管理会计与公司治理具有紧密的相关性。公司治理能够优化管理会计的控制系统,促进管理会计信息系统的完善与发展。反过来,管理会计通过管理控制系统和信息支持系统对公司治理发挥着积极的推动作用。完善公司治理,有助于组织结构的优化与精简,丰富和发展管理会计的框架结构。比如,在企业的组织机制设计过程中,结合现代公司制度中产权制度、管理制度及相关制度环境的变革需求,突出企业文化及其行为规范的具体内容,是克服企业控制权扭曲、国有资产流失等的保证。经济全球化背景下的竞争已经不再是单纯的产品和技术的竞争,而更多的是规则的竞争,是对规则制定与参与程度的竞争。随着中国国际化进程的加快,对经济规则包括会计规则制定和参与的程度必将大大加深。要优化管理会计的治理结构,关注各国在经济环境、法律制度、文化理念以及监管水平、会计信息使用者和会计人员素质等方面存在的不同程度差异,积极且不断地研究新情况、解决新问题、创建新机制,努力追求符合国际效率、公平、主权和全球多样性发展要求的管理会计建设机制。世界多样性特点下的国际化趋同互动是一种客观规律。遵循它,管理会计就能更好地前进;否则就会影响效率和效果。

四、管理会计的价值创造与组织决策

互联网下的组织结构,以及网络协作组织等新形式使管理会计的职能作用发生新的转变,通过"互联网+"和智能制造相互结合,提高了组织中沟通与信息及时、准确的问题,从而进一步提高决策效率,解决"组织沉默"等问题。这时,管理会计的研究对象需要有所扩展或调整,比如如何确认和计量"组织沉默"的知识价值,怎样来加以报告或揭示,如何使管理团队的学习能力为企业价值创造作出贡献。管理会计价值创造的前提条件是:①有共同的目标;②企业组织之间团结协作。管理会计的组织决策需要考虑的问题是:①组织目标的多元性。管理会计要协助企业构建清晰的长期目标与战略,并通过预算管理等手段渗透至企业的经营计划和具体的行动方案之中。②组织结构与流程一致性。即根据环境变化及管理跨度需要,设置与组织目标相一致的组织架构与业务流程,并根据业务流程与组织架构分配权力、责任。③任务分解的合理性。即为组织目标设定和选择行动计划,识别具体的关键业绩衡量指标或"价值驱动因素",为业绩指标设立标杆并分配实现业绩所需的资源。④实施行为的有效性。即通过管理会计的控制系统和信息支持系统提高组织决策的效率与效益,比如通过信息报告来监督战略实施与执行情况。⑤绩效管理的科学性。即绩效管理的评价指标具有科学性,便于正确评估战略执行的效果。通过实施经营业绩和管理业绩评价,使评价结果与奖惩相挂钩。建立在高科技基础上的现代企业生产系统,首先必须确保安全,管理会计要在战略导向、融合性、适应性、成本效益性原则的指引下,加快组织决策的针对性,比如加快开发和应用网络安全管理会计工具,强化人工智能条件下管理会计权变性与动态性特征下的制度设计。同时,主动地将区块链技术融入管理会计价值创造的活动之中,积极把握区块链技术下管理会计工具与方法的新特征。比如,区块链技术能够在信息采集、信息整合和信息分析等方面促进管理会计信息支持系统的功效,并且可以在降低交易成本、提高交易安全性的同时,保障数据信息安全可靠,使企业或组织之间的融资信任机制得以建立和保障等。此外,区块链技术具有的全面、精确的数据源,及时的资产管理,智能化的经济监控等为管理会计控制系统的功能发挥提供了技术性保证。总之,在"互联网+"和"智能+"为特征的新时代,优化管理会计条件下的组织战略与组织决策,从差异化管理向要素融合方向转变,推动我国企业在全球范围内进行资源整合,是管理会计为企业创造价值并实现价值增值的重要手段或措施。

五、管理会计的控制机制与变迁管理

控制机制是以企业为主体有效配置资源和合理化处置资源的行为过程。管理会计的控制机制是通过管理会计工具或方法将企业价值创造活动中的有关资源,在企业各个部门或单位之间进行协调与配置,通过调动各方面积极性来实现企业最大价值增值的过程。随着企业面临的内外部环境的不确定性增强,管理会计固有的一些方法开始面临挑战,如责任会计中的"责任中心"正受到扁平化组织结构的冲击,传统的业绩评价受到信息技术条件下计量手段的冲击,受少品种多批量的影响,成本差异分析以及标准成本制度正受到挑战,等等。管理会计变迁管理的目标可以分为三个层次:一是终极目标,就是以顾客为核心的企业价值最大化;二是直接目标,就是调整管理会计结构、优化管理会计行为,为企业经营战略提供有用的信息;三是具体目标,就是围绕企业战略目标实施变迁管理,提高企业战略规划的针对性与有效性,协助企业实施战略规划以及评价战略管理绩效。管理会计控制机制有四个特征:(1)应用环境的控制,比如,竞争对手及行业的分析,基准管理等;(2)工具方法的控制,比如,结合企业定位、类型设计以及战略实施步骤等选择管理会计工具,分析工具方法的利弊得失;(3)管理活动的控制,比如,管理会计活动的实施状况及实施效果等;(4)信息与报告的控制,比如,合理安排财务信息与非财务信息的比例,采用什么方式或手段进行报告等。管理会计控制机制的设计采用的是一种以外部性和长期性为核心特征的管理会计战略控制形式,是管理会计变迁的内在要求,是在企业生存环境日益不确定的背景下形成与发展的。同时,通过在管理会计机制中引入经营权控制与剩余权控制这两种机制,极大地提升了管理会计控制结构的制度空间,最大限度地发挥控制机制的功效。若从经营模式的变迁视角加以考察,经营权控制是一种与商品经营相适应的控制机制,而剩余权控制则是与资本经营相融合的控制机制。资本经营包括实体资本经营与虚拟资本经营等不同形式,以实体资本中的资产运作为例,随着组织结构的变迁,以小经营主体为代表的经营模式创新借助于剩余权控制机制能够很好地拓展管理会计的创新空间,并由此形成中国特色的管理会计理论与方法体系。现代企业组织形式正从集权管理向分权管理转化,与之相对应,企业的管理会计变迁也从原来的纵向管理向横向管理转变。横向管理具有以下特征:分部门归集收入与成本费用;建立横向的责任会计中心；建立横向的计划与控制机制及信息网络。同时，管理会计从注重结果向关注过程转变。传统的管理会计信息只是一个事后的总括数据，它难以反映企业经营环节的过程，尤其不能清晰地揭示利润形成的过程，在互联网环境下的物联网、大数据、云计算技术等的支撑下，管理会计的价值理念开始向战略思维转变，传统的先问题后对策的思路转向运用前馈机制来防范和控制管理会计活动，单纯的某过程的成本管理向全生命周期的成本管理转变，等等。

六、管理会计的社会责任与绩效管理

将企业社会责任嵌入管理会计的功能体系之中，是企业实现长远的经济与社会效益，推动企业积极履行社会责任、优化企业行为活动的重要选择。以往人们对企业社会责任的理解较多的是从社会、环境、伦理的角度加以阐述。然而，近年来，随着企业社会责任风险意识的增强，通过重构管理会计框架，优化企业的资产结构配置，强化企业社会责任投资的效果评价，促进了企业社会责任与社会责任投资战略与公司经营战略等的有机融合。同时，借助于管理会计的确认、计量手段进一步完善了企业的公司治理，使企业在诸如社会、环境、道德等外生变量的控制中达到风险最小和收益最佳，极大地满足了利益相关者的多样化需求。目前，企业社会责任信息揭示正在不断地与企业价值活动相结合，但是一套与管理会计框架相适应的企业社会责任价值管理模式仍在构建之中。面对新事物，传统的研究手段是以外生变量的形式来设计社会责任与管理会计的内生性，然而作为一个经营主体的企业有时也存在以内生变量形式获取新的事物。考虑到社会责任对企业的重大影响，基于社会责任的管理会计绩效管理应运而生。这种绩效管理融合企业的财务绩效、经营绩效和社会绩效，并采用平衡计分卡来加以评价。从本质上讲，平衡计分卡是一种基于多项利益均衡的控制系统，企业社会责任则是另一种类型的有关利益相关者的控制系统，通过整合两者，企业能够获得潜在优势。从制度理论上看，由于行为惯性，企业社会责任的履行给企业及其他利益相关者带来的变化，若能够与平衡计分卡系统的管理规则相吻合，并采用渐进性和继承性的特征加以推进，则不会损害组织的原有平衡，且能够发挥平衡计分卡框架的系统优势，更易为企业、管理者、员工以及外部利益相关者所接受和实施。这种传承是企业社会责任履行路径与行为优化的稳定器，符合管理会计变迁的渐进性原则。今后，企业在进行预算管理和标准成本计算时，应当将企业社会责任贯彻于日常的经营活动之中，不能仅仅将成本最小化或者是利润最大化作为预算管理和标准成本计算的唯一依据。应该将企业社会责任涉及的一些外生变量考虑进来，创新预算管理和标准成本的计算方法，并将企业社会责任风险纳入会计核算的体系范围之中。换言之，管理会计的绩效管理必须是全面而完整的，围绕成本、利润等要素进行全面绩效管理，其本身就内含着企业社会责任的基本要求。

七、管理会计的相关性与未来发展

管理会计对企业长期规划的作用是非常关键的。然而，面对迅速变化的技术环境，激烈的国内和全球性竞争，以及迅速提高的信息处理能力，现有的管理会计系统被认为已经过时，难以满足企业的需求。实践中，则表现为管理会计对企业决策与业绩管理不具有相关性。一方面,管理会计起始于数量评价或货币计量;另一方面,对管理会计产生的结果,或者对其产生影响的因素,如人为的因素等难以选择有效的数学变量来加以考察。据此开展的经济计量及由此计算产生的差异,以及进一步展开分析等一系列惯性的工作缺乏坚实的实务基础,导致管理会计的功能作用难以发挥。正因为这样,若由此来限定管理会计的使命,使管理会计的研究者只停留在所谓会计的问题上加以探讨,就管理会计而管理会计,恐怕不是理想的结果。这就迫切要求管理会计学者及实务工作者拓展研究领域,加快管理会计制度的创新,为管理会计实践提供理论支持。可喜的是,自2014年起,我国政府管理当局(财政部等)已经将提高管理会计相关性,加强管理会计制度建设放在一个高的平台上,要求管理会计体系建设除符合相关性特征外,还要具有动态性、包容性和全面性与透明性等的情境特征。因此,针对人们对管理会计相关性丧失的质疑,管理会计工作者需要客观地应对,并从动态的视角加以分析。同时,通过加快管理会计的改革,抓住机遇,积极推进管理会计的创新与发展。

传统的管理会计往往强调管理控制系统的"一元观"理念,在经济全球化推动下,企业面临的竞争环境更加复杂,欲使企业获得长期的竞争优势,必须强化管理会计信息支持系统的功能作用。例如,加大信息提供的范围,包括各类财务与非财务信息,消除因信息不对称而对企业间合作可能产生的机会主义倾向,增强企业间信息的透明,以及数据的共享等。因此,以"二元观"为代表的管理会计体系已渐成主流。在财政部的"基本指引"中也明确提出了"信息与报告"的管理会计要素,管理会计的报告内容主要涉及产品或服务质量方面的信息披露、顾客满意度方面的信息披露、企业社会责任方面的信息披露等,管理会计信息支持系统是企业业绩评价与经营决策不可或缺的重要内容。管理会计的发展必须适应新时代的新变化与新特征,要借助于技术创新培育新模式和新业态,并且主动服务于供给侧结构性改革,引导和激发企业经营与投资的活力。当前,适应"一带一路"倡议的建设要求,管理会计可以通过跨国经营将经验和方法传向全球,使中国的管理会计为全球管理知识体系作出自己应有的贡献。

第四节　本　章　小　结

管理会计是为了适应企业内部管理上预测、决策、控制和考核的需要而产生的一门新兴学科。它既是实现企业管理现代化的手段,又是企业现代化管理的一项重要内容。通过将会计与管理结合起来,以达到加强企业管理,提高经济效益的目的。从管理会计这一概念起源来看,它是产生于美国的一门新兴的边缘科学,是由多种学科相互交叉、相互渗透的结合体。然而,从管理会计的内涵实质上看,我国具有本土性质的"管理会计",即自身土生土长的管理会计。比如,中华人民共和国成立前夕,在东北,人民政府(东北工业部)已经提出经济核算的要求,其中心任务是降低成本,提高质量,开展反浪费的群众运动,强调定额管理,加强劳动组织和劳动纪律;再如,20世纪50年代开始推行的以班组核算为基础的厂内经济核算,也已具有西方责任会计的理念和行为特征,等等。我们坚持管理会计"二元论"的观点,在注重管理会计控制系统功能作用的同时,十分强调管理会计信息支持系统的重要性。同时,针对管理会计控制系统的结构优化,提出了经营权控制

(diagnostic control)与剩余权控制(boundary control)这两种机制,目的是提升管理会计控制系统的制度空间。从改革开放 40 年的管理会计实践看,我国会计界客观存在重财务会计轻管理会计的现象,而且在理论研究上,管理会计明显落后于财务会计。究其原因是基于资本市场发展的会计准则和外部审计的制度安排,资本市场利益相关者对财务会计的关注所引起的社会效应。虽然该期间不乏加强管理会计研究的呼声,但是效果并不显著。进入 2014 年以来,随着中国政府对管理会计的重视,管理会计理论与实务界迎来了管理会计的"春天"。

管理会计的形成与发展有多种不同的认识,但大致可以概括为两个派别,一种是以美国为代表的分类法,一种是以日本为代表的分类法。国内教材广泛进行的分类研究大都以美国的方法为主,这方面以已故著名管理会计学家余绪缨教授为代表,即将管理会计的形成与发展分为两个阶段,包括执行性管理会计阶段(20 世纪初到 20 世纪 50 年代)和决策战略管理会计阶段(20 世纪 50 年代以后)。我们将管理会计分为三个阶段,即执行性、决策性和权变性管理会计阶段,增加了权变性阶段的分类。理由是,改革开放以来,管理会计在传承顾客价值创造经营的同时,借助于管理会计控制系统和信息支持系统不断地丰富和发展了自身的内涵与外延,加之企业目标的多元化与外部环境复杂性、多样性等,管理会计必须具有以灵活为导向的权变理念,这样才能通过创新驱动来保持企业持续的竞争力和竞争优势。管理会计的理论框架与特征的设计是为了更好地发挥管理会计在实践中的功能作用。管理会计研究主题中的七个方面内容是与本书的各章节相协调的,是对本书的章节安排及内容的说明,便于读者理解本书的体系结构。

 案例与讨论

背景资料

1. 中盛公司正打算解雇采购员小刘。因为公司发现小刘是以大量的采购来获得价格优惠的,这样造成大量资金被占用在存货上。而小刘认为公司的要求是达到标准,而至于如何达到标准并不重要。他还强调,只有通过大量购进才能达到价格标准,否则就会出现不利的价格差异。

2. 20 世纪 90 年代,邯郸钢铁厂面临国内外严峻的竞争形势:原材料涨价使企业生产成本上升,国家抽紧银根使企业更新产品和技术面临巨大的资金缺口,国际钢铁生产能力过剩使出口竞争加剧;从企业内部看,各部门、各单位缺乏节能降耗、增收节支的自觉性,随着产销比率的下降和价格的降低,仅有少量产品盈利,企业陷入困境。为了摆脱困境,邯钢对企业经营进行了系统、全面的分析:一是与其他竞争对手进行比较;二是利用丰富的行业信息改善自身的生产经营;三是在成本管理上,重视成本动因的确定,并围绕成本动因进行成本控制;四是推行"模拟市场核算,实行成本否决,走集约化经营的道路"的管理机制。邯钢通过自身的价值定位和管理优化,使企业产品成本逐年下降,进而获得并保持了竞争优势,创造了我国冶金行业的一流佳绩。

请讨论:

结合上述资料,从以下话题中任选一个或几个来谈谈你对管理会计的认识。

1. 在管理会计实践中,是否成本越低越好?

2. 目前国内经济增速回落和结构调整的阵痛对企业生产经营产生了一定压力,在这种形势下,您认为管理会计在服务企业提高效益方面能发挥哪些作用?

3. 结合我国企业已有实践,您认为我们有哪些好经验、好做法值得总结、推广?

4. 我国的管理会计体系如何做到既具有中国特色、解决中国实际问题,又融入世界知识主流?

第 2 章

管理会计的价值理念

　　理念是一个具有普遍意义的哲学问题,作为一门以实用性为特性的管理会计学科,其价值理念对管理会计理论与实务发展起着重要的引领作用。管理会计的价值理念是由一条主线为牵引,一组上下限为边界所形成的观念组合。通过管理会计的价值创新促进企业增值机制的有效运行,即借助于管理会计的信息支持系统和管理会计控制系统,共同实现价值增值这一目标。管理会计价值观体系是管理会计工作的指导原则或行为准绳。

第一节　管理会计价值理念的形成框架

　　管理会计的价值观体系是企业价值管理的基础,它从价值理念等层面指引管理会计理论与方法体系的完善与发展。管理会计的"价值观"与财务会计的"价值观"是有一定差异的。财务会计比较注重的是企业的账面价值,即确保企业资产的安全、完整,以及保值和增值;而管理会计的价值观更多的是强调企业的核心竞争力,这种核心竞争力首先体现在企业在市场中的价值创造能力或地位,即管理会计强调的是顾客价值创造经营(CVAM);其次是实现核心竞争力的保障,如时间价值与风险价值的管理,通过为顾客创造价值来实现企业最大限度的价值增值。

　　价值观是企业管理主体所拥有的行为指引或行动指南。价值观一旦形成,就会左右企业的抉择方向,它与企业的成败息息相关。从管理会计角度讲,它是指导管理会计工作的行为标准或衡量尺度,是管理会计决策的依据。在管理会计的决策中,往往会面对多种不同的合作伙伴且存在若干个可供选择的方案,借助于管理会计的"价值观",可以在其中有的放矢地选择符合各自"价值观"的正确方案。价值观体系是管理会计作用于核心竞争力的关键,这也是有的企业能够成功,而有的企业无法获胜的原因所在。

一、企业价值的构成

　　企业价值的表现形式是价值观形成的基础。价值理念往往是多元的,探寻管理会计的价值观体系,必须明确价值观的结构特征及其相互之间的内在联系。企业价值一般有三种表现:

　　(1)账面价值。账面价值是财务会计核算过程中账面所记载的金额或价值。由于账面价值形成过程中所采用的权责发生制(准备金、待摊与预提等)和历史成本原则等的不同,其数据的真实性是相对的;而且账面资产在财务报表上显示的主要是有形资产。加之,受稳健性原则的制约,资产在持有期间的增值是无法体现在报表上的,因而掩盖或隐藏的资产价值数量相当巨大。

　　(2)市场价值。主要针对上市公司而言的,亦即股票市值。股票价值高,意味着企业有长期价值且所在的这个行业未来有好的前景。即,未来的利好(有持续的核心竞争力),导致股票价值始终保持一种旺盛的成长势头。

(3)投资价值。一个企业的投资价值,从上市公司来看有如下几种可能。一是潜在的价值。譬如,企业的资产未被市场发掘(若市场已发掘,则早进入市场价值之中了),它常常表现为企业的无形资产价值,如企业拥有的特许权证,企业独有的人力资源价值等。二是披露不完整的价值。一些隐藏的企业资产没有得到充分的信息披露,加之报表上的资产账面价值与真实价值之间存在较大差别,这些披露不充分的资产及资产价值在现实中仍有较高的变现能力和偿债能力。一旦这些价值信号传达到股市,市场价值就会大增。三是壳资源的内在价值。作为上市公司来讲,除了账面价值外,壳资源也存在较大的价值,其他公司可以借壳来实现上市,或者开展资本重组等有投资价值的行为。

二、管理会计价值观体系的框架

这里提出的价值观体系,或者称其为价值观念体系,就是企业在管理会计工作过程中依据的价值管理思想及其方法体系。管理会计的"价值观"在引领企业价值管理的路径创新上具有积极的意义。通过优化企业价值管理的路径选择与方法应用,保持企业旺盛的持续能力或竞争优势,是构建管理会计价值观念体系的内在要求。在经济进入新常态的情境下,面对"互联网+"的风口,管理会计价值观体系可以引导管理会计工具的创新与发展。例如,如何在确保价值创造的前提下使企业自身的实体价值流与虚拟价值流得到结合(傅元略,2004)?怎样围绕"互联网+"积极布局线上线下等的管理会计运作模式,以实现企业的价值增值?如何应用供应链金融及各种基于互联网的支付手段来完善和发展管理会计的信息支持系统?如此等等问题亟需管理会计的价值观念加以引导。

管理会计"价值观"既是一种观念,同时又是管理会计工作的价值指引。从当前热门人物马云来看,其在股份中的持有份额就体现了其个人及团队的价值观。大多数公司的企业家或企业团队往往强调在股份中占大头,即希望持有70%以上的股份,而马云在公司上市的时候,其所拥有的股份远低于10%(冯仑,2015)。如果一味强调在股份中占绝对的比例,则阿里集团到现在恐怕也无法上市。通过社会资本的进入,强调经营权的控制,尽快实现资本市场的上市运作,以及实现企业最大限度的价值增值,这才是管理会计价值观所强调的,也是马云及其团队价值观的体现。同样地,在股票投资活动中,管理会计的"价值观"可以为投资主体在投机与投资两个方面作出指引。投机与投资是投资者心态的体现,也是管理会计价值观的体现。投机主要赚的是其他股民的钱,即博傻游戏,赚别人的钱;投资主要是赚上市公司的钱,通过公司的发展一起成长与盈利。管理会计提倡的"价值观",虽然不反对投机,但总体上还是强调以投资为主。即引导投资者的战略眼光,坚持与上市公司一起成长与盈利。管理会计的"价值观"体系框架,以顾客价值为上限,以伦理价值为下限,通过价值创新,提升管理会计的增值机制,加强时间价值与风险价值的管理,实现企业的价值增值,如图 2-1 所示。

图 2-1 表明,在管理会计的价值观体系下,顾客价值是管理会计价值观中的主线,或者说是核心价值观;伦理价值是管理会计价值观中的底线,"君子爱财,取之有道",在当前环境下树立环境伦理观与企业社会责任伦理观尤为重要;价值创新是完善和发展管理会

计信息支持系统和管理控制系统的前提，从我国管理会计的情境特征考察，文化及其环境等的行为特征是价值创新的重要内容，也是中国特色管理会计的重要体现；以时间价值和风险价值管理为基础的增值机制是实现企业价值增值目标的重要基础与保障。

上限：顾客价值
价值创新：文化价值、环境经营等
增值机制：时间价值、风险价值
下限：伦理价值

图 2-1   管理会计价值观体系的框架

第二节   管理会计的顾客价值

管理会计理论与实践的发展不能脱离为顾客创造价值这一宗旨，顾客价值是管理会计价值观中一个基本的指导思想，或者说是管理会计的核心价值观。

一、顾客价值及其计量

随着企业经营重点由销售额转向利润，并进一步向价值管理的方向转变，企业的价值理念也发生相应的变化。即更加重视企业价值以及股东价值之外的顾客价值。"顾客价值"兴起于 20 世纪 90 年代，顾客价值创造经营（customer value added management，CVAM）已成为现阶段一个重要的课题。目前，"顾客价值"尚无统一的定义。概括美日等国对顾客价值的表述，大致有以下三种观点（冯巧根，2009）。

第一种观点认为，顾客价值就是"顾客感知价值"（customer perceived value），它是指顾客对企业提供的产品或服务所具有的价值主张，其计量公式是"顾客价值＝感知利得（perceived benefits）－感知利失（perceived sacrifices）"。其中，感知利得包括物态因素、服务因素及与产品使用相关的技术支持等质量要素；感知利失则包括顾客在购买时所付出的所有成本，如购买价格、获取成本、交通、安装、订单处理、维修以及失灵或表现不佳的风险。

第二种观点认为，顾客价值可以分为有形价值（如通过降低顾客成本，提高顾客收益，使顾客获得更多实实在在的利益）与无形价值（如体现在企业商誉等无形资产中的价值），即，是企业为顾客创造价值过程中的能力权衡，其计算公式是"顾客价值＝价值实现（realization）－价值牺牲（sacrifice）"。价值实现是顾客获得的价值，它从各种源泉中产生。例如，在汽车制造过程中，可以从车内的空间、马达的大小、电动装配的种类、前轮与后轮、汽车的驱动等特性方面寻求价值创造的源泉；价值牺牲是顾客放弃的价值，如商品购入的费用及未来的成本等。

第三种观点认为，顾客价值是商品价值的新发展，它经历了交换价值向劳动价值，再进一步向生产价值的转变，最后形成顾客价值。其计算公式是"顾客价值＝顾客分配价值（customer delivered value，CDV）＋顾客经济价值（economic value to customer，EVC）"。

其中，"顾客分配价值＝顾客总价值－顾客总成本""顾客的经济价值＝生涯成本－其他成本（替代品的配套及成本＋购入后的成本）"。

随着互联网新经济的持续推进，顾客价值将会有新的内涵与外延。笔者认为，可以有第四种观点，即顾客价值是线上与线下共同满足顾客感知的价值体验；其计算公式是"顾客价值＝顾客体验的实体价值＋顾客感知的虚拟价值"。总之，只有正确认识和把握管理会计价值观中的"顾客价值"，才能发掘出价值创新的形成路径与行为规则，并最终实现管理会计价值增值的发展目标。

二、顾客价值的创造

能否为顾客创造价值是企业成功的衡量标尺，是管理会计达成既定目标的重要体现。要实现企业的价值增值，必须努力实现顾客的价值创造，只有创造大且含金量高的价值，才能真正实现企业的价值增值。管理会计价值观中顾客价值的实现路径主要体现在以下几个方面：一是围绕经营质量进行价值创造。在《日本经营质量审查准则（2007 年版）》中，对经营质量和产品质量给予了区别对待。将经营质量定义为："不仅是产品或服务的质量，而且是企业经过长期经营，创造出的顾客所需求的价值，并由此形成维系市场上的市场竞争力及其相关的框架结构。"（JAA，2007）二是以顾客满意为导向的价值创造。最直接的表现就是生产出性价比好的产品或提供相应的满意服务，即将满意度的提升作为评判顾客价值的核心指标。这种价值创造路径可以使实践中的无形满意度转化为切实的利润源，使各利益关联方达成共赢的结局。

管理会计借助于管理控制系统与信息支持系统，围绕顾客价值需求努力实现企业的价值增值目标，其在价值创造实践中的作用可以分为直接与间接两种效果。即，一方面通过管理会计控制系统发挥积极的直接效果，如参与决策并直接创造价值；另一方面，通过管理会计信息支持系统发挥间接效果，如对价值驱动因素的鉴别，以及提升管理会计信息质量特征等手段。现阶段的顾客价值创造重点要关注三个方面的内容：一是要从单一企业的视角转向供应链与企业群价值创造的视角；二是从实体价值链向实体与虚拟价值链结合的方向转变；三是从满足顾客需求向顾客感知（如体验等）等价值创造方向转变。在互联网新经济环境下，企业业务与财务一体化得到融合，顾客价值创造的内涵与外延也在不断扩展。管理会计必须注重企业内外价值链的研究与有效管理，积极嵌入互联网新经济下的网络集聚新模式；同时，增强管理会计价值观的战略性，进而实现企业市场份额与价值成长的紧密结合，以及价值链管理与战略管理的相互促进。

第三节 管理会计的伦理价值

管理会计的伦理价值是管理会计"价值观"体系的底线要求，管理会计是最早具有自身道德规范的职业种类。在影视产业领域，有热衷于采用"吐槽"方式来获取高票房的现象，电影口碑不尽人意，却有着超高的票房。观影过后的吐槽反而让更多的人去影院一探究竟，到底好不好看因人而异。从社会责任角度评价，这是一种以损害伦理价值来获得企业价值的行为。

一、环境管理视角的伦理价值

管理会计实践中存在的问题之一就是"管理会计价值观的普及面窄，尤其缺乏企业的伦理价值理念，其后果是：过分追逐价值创造中的收益性或盈利性，而不考虑企业价值增值中的责任性与社会性"。伦理价值是管理会计道德观在企业实践中的体现，在环境管理活动中可以浓缩为是以"公平、公正与可持续发展"为导向的价值观。经济发展与环境保护（环境成本抑制）可以称其为"善"，而环境污染（巨大的环境成本）与贫困则是一般意义上的"恶"，企业在决策过程中面临善与恶的两难选择。很显然，企业的行为不应该是将"善"推至极致，也不可能将"恶"放至无穷，企业的当务之急应该在既有的伦理制度框架下寻找"善"与"恶"的最佳结合点（朱七光等，2006）。通过加强环境管理，将环境成本逐步内化，这种环境伦理价值的行为体现的就是管理会计价值观的一种底线要求。环境视角的伦理价值管理有助于实现企业环境负荷的最小化以及构建可持续发展的循环型社会。换言之，作为提升管理会计价值观体系的伦理价值管理，能够促进企业优化环境行为，节约环境资源，提高价值创造的动力与活力。环境管理会计正是在这种伦理观引领下发展形成的管理会计新分支，加强管理会计伦理价值观的普及与推广，可以加快中国特色环境管理会计指南或指引的构建及其创新发展。

二、经营活动视角的伦理价值

伦理价值缺失的表现有很多方面，较常见的有：企业在并购活动完成后，大量裁员，以及诱导消费者买入难以增值的资产，或者追求过高的利润率，缺乏技术创新的动力等。如果没有创造价值而获得了"价值"，那么这种"价值"可能违背了价值增值的基本规律，因为它缺乏"德"的支撑，其结果可能又回到原点。从理论上讲，这种回归是缺乏伦理价值的一种"回报"。中国传统哲学提出的"厚德载物"，其中的"德"就是要求企业做事的准则和具体行为要与事物运行的本来规律相吻合，做事准则越符合规律，"德"则越大；反之，则越少。"德"在经营活动中就是企业的伦理价值，它有两个作用：一是为企业提供施展的平台。"德"大能够寻找到真正的用武之地，机遇、资源和条件都会来到企业身边。二是能够承载企业的收获或成果，即最大限度地实现企业的价值增值。企业要实现伦理价值的规范要求，需要包容管理会计价值观的各种特征要素。即，在构建伦理价值环境上，必须强化"德"的基本要求。从经营活动视角考察，管理会计的价值观需要面向管理者构建一个基本的伦理框架，强化管理会计价值观体系的底线思维。企业管理当局在经营活动的决策选择上，应主动承担决策的责任和相关的义务。即，管理者应该承担的不仅是法律的责任，也需要履行伦理的责任。

第四节　管理会计的价值创新

围绕顾客价值实施价值创新是管理会计价值观体系中的重要实现机制。管理会计创新受组织及其制度建设、技术及其需求状况，以及文化及其行为特征等的影响。从中国管理会计的情境特征考察，当前对管理会计价值创新影响最为直接的是文化及其环境等因素。

一、管理会计文化视角的价值创新

随着文化的不断融合,企业的价值观呈现出动态、权变的行为特征。文化中的最高理想"不是实现最后对于自我随心所欲的超越,而是试图不断地回归到现实社会中去,用自己的努力和成就强化社会的联系",这种观点在文化的融合中持续演进着(冯圆,2014)。从管理会计文化的价值创新视角考察,现阶段管理会计应用最具代表性的美、日两国,其管理会计的价值观体系也存在明显的差异性。美国的管理会计崇尚操作规范,把实用性作为管理的要求,并以此作为行为准则的依据和价值判断的标准。日本的管理会计则崇尚价值理性,把道德规范作为管理的理性要求,并以此作为行为的准则、价值指向和追求的终极目标(JAA,1994)。如果将"制度"比喻为"硬"文化,而将"情感"等比喻成"软"文化,则美、日两国管理会计价值观体系存在不同的标志。"硬"的机制方面,美国要强于日本,即美国企业更强调正式组织的作用,建立一套完整而有效的管理会计价值观体系是美国企业所更为关注的。即,它强调用各种法律法规与制度去指导和规范企业的管理会计行为。"软"的机制方面,日本企业则明显高于美国,日本文化强调"含蓄"并"深藏不露",且注重权变性。同时,日本文化强调企业有机体的组织特征,管理会计中的柔性化和以人为本理念盛行,即通过文化价值观与伦理价值观的融合来规范员工的行为。

"良好的企业文化能够促进整个企业形成合力,提升员工的归属感、忠诚度,形成全员参与、全员奋斗的氛围,有助于企业各部门相互协调,不断提高工作效率,进而促进企业绩效提高和企业成长"(张玉明,陈前前,2015)。广义地讲,文化可以理解为一种制度。它是与一定时期、特定阶段的企业情境相适应的。企业创办初期,文化价值观尚未形成,处于探索阶段,其重点在于培育;企业处于成长期时,文化价值观开始逐步形成,制度规范成为价值创新的重点;企业进入发展与成熟期时,文化价值观则要与战略规划相适应,通过国内外的价值观比较,以及价值创新来完善与发展管理会计的价值观体系。文化价值观的差异是客观存在的,以美国心理学家马斯洛的"需求五层次论"为例。对于美国社会中发展出来的用于测试成就动机的测量量表,一般研究者往往都是稍加修订之后便用来测量中国人成就动机的工具,然后拿去跟美国社会中所测量的成就动机的指标加以比照。研究结论是,中国人的成就动机测量指标达不到美国社会中马斯洛提出的自我实现的成就动机,也就是说中国人的成就动机这项指标总是低于美国人,难以符合量表设计的马斯洛理想化的需求层次理论为基础的成就动机。这种文化价值的比较没有考虑中国本土社会生活人群的情境特征,难以达成本土契合性的理解。这种价值观的差异性对管理会计价值观体系的建设带来了积极的启示,即管理会计必须强化价值创新的功能作用,要引导中国企业重视以服务于社会关系为取向的成就动机,克服过分追求自我实现的动机,增强伦理价值的底线思维。

二、管理会计环境经营视角的价值创新

文化的本质观表明,环境经营就是从环境的角度重新思考原有的企业文化。或者说,它是一种基于企业文化的环境方面的管理会计价值观的变迁。预防和减少污染排放,提

高企业资源的利用效率，促进企业经济效益、组织效益与环境效益的统一，离不开科学有效的环境经营及其管理活动。环境经营本身就是要通过环境成本内在化等手段克服企业经营活动中牺牲环境资源等的"市场失灵"现象，提高企业经营成本的真实性和有效性，引导企业积极履行社会责任，实现社会的公平与效率。在环境经营的具体行为上，"就是要将企业的价值观、经营意识由大量消耗自然资源和能源、追求经济至上，转向节约资源、循环利用，谋求环境、经济和社会效益的协调发展。由此带来企业一系列的转变，包括由'动脉系'（大量生产、大量消费型）经营结构向'静脉系'（环境协调型）经营结构的转换；以及企业的设计、生产工艺、材料和产品、流通工艺向减少环境负荷的方向转换"（余晓泓，2003）。

基于管理会计的环境经营是提升企业价值的一种重要途径，它要求企业优化企业环境，节约环境资源。企业面向环境保护采取主动、积极的行为，并努力实施技术手段与经济手段相结合的环境策略与措施，是获得企业外部利益相关者公正评价，提升企业文化与其内外在价值的保证。杜邦公司就是凭着其环境经营的价值创新（构建环保理念），从一个总资产仅为3.6万美元的火药小作坊成长为年销售收入为240亿美元的跨国巨头（余桂玲，2007）。从我国环境经营的实践中加以总结，"效益导向环境成本管理"（EoCM）这种工具创新就是管理会计价值观体系中价值创新的一种具体表现。EoCM的研究对象是企业资源的利用效率，目标是实现企业的"三赢"，即获得经济效益、环境效益和组织效益的统一。其中，经济效益的目标是降低成本，提高生产率；环境效益的目标是减少废物、废水、废热和大气污染物的毒性和数量；组织效益的目标是有效实施改进，提高组织解决问题的能力。这种管理会计工具的具体方法是，通过EoCM循环（外循环与内循环），寻求企业的非产品产出（non-product output，NPO）。非产品产出（NPO）是EoCM理论的核心概念，它是指那些用于生产过程却未形成最终产品的原材料、能源和水。通过对NPO的计算，找出NPO中的不合理因素，并提出相应的解决方法与改进措施，以此提高企业的产品产出，从而在降低成本的同时，提高资源的生产效率。EoCM是管理会计环境经营视角的价值创新，它较好地体现了企业文化与环境经营的融合理念，对于构建管理会计的价值观体系具有积极的促进作用。

第五节　管理会计的增值机制

管理会计的增值机制是管理会计价值观体系的重要组成部分。尽管美、日两国在管理会计的文化价值理念上各具特色，但他们在管理会计的增值机制的认同度上却具有极高的一致性。即，均高度重视时间价值与风险价值对企业价值管理发挥的重要功能与作用。

管理会计的增值机制主要受两个因素影响：一是时间，时间不同，空间应用不充分，价值评判就会完全不一样；二是风险，生产某种产品或进入某一行业，风险控制程度的差异将会影响企业价值实现的难易与高低。时间价值与风险价值既是企业价值增值基础，也是企业进行科学决策的依据。

一、管理会计的时间价值

（一）管理会计的时间评价

随着时间成为主要的竞争要素,作为价值管理重要组成部分的管理会计,理应能够提供有关时间的营运性和财务性信息,以为企业进行相关经营决策服务。对此,许多学者阐述了自己的观点,具体可以归纳为如下三个方面的内容。

(1) 以非财务指标为中心的时间评价。20 世纪 80 年代,美国企业为获得竞争上的优势开始关注时间问题。并且,在时间评价上采用了与时间相关的非财务指标。例如,Johnson 和 Kaplan(1987)在《相关性消失》一文中指出了非财务指标的重要性,尤其强调了时间相关的非财务指标的作用。譬如,Johnson 和 Kaplan 提出,为了有效实现适时制(JIT)的生产与配送系统,[①]必须采用时间性的非财务指标,其具体的指标主要有平均计划次数、处理时间、领先时间、平均库存周转率等。Howell 和 Soucy(1987)指出,世界级的制造企业拥有包含搬运等的 5 个非财务指标是必要的。这里所说的搬运是表示时间的指标,它以确立、维持工序的持续性和可靠性为目的,促使其与营销相关的搬运计划安排成为可能。他们列举了有关搬运业绩的三项内容:一是按时间要求的搬运业绩。在实际的搬运计量中将搬运滞后日期记录下来。二是履行合约的进度。即根据履行的订货额、生产线上的品种,以及特殊的品种数进行计量。三是时间长度、时间周期。符合从顾客接受订货到搬运的过程要求。

这些内容体现了一个共同特征,即围绕制造目标及搬运计划,根据实际情况将恰当的时间作为管理焦点。通过对按时间要求的搬运业绩及时间周期等的计量与管理,明确掌握时间缩短的状况以及成本削减的实施情况。记录与时间相关的非财务指标的其他文献还有 Fisher(1992)、Horngren, Foster and Datar(1997)、Hansen and Mowen(1997)等,这些文献揭示了应对顾客的响应时间、速度、制造周期效率等的时间性指标。其中的制造周期效率是与制造的效率性相关的指标,适合于 JIT。通常认为,只有加工时间、计划时间、移动时间、检查时间、等待时间中的加工时间是增加价值的活动(增值活动),并以消除加工时间以外的非增值活动为目的。[②] 提高制造周期效率就是要缩短企业经营的循环时间。当循环时间延长时成本将上升,因而管理会计要先研究出"适时制下的非积累性成本法"或"反冲成本法"(backflush costing)等纯粹为 JIT 服务的成本计算方法。同时,还必须把缩短循环时间作为员工业绩的一个重要计划、控制与考核指标,以充分发挥业绩评价指标的激励和行为导向作用。较之传统的短期利益倾向不易与本职工作相联系的财务业绩评价,非财务业绩评价中涉及大量的时间评价问题,一些重要的循环时间指标除上述有关指标之外,还可以包括未及时提供报告的百分比(评价会计质量)、按时得到供货的百分比和填制紧急订货单的平均时间(评价采购质量)、答复顾客申诉的时间(评价品质保证工

---

① 适时制是以需求带动生产的一种制度,是衡量整个生产系统工作效率高低的一种管理会计工具。适时制强调时间是最基本的制造资源,坚持以时间作为经营责任和管理控制的基础,并将循环时间看作比财务信息更为重要的信息。

② 计算制造周期效率的公式表示为:制造周期效率＝加工时间/(加工时间＋计划时间＋移动时间＋检查时间＋等待时间)。

作的质量)，等等。至于与生产率(productivity)有关的时间指标，其具体形式就更多了。比如，合格品标准直接人工小时占实际使用直接人工小时百分比、合格品期望机器小时占实际机器小时的百分比等。以非财务指标为中心积极开展时间评价，有助于对循环时间进行计划、计量、控制与评价，提升企业生产经营过程中各种重要活动耗费的时间效率。

(2) 以环节管理为重点的时间评价。随着管理会计由注重结果转向关注环节[①]，企业开始对内外部经营环节中的时间资源进行计量和管理。通过对各经营环节加快或减缓时间所产生的相关成本问题的研究，有助于管理会计效率的提升和管理会计工具的创新。Stalk(1988)基于日本企业竞争优势的演进从企业内部环节考察了时间对于企业"前景"的重要性，提出了基于时间竞争的概念。[②] 基于时间竞争的重点就是要压缩从产品研发、生产和销售在内整个生产运作每个环节的时间，以获取竞争优势。在市场竞争日益激烈的今天，产品寿命周期越来越短，顾客要求的响应速度越来越快，因此加强企业经营环节中的时间管理变得越来越重要。经营环节中的时间管理主要集中在订单交货速度和新产品开发速度两个方面。在订单交付方面，众多的文献都表达了交付周期的缩短有助于提高柔性、减少成本和增加市场份额。如 Stalk 和 Hout(1990)认为，在企业内部，时间越少则花费的成本也越少。一个公司减少时间最直接的好处是能够提高存货周转率，降低各种耽搁、损坏维修费用以及相关的管理费用和减值损失等。Roy Merrills(1989)以Northern Telecom 公司的实践为例，说明企业通过减少存货和非增值作业上的无效时间，能够降低生产成本和提高生产效率。在新产品开发方面，许多文献研究新产品开发速度对降低研发费用的影响问题。George 和 Thomas(1990)结合对波士顿和华尔街的一项调查表明，在新产品开发中，减少开发时间明显有助于开发费用的降低。从企业的外部环节考察，雷蒙得和克瑞(2002)认为，一家企业之所以比另一家企业成功，其关键就在于注重环节中的时间管理，除内部环节管理外，更应当强调消除与客户、员工、供应链伙伴、流程、知识之间的阻力与边界，达到以客户为导向的信息、知识、流程的无阻力运作，进一步明确客户、流程、员工、学习以及供应商等五个方面管理的重要性。同时，Rohur 和 Correa(1998)认为，时间的减少是一个持续改进的过程。

将时间用于企业的环节管理具有许多明显的优势：一是时间具有公正性。时间是一个客观的计量指标，很少被会计惯例所操纵。George 和 Thomas(1990)的研究表明，时间可克服财务业绩评价的短期利益倾向及其不易与部门/员工工作相联系的缺点，有助于和公司战略相连接，并且易转化为具有层次性的可操作手段，同时还有利于降低成本和提高公司的财务业绩。二是时间管理的有效性。George 和 Thomas(1990)认为时间有助于快速地发现质量问题和及时采取纠正措施。同时，它能反映非增值作业(如闲置存货其周转速度为零)和质量问题(如返工增加了时间)。Barker(1993)认为，时间管理有助于发现经

---

① 这种趋势主要体现在美国管理会计师协会 2000 年颁布的管理会计实务指南《以改善产品、服务为目的的环节管理的实施方案》(SMA No. 4NN)之中，该文告包括十个方面的内容：(1)理论依据；(2)范围；(3)环节管理的定义；(4)环节的各种要素；(5)环节的分类；(6)环节的特征；(7)环节管理实施的理由；(8)管理会计的作用；(9)实施的平台；(10)结论等。

② "时间竞争"最早是由 George Jr. Stalk 在 1988 年提出的，其在《哈佛商业评论》发表了一篇具有里程碑意义的文章——"时间：下一个竞争优势资源"。

营环节中存在的速度问题和需要改进的地方。由于时间的缩短可以导致库存、费用的减少和消费者满意度的提高,而生产系统自身的价值增值状况却难以知道,这样就需要借助于时间来分析增值作业与非增值作业,进而达到运用时间指标来指导企业管理的目的。George 和 Thomas(1990)认为,时间的竞争是在满足质量、成本的前提下的即时顾客响应,时间的节省有助于成本的节约和质量的提高。时间的缩短与成本的降低、质量的提高具有内在的一致性。加快新产品开发和交货速度都有助于成本的降低,另外实施适时制(JIT)和快速反应制造(QRM)等技术或方法的诸多研究和实践也均表明加快制造速度有助于降低生产成本。

(3) 应用差异分析的时间评价。在时间竞争日益突显的情况下,差异分析的时间评价也成为管理会计时间管理的一项重要内容。[①] 与前述的 JIT 探讨缩短时间相适应,JIT 中有关时间的差异分析也得到了进一步的研究,具体可以从以下的文献中加以观察。根据 O'Brien 和 Sivaramarkrishnan(1994)的论文,JIT 强调对制造环节本身需要的变动采取及时的反应,并由此管理、改善制造的时间周期,包括减少在库和机会成本这两个方面。在这种环境下,任何决策支持系统都必须构建以时间周期管理为内容的辅助手段。时间周期系统使制造成本与时间周期挂钩,并提供新的信息。对此,它必须注重效率的提升以及成本的降低,以最佳的时间周期安排或控制来作为具体的辅助手段。O'Brien 和 Sivaramarkrishnan(1994)列举了如下一些具体的差异项目:①基于单元的非增值活动引起的差异;②价格差异;③因上下游的延误而引起的时间差异。在上述三项差异中,①是生产能力产生的差异,即制造环节的标准作业时间与实际作业时间不同产生的差异;②是标准成本比率与实际成本比率之间的不同产生的差异;③是由于上下游之间的衔接不畅造成的差异。

上述研究的一个基本特征是结合时间周期与看板管理系统等的实物计量体系,将焦点集中在可能与时间相关的、有用的成本核算方面。即明确时间周期与制造成本的关系,并据此来提供必要的差异分析信息。特别是在等待时间的差异计算上,有可能使无效时间实现成本化。这种依据时间周期及领先时间等的计量而开展的时间评价思路,近年来有进一步发展的势头(水岛,2004)。此外,Kren 和 Tyson(2002)也就差异分析的时间与竞争的关系进行了研究。在现代市场经济条件中,企业之间的竞争已从低层次发展到高层次的全局性竞争,在这种情形下客观上要求使用一个能反映企业综合竞争能力的指标,借以评价和改进企业的竞争地位。显然,反映这种要求的指标非时间指标莫属。时间是反映企业生产经营效率与效益的综合指标。生产经营效率与效益的低下主要表现为资本循环时间的延长。企业以市场需求为导向,改进或缩短生产经营周期,可降低成本费用和资金占用,增加企业销售收入和利润,最终保证经营效率和效益的全面提高。

(二)管理会计增值机制中的时间价值

从管理会计的价值观来看,一家企业可能在其形成与发展的过程中没有过于突出的表现,但其运作平衡,经营活动持续性强,或者成为了一家百年企业,那么这家企业的价值

---

① 企业竞争和经营环境的变化,促使竞争模式从基于价格的竞争向基于质量、品种的竞争转移,现在转移到基于时间的竞争(time-based competition, TBC),时间成为企业竞争优势最有力的资源。

观就是成功的。反过来讲,时间成为了评价管理会计价值观的一个重要尺度。时间作为一种资源,具有有限性与稀缺性的特征,它既无替代品,也不具有弹性。社会变化越快,顾客越会重视时间价值。西泽修(2000)认为,时间价值体现在企业研发、生产与销售等的整个运作环节,它是取得竞争优势的基础。时间价值不只是利息等财务费用的概念,而是速度价值、符号价值等虚拟空间带来的价值,譬如怎样实现"互联网+"条件下的企业创新驱动,如何选择与时间价值相匹配的价值创造领域,并进而实现最大限度的价值增值等均是时间价值观的体现。管理会计价值观体系中的增值机制就是要发挥时间价值的功能作用,使传统规模经济向速度经济转变,通过时间价值的管理与创新帮助企业管理当局获得竞争优势。

管理会计价值观体系中的时间价值不仅体现为时间差量价值(绝对数),还兼顾着速度价值(相对数),以及适应外部环境变化的权变价值。时间价值作为管理会计增值机制的重要内容已成为管理会计的新热点,如卡普兰提出的"时代驱动的作业成本管理"等。时间的有限性与稀缺性已为越来越多的学者所认同(柯大纲,2008)。时间价值的功能作用具体表现为:①经营质量的提升。即不仅能够提高劳动效率(系统整体产出速度和物流运行效率的提升),同时还提高了产品的质量,使产出、成本与收效等实现持续的改善,如利用"互联网+"改造传统产业,提高企业的经营质量,销售百货企业的实践就是这方面的典型代表。②顾客满意度提高。时间价值管理能够更好地满足顾客需求,提高顾客的回头率与满意度。譬如,顾客往往愿意为时间埋单,当顾客因速度加快所获得的效用高于支出的成本时,这种情境更为普遍。③管理水平改善。基于时间价值的速度经济可以降低在产品库存,有助于降低成本,提高生产效率。适应外部环境的不确定性,必须体现时间价值管理的权变价值。从管理会计两大系统的运行机制着眼,管理会计的传统价值管理与时间价值管理的差异性可以总结如下,详见表 2-1 与表 2-2。

表 2-1　基于管理会计信息支持系统的认识

	传统价值管理	时间价值管理
信息范围	内部信息为主	内外部信息综合应用
信息功能	采用作业成本等方法优化成本的归集与分配,突出成本信息对决策的重要性	通过时间差量和速度价值来获得价值增值

表 2-2　基于管理会计控制系统的认识

	传统价值管理	时间价值管理
目标导向	目标单一:以成本决策为主 局部最优:如某一环节的成本降低	目标多元化:满足个性化的决策需求 整体最优:强调速度价值(注重生产与物流的效率与效益)
指标设置	以成本降低额与降低率等的财务指标评价为主	在财务指标评价的基础上,注重 JIT 等非财务指标等的应用

结合表 2-1、表 2-2 的认识,管理会计的时间价值可以衍生出一系列与时间价值相关的创新概念。

(1) 利益速度(profit velocity)。将时间概念纳入经营框架,意味着以时间的视角来观察收益。[①] 安达信(2000)首先提出了表示时间的利益概念,即"利益速度"。具体地讲,利益速度就是指每分钟这种单位时间能够产生的收益情况。它的基本思路是:妨碍车间整体生产数量及现金流提升的"瓶颈"对产品及车间设施的收益性影响重大,采用每分钟收益的分析方法有助于观察这种"瓶颈"存在的关键所在,并能够提供出与此相关的有用数据,从而为管理者选择最具收益力的高性能产品组合提供决策依据。安达信(2000)采用案例分析的方式,强调发现"瓶颈"的重要性和必要性,同时指出若仅局限于计量每一工程的领先时间,这种思路将引发失误。这一点也如 Horngren et al.(2000)所指出的,不能仅将时间的计量局限于制造工程,将其扩展到从产品的订货开始到搬运的更广范围是必要的,如可以具体区分为面对顾客响应时间而转化的接受订货时间、生产领先时间,以及搬运时间这三个方面。上一个工程领先时间的计量一结束,下一个领先时间更长的工程便成为"瓶颈"。为了做好这一决策,包括人工费用和其他各项经费(如加工费)的耗费需要以各产品基于"瓶颈"的操作上所花费的时间为基础,按照产品类别加以分配。在传统的单位收益计算中,只是就总作业时间及总的机器运转时间等作为基准向各产品进行了分配。由于在产品的分配额上没有具体针对每个工程的时间消费,而仅仅是采用整个工程的总时间加以分配,这样,时间速度必然无法从产品的成本中反映出来。在利益速度的计量模式下,当成本分配进入成为瓶颈的作业(最长的工程)时间之中时,势必会产生这样的情况:生产需要时间越长的产品,相应所需花费的成本也就越多。这对企业的速度经营是一个挑战。同时,它也表明,利益速度概念通过"瓶颈"的管理,并由此来强化现金流量的提升是十分必要的。安达信(2000)采用销售额与原材料和加工费用合计数相比的方法,通过计算出差额来求得现金流量。当然,每分钟的利益计算也促进了现金流量的流速加快。

(2) 时间成本(time costing)。这里的时间成本与经济学中讨论的概念有所区别,[②]管理会计中的时间成本更多地着眼于成本费用的分配。一种延展应用是将领先时间作为成本驱动因素进行间接费用的分配,即构建领先时间基准的分配法(河田,1996),这种方法的目的体现在以下两个方面:一是适应领先时间的要求,有助于寻求降低产品成本的计算方式;二是成本的降低便于在瞬间得到明确。为此,河田(1996)将领先时间扩展为从工厂的入口到出口所经历的产品生产的全过程时间,并且在加工时间中考虑了非加工时间(等待时间和搬运时间)的影响。在加工时间和非加工时间中,作为时间管理的对象着重强调的是非加工时间。即根据每一工程已知的时间花费,当务之急是要将那些包含了非加工时间的最大工程的时间缩短作为重点的改善目标。这种思路是通过"瓶颈"管理来加快利益的产出速度,这一点与安达信的思路基本相通。区别之处在于,领先时间基准分配法是以领先时间为驱动力对产品成本进行的核算,目的在于更正确地计算产品成本。着眼于这样的"瓶颈"管理,通过发挥成本信息的作用,优化产品成本决策,可以进一步阐

---

① 在安达信(2000)出版的《e生产革命》一书的第4章"新经济条件下的成本管理"中,强调了单位时间收益的计算。譬如,同一种产品产生出10万元的收益,是用1小时完成的,还是必须在1个月以上的时间里才能实现。

② 在经济学中较早对时间成本进行讨论的是2004年诺贝尔经济学奖得主贝克尔,他首先将时间引入对家庭活动的分析之中,认为时间是有价值的,是一种机会成本。马克思的时间观则具有综合性的内涵,如在他撰写的《政治经济学批判(1857-1858年草稿)》一书中指出:"真正的节约(经济)=节约劳动时间=发展生产力。"

述时间管理在现代企业经营中的重要性。此外，还有许多文献也就时间与成本的关系问题进行了探讨。Rohur 和 Correa(1998)认为，消除非增值作业、优化增值作业的并行性和秩序性、减少增值作业的时间有助于降低时间成本；Cecil 和 Bozarth(1999)认为，通过消除非必要作业、减少"瓶颈"和流水化工作流可以减少时间，提高流程效率，同时也减少了成本；Thomas 和 Hout(2002)的研究发现由于时间竞争公司采用了无耽搁、无错误、无瓶颈和无存货的运作思想，从而降低了时间和成本；Toni 和 Meneghetti (2000)则认为时间与成本的关系存在负相关关系，但是适时制(JIT)和并行技术等新的管理方法和技术的采用可以促使整个时间—成本曲线向下方移动，从而同时压缩了时间和降低了成本。

（3）货币流速(money velocity)。货币流速是时间驱动成本管理中的核心概念，它着眼于公司(或者利润中心)内外部资金流动的速度，具体包括货币流入流出速度、固定的产出流、变动的产出流。传统的成本计算方法存在缺陷，例如当销售比率随时间变化时，那些具有单位最大收益的产品或服务，往往难以体现出单位时间的最大收益。实施时间驱动的成本管理，并按照时间的长度进行资金流动速度的计量，使得成本差异分析成为必要。时间驱动成本管理的倡导者 Preiss 和 Ray(2000)强调时间管理的重要性，并要求按单位时间计算收益，即重视单位时间利益的计算。这种想法与安达信的利益速度也是基本相同的。根据 Preiss 和 Ray 的时间驱动成本管理原理，货币流入流出速度是指在特定的期间有关货币流入流出额的多少或快慢，它具体表现为每周多少美元、每天多少美元，以及每小时多少美元，有助于人们在特定的期间里了解某一特定产品或项目产生现金流量的程度或状况。此外，公司货币的流入流出速度有赖于公司外部财物及服务的流速状况。同时，货币的流入速度是以不确定性为前提的，有必要把握单位时间成本或收益的多少。由于货币流入流出总额是货币流入与货币流出两种流量的合计，它可进一步区分为固定的流量与变动的流量。其中，货币流出速度是由固定的流出量与变动的流出量构成的，固定的流出量如产品及项目的流量，即使是慢或快也是固定且连续的。此外，采购之类的辅助部门的租金，以及各类产品销售速度状况等也可以视为是固定的。这类产品及项目的销售速度即使发生变化了，一般也是连续发生的，货币流出表现为一种固定的流出量。变动的流出量是相对于固定的流出量而言的，它是基于产品或项目组合的变更而变化的流量。

上述概念有一个共同的特征，就是努力发现"瓶颈"并针对"瓶颈"开展时间计量、每分钟利益计算、领先时间的成本计算，以及现金流量的提升等。[①] 正如 Preiss 和 Ray(2000)所指出的那样，在当今充满竞争的经营环境中，作为产品及服务的收益、成本，以及收益性的主要分析指标，必须以时间为焦点。对此，在企业微观环境下将时间基准的成本核算纳入企业决策的思考框架之中是非常必要的。

二、管理会计的风险价值

（一）对风险价值的认识

风险价值与风险管理是一体两面的理念，基于不同的理论基础，人们对风险及其价值

---

① 仅考虑总作业时间缩短的传统成本核算方法必须改进，这里的关键点是要通过时间管理将基于"瓶颈"的包含非增值时间的无效时间合理地予以成本化。

管理的认识就会有差异。比如,以不确定性为理论基础来思考风险,则企业风险是指由企业经营的不确定性引起的各种情境。这种不确定性主要来自三个方面:一是环境的不确定性;二是市场的不确定性;三是经营的不确定性。因此,企业风险主要由环境风险、过程风险、决策信息风险三个方面构成。再如,以战略管理为理论基础则其风险涉及的内容就主要由制度风险、信息风险、业绩风险、财务风险以及速度风险等构成。风险/收益、成本/效益是企业管理的两大原则,不冒风险是得不到高收益的。风险管理对于各行各业来讲都是非常必要的。风险所具有的未来不确定性,影响着企业既定目标的实现。管理会计具有权变性特征,管理会计的风险管理需要在理论基础与实务控制上寻求平衡。与一般意义上的财务风险不同,管理会计中的风险涉及的是"相对损失的不确定性"。两者区别体现在以下几个方面:①对象不同。财务风险涉及财务活动中的各利益相关者,影响面大;管理会计风险主要针对企业管理当局的预测与决策进行考量,涉及的面相对稍小。②内容不同。财务风险主要有筹资风险、投资风险、现金流量风险、利率风险、汇率风险等。管理会计风险主要包括预测风险,如预算的准确性与有效性等,决策风险,如存货的估价状况,"轻资产、软资产"对决策的重要性判断,等等。③视角不同。财务风险以当前风险的管理为主,事后属性明显;管理会计风险以未来风险的管控为主,事前、事中属性突出。④方法不同。财务风险已有一套系统的管理方法,如杜邦分析法、净现值法等,而且其认同度高;管理会计风险"情境"因素强,方法的应用强调本土性特征,权变性强,指标应用的灵活度高。风险这一概念是发展的,在工业经济时代,企业通常遇到的风险有四种:经营风险、金融风险、灾害风险、环境和法律风险。随着互联网在企业管理中的广泛应用,各种"道德风险"和"逆向选择"行为开始产生。管理会计风险研究,需要多学科的综合研究,其目的是寻求共性或规律性。下面的故事,即"你的无名指比食指长吗?"可以加以说明。经济学家奥尔多·拉切奇尼和路易吉·圭索拜访了2000多名意大利小型企业老板,并拍下他们手指的照片。他们发现无名指比食指长的人在空间能力、风险承受能力、决断力方面都表现得更好,更容易成功。

(二)管理会计增值机制中的风险价值

管理会计的价值观体系就是要帮助企业管理者正确把握经营活动中的风险、机会等环境因素,将那些现在未知而未来可能会变得重要的趋势控制好,管理好。外部不确定性风险的对策主要有:①组织结构变革;②增大有关环境的信息;③提供稳健性的资金安排(如准备金);④品种结构的优化等(冯巧根,2014)。换言之,通过动态调整企业的管理会计增值机制,积极应对各种不确定性因素带来的负面影响,并探寻出有效的解决路径与方法,其结果所呈现出的就是风险价值的实现过程。具体的风险价值实现过程主要表现为:

(1)价值动因视角的风险价值管理。一方面,结合企业的价值动因对风险收益状况进行调整,同时,结合各项财务指标,如销售、资产的运营效率及现金流量的时间分布和加权资本成本等进行风险价值的测量与评价;另一方面,增强企业自由现金流的财富创造机制,主动应对和管理各种风险,提高企业价值创造的内在动力。

(2)制度建设视角的风险价值管理。一方面,通过制度规范来体现风险管理的价值。譬如,在企业的经营决策中以竞争机制来强化企业的风险管理。即无论是自制还是外包等经营决策都必须以满足企业核心竞争力为先导,强化经营活动中的制度约束。另一方面,强化风险管理中的品牌意识。在某种特定的条件下,品牌、市场份额与利润之间是一种相互平衡的关系,即"品牌＝市场份额＝利润"。为了最大限度地发挥销售效应,必须规划好固定成本,力求使企业的经营风险与利润之间保持一个最合适的比例。

（3）社会成本视角的风险价值管理。一是将企业成本转化为社会成本,二是将变动成本通过社会力量转变为可变化的成本,同时实现固定成本的不固定,等等。管理会计的风险价值是一种动态的价值理念,它强调企业边界与资金流动性的匹配。即在确保风险最小化的前提下,实现商品经营与资本经营两个轮子同时转。

在经济新常态的环境下,管理会计价值观体系中的增值机制要与创新驱动相联结。一方面,借助于互联网新经济的内在要求,实现组织结构的创新,如组织的扁平化、网络化、虚拟化等手段,强化组织间的风险控制,即构建动态、权变的组织结构体系来防范风险。同时,构建组织内部多层次的风险防范体系,制定综合的、全面的企业业务过程标准和政策等,通过强化各种责任中心来引导组织整体价值的最大化(张振川,2004)。另一方面,建立风险预警与报告制度,围绕价值创新开展风险管理,强化风险控制。此外,完善绩效考评,落实风险责任制。不仅要对经济目标与非经济目标进行考虑,还要确立"奋斗目标",优化经营者的问责机制,实现薪酬制度与业绩考评制度的紧密挂钩。

第六节　本章小结

管理会计价值观体系的构建就是要树立顾客价值创造经营的正确理念,强化企业的伦理价值观,同时努力实现企业的价值创新,通过管理会计的信息支持系统和管理控制系统实现企业时间价值与风险价值的增值效应。经济新常态给管理会计带来新的挑战,管理会计的作用范围正在由组织内向组织间扩展,由制造业向非制造业延伸,由经验判断向信息支持手段转型。企业对未来的判断,对环境的正确把握,是企业拥有管理会计"价值观"的重要特征之一。

作为管理会计工作的指导原则或行为准绳,管理会计的价值观体系能够帮助管理者作出正确的经营决策。冯仑(2015)认为,企业家主要干好三件事:一是看到别人没有看到的地方;二是算别人算不清的账;三是做别人不做的事情。前两点主要强调的就是管理会计价值观体系中的时间价值与风险价值,即在为顾客创造价值的同时实现价值创新和价值增值;后者就是积极履行社会责任,通过慈善等活动提升企业的伦理价值。总之,积极构建管理会计的价值观体系是全面推进管理会计体系建设的主要抓手之一,也是中国特色管理会计理论与方法体系建设的一项重要内容。

 案例与讨论

背景资料

浙江蚂蚁小微金融服务集团股份有限公司(以下简称"蚂蚁金服")起步于2004年成立的支付宝。2014年10月,蚂蚁金服正式成立。蚂蚁金服以"为世界带来微小而美好的改变"为愿景,致力于打造开放的生态系统,通过"互联网推进器计划"助力金融机构和合作伙伴加速迈向"互联网＋",为小微企业和个人消费者提供普惠金融服务。蚂蚁金服集团旗下及相关业务包括生活服务平台支付宝、智慧理财平台蚂蚁聚宝、独立第三方信用评价体系芝麻信用以及网商银行等。

蚂蚁金服旗下的支付宝,是以每个人为中心,以实名和信任为基础的生活平台。自2004年成立以来,支付宝已经与超过200家金融机构达成合作,为近千万小微商户提供支付服务,拓展的服务场景不断增加。支付宝也得到了更多用户的喜爱,截至2016年2月底,实名用户数已经超过4.5亿。在覆盖绝大部分线上消费场景的同时,支付宝也正通过餐饮、超市、便利店、出租车、医院、公共服务多种场景的拓展,激活传统商业和公共服务,通过互联网方式的营销、大数据服务等,助力传统商业和公共服务体验的升级。在海外市场,支付宝也推出了跨境支付、退税、海外扫码付等多项服务。随着场景拓展和产品创新,支付宝已发展成为融合了支付、生活服务、政务服务、社交、理财、保险、公益等多个场景与行业的开放性平台。支付宝已经超越了支付本身,成为移动互联网时代生活方式的代表。

蚂蚁聚宝,是蚂蚁金服旗下的智慧理财平台,致力于让"理财更简单",2015年8月,蚂蚁聚宝 APP 上线。用户可以使用一个账号,在蚂蚁聚宝平台上实现余额宝、招财宝、存金宝、基金等各类理财产品的交易。蚂蚁聚宝的门槛低、操作简单,同时用户还可以获得财经资讯、市场行情、社区交流、智能投资推荐等服务。

芝麻信用是独立的第三方征信机构,是蚂蚁金服生态体系内的重要组成部分。芝麻信用通过云计算、机器学习等技术客观呈现个人和企业的信用状况,已经形成芝麻信用评分、芝麻信用元素表、行业关注名单、反欺诈等全产品线。从信用卡、消费金融、融资租赁、抵押贷款,到酒店、租房、租车、婚恋、分类信息、学生服务、公共事业服务等,芝麻信用已经在上百个场景为用户、商户提供信用服务,众多用户享受到了信用的便利。人与人、人与商业之间的关系正因为信用而变得简单。

蚂蚁金服入股并主导成立了国内首批民营银行之一的浙江网商银行(以下简称网商银行)。网商银行是经中国银监会批准设立的股份制商业银行,纯互联网运营,于2015年6月25日正式开业。网商银行以服务小微企业、支持实体经济、践行普惠金融为使命,希望做互联网银行的探索者和普惠金融的实践者,为小微企业、个人创业者提供高效、便捷的金融服务。

(资料来源:根据阿里巴巴网站资料整理而成。)

请讨论:

1. 结合本章内容及案例资料,分析蚂蚁金服"产品结构"设计的合理性及价值理念的延展性。

2. 结合互联网金融创新,谈谈如何为顾客创造价值,并"为世界带来微小而美好的改变"。

第 3 章

管理会计的工具理性

在我国管理会计的应用场景下,无论是政府导向的工具开发与应用,还是市场自发的工具导入与普及,它们在企业管理活动中的目的是一致的,就是要提高管理会计在企业实践中的效率与效益。换言之,增强管理会计的目的性与有效性是管理会计工具理性的内在要求。倡导管理会计工具理性有助于拓展管理会计的功能作用,管理会计工具的结构性特征有助于探寻管理会计应用的指引体系。管理会计工具理性与价值理性的统一是管理会计工具的计划指导性与市场自发性相互融合的需要,也是构建具有中国特色管理会计理论与方法体系的客观规律之一。

第一节　正确认识管理会计的工具理性

近年来,管理会计创新层出不穷,战略视角的管理会计工具,如平衡计分卡、作业成本管理、经济增加值等为企业广泛应用。经济新常态、"互联网＋""中国制造 2025"等又将引领管理会计理论与方法体系进入一个大发展的转折时期。新的机遇与挑战摆在管理会计工作者的面前,如何结合中国的情境特征开展管理会计工具或技术方法的创新研究,提高管理会计应用的效率与效果,迫切需要对管理会计的工具理性有一个正确的认识。

一、研究管理会计工具理性的意义

现行的管理会计工具往往体现为一个相对独立的管理控制与信息支持的闭环,工具理性与价值理性的匹配性不强,导致管理会计功能作用难以得到充分的发挥。强调管理会计的工具理性,合理使用管理会计工具,这是管理会计工作者价值理性的内在要求。管理会计工具理性要求企业围绕顾客价值创造经营(CVAM)普及和应用管理会计工具,努力实现顾客价值的最大化,并且有效应用管理会计工具,实现企业利润与现金流的合理配置,为企业获得有利的市场竞争优势;同时,将股权与期权激励机制嵌入管理会计工具的应用之中,为企业赢得一流人才;通过管理会计功能的充分发挥,将管理会计的价值理性嵌入工具理性之中,努力创造企业价值,实现企业价值增值的最大化。

研究管理会计工具理性具有积极的意义。一方面,管理会计工具理性使管理会计体系增强了目标导向性。在经济新常态的大环境下,加强管理会计工具的开发与创新,通过概念扩展与制度建设的路径,提升管理会计技术方法的有效性与科学性,增强管理会计工具的理论内涵与价值属性正在成为一种"新常态"。管理会计工具作为企业管理的重要手段,其最终的管理对象往往是人,而人是有情感的,而且是代表了某些社会因素,也就是体现了组织的文化价值观。工具理性就是要求管理会计工具的开发与应用要符合"合理性"的要求,加强管理会计的制度建设。另一方面,管理会计工具理性为现行的管理会计工具应用与普及提供了价值指引,它要求全面理解与认识管理会计工具的结构性特征与组织性特征,提高管理会计工具在实践中的针对性与有效性。管理会计工具理性是针对企业实际活动的解决而提出的,不是"人为"的理性假设。面对企业的情境特征,工具理性所要达到的具体目标是:客观、有序地解决管理会计中的现实问题,并体现工具"自由"发展的价值属性,且少干扰,从而形成客观的解决之道。换言之,管理会计工具理性强调对事物本质的理解,注重管理效率与效果的提升,这对提高管理会计的科学性与有效性具有重要的现实意义。

二、理性对管理会计的影响

将"工具理性"应用于管理会计的理论与实践之中,是提高管理会计功能作用的客观需要。正确认识管理会计的工具理性,可以提高管理会计的效率与效益,并在企业实践中获得更积极的效果。从一般意义上讲,理性是人所特有的,体现出人之为人而有别于动物的一种能力,即"理解与思考的智慧和能力"。工具理性是企业管理模式的基本特点,是企业获取竞争优势,以及推动管理会计发展的内在动力。管理会计从本质上讲就是理性的反映,它属于理性管理,是工具理性与价值理性的结合体。但在企业实践中,管理者的盈利欲望、发展冲动、经营情绪、管理意志等具有自发性、盲目性、独特性、偶然性、易逝性等非理性特征;加之,外部环境不确定性和企业价值观的协调无序使企业管理者缺乏正确使用管理工具的理智和逻辑,体现出非理性主义的思维和观念,影响管理会计的改革与创新,并限制着管理会计工具理性特征的发挥。在经济新常态的市场经济环境下,充分认识管理会计的理性本质,提高管理会计工具的合理性和有效性,能够使企业在"互联网+",以及"中国制造2025"规划下掌握主动,使工具理性迸发出无限的活力。在西方管理学体系中,理性一直以来都占据着核心地位,人们对理性的假设是普遍存在的,并具体表现为科学化、制度化、科层化等外在形式。管理会计学科体系的构建,是与企业管理中所体现的理性化密不可分的。这种体现企业文化价值观的工具理性思维是指导管理会计理论与方法形成与发展的基础。

三、管理会计的工具理性与价值理性

以管理会计工具为代表的管理会计方法体系,离不开宏观与微观的制度体系,其中,产权制度是其重要的驱动力。产权制度在市场经济中最大的作用就是能够通过制度的力量塑造出有着强烈逐利欲望的健康经济主体,使企业的财产权和剩余索取权具有明确的收益人,保证企业所有者的各种经济行为是出于自身利益考虑的理性行为。工具理性(instrumental reason)是法兰克福学派批判理论中的一个重要概念,其最直接、最重要的渊源是德国社会学家马克斯·韦伯(Max Weber)所提出的"合理性"(rationality)概念。工具理性借助于实践的路径确认工具的有用性,通过追求事物的最大功效,为行为主体的功利目标服务。管理会计的"工具理性"是通过管理会计的信息支持系统和管理控制系统,围绕为顾客价值创造的基本理念,高效且理性地实现价值增值的具体活动。工具理性突出管理工具对目标实现的重要性,它又称"功效理性"或者"效率理性"。在管理会计发展到权变性阶段之时,这种工具理性更多地强调资源效率的最大利用,并注重环境、社会与经济的协调与发展。

除工具理性外，韦伯还提出了价值理性，他认为这两种理性是"合理性"的综合体现。价值理性强调行为动机的纯正性和选择正确的手段去实现自己欲望的行为，它是对工具理性追求功利，漠视行为者情感和精神价值的修正。事实上，强调工具理性，追求资源效率的最大化是一种时代的需求，其本身也具价值理性的成分。在经济新常态的市场环境下，管理会计的工具理性就是管理主体客体化的价值体现，它通过管理会计工具的有效性与针对性作用于客体，使工具理性与价值理性相互融合并形成合力。从制度经济学角度来考察管理会计的价值理性，其"价值"具有两层含义：一是价值判断（value judgment），即对管理会计工具的运行从规范或标准上进行判断与选择；二是"价值取向"（valuation），即应用所选定的规范或标准来确定应用管理会计工具的行为或客观状况是否是理想的，即是否符合价值理性的要求（冯巧根，2006）。

四、美日管理会计工具理性的特征

一般认为，美国的管理会计理性偏向于工具理性，重视管理会计工具在企业管理控制中的重要性，并注重这些工具在某一时期、一定阶段的适用性。理性原则要求管理会计工具为企业的需求和目标服务，而非一味地追求价值，尤其不能以此作为价值追求的终极目标。工具理性导向下的美国企业的管理会计，其组织手段以科层控制为主，依赖的是企业内部详细的规则体系，以刚性的制度来规范员工的行为，其优势在于便于员工操作。然而，这种严密的制度、规则和流程也会限制员工的自主性，容易演化为官僚主义和面对新情况时的无所适从。譬如，容易导致人性假设的简单化（理性经济人假设），认为人的行为能够清晰地预见，利用正式的激励和约束制度完全能够规范行为等。为了纠正这些问题，美国管理会计重视制度约束，这些管理方式已经成为美国管理会计工具理性的主导形式。

由于人文因素等环境不同，各国在理性管理方面是有差异的。例如，日本企业的管理过程可能情感成分少一些，但是日本的管理制度体系中针对情感成分的内容则相对多一些；而欧美的企业管理，其情感成分一般均较少（Berry，1997）。在日本，注重人们情感和各种社会需要的措施被大量应用于企业管理，非理性因素在管理和企业实践中发挥着重要的作用。但是，我们不能就此认为日本的企业管理就是非理性管理。注重雇员情感等非理性因素只是管理的一种方式，并不是管理活动的全部，且这种方式是在理性管理的框架内发挥作用的，是被管理者自觉运用的，其目的无非是想通过这种虚拟的血缘社会达到团结人心、凝聚人心的作用，以最大限度地挖掘雇员的潜力，赢得市场竞争优势，实现企业的价值增值目标。把情感管理当作非理性管理，实际上产生于把理性等同于科学特别是自然科学的功利理性主义的错误认识，而这正是西方社会特别是西方管理界力求反思和超越的。管理会计工具应用的目的是要充分释放组织成员的潜能，最大限度地调动组织成员的积极性，与这种状态相对应的是客观的理性。管理会计工具的开发与应用，需要谋求理性因素与非理性因素的平衡，使工具理性与价值理性得到统一。

第二节 管理会计工具的功能特征

管理会计是动态发展的,不同时期、特定阶段的情境特征对管理会计功能的要求是不尽相同的,管理会计工具具有权变性,只有持续、灵活地调整、变革管理会计工具才能满足管理会计功能特征的内在需求。

一、管理会计工具与管理会计功能

管理会计工具是实现管理会计功能的重要载体。随着中国经济的崛起,国外先进的管理会计工具正在不断为中国企业所接受,中国企业的管理会计实践水平正在不断提升。传统的管理会计功能主要有预测功能、决策功能、控制功能、成本管理功能和激励功能等,为了实现上述功能,以作业成本管理、平衡计分卡和经济增加值为代表的管理会计工具被广泛应用于我国企业。然而,由于人们对管理会计工具的认识不足,对各种工具的作用区域与实施效果的理解存在偏差,使管理会计工具在促进管理会计功能作用的发挥上产生了一定阻碍效应。例如,片面强调某一工具的系统性与整体性,而对工具之间的协同性与整合性认识不足,放大了工具应用的局限性;同时,认为工具多多益善,没能从逻辑上解决工具的兼容性等问题,造成资源浪费,甚至管理混乱;此外,热衷于追求管理会计工具的更新,而不考虑组织管理文化的延续性和管理会计工具运用效果的权变性,不断支付昂贵的系统转换成本(王斌、高晨,2004)。

从管理会计的目标导向看,管理会计工具要能够为实现企业价值增值,提升企业市场价值(股票价值)服务,具体的功能作用有:①帮助管理者实施明智的决策,譬如选择有利于增加公司价值的决策方案等;②通过合理配置企业资源,如现金流量等创造企业价值;③通过强化全面预算管理,实现企业经营效益的最大化;④通过合理安排组织结构,在机构设置、不确定性应对、资本结构安排上实现企业管理的高效化;⑤充分发挥价值链管理的积极作用,努力实现实体价值流与虚拟价值流的匹配;⑥优化经营决策,加强应收账款、存货等流动资产管理,促进企业资源效率的最优化;⑦增强资本经营的决策功能,实现企业商品经营与资本经营的有机统一;⑧强化管理会计的价值观理念,积极防范公司运作中的各种风险;等等。因此,必须增强管理会计的工具理性,深入理解各种管理会计工具的特征,充分体现管理会计控制系统与信息支持系统的内在要求;同时,结合企业自身的规模、管理水平和企业文化等内在特性,增强管理会计工具的价值理性,提升管理会计的成本效用函数,进而实现管理会计工具使用的最大效果和获得企业的最佳效益。

二、对管理会计功能的不同认识

当前,学术界对管理会计功能作用的认识存在一些不同的观点,概括而言,主要有:

(1) 悲观派。汪一凡(2014)认为,管理会计过于强调非财务数据的运用,但是,一旦脱离最具综合性、最有高度的财务数据,纠缠于库存数量、员工技术等杂项细节,进入"就事论事"的工作状况,便地位低下,也体现不了自身优势。管理会计的各种报表和数学模型都有意无意地避而不谈数据来源,从而缺乏实用价值。涂必玉(2014)认为,CPA考试的《财务管理》教材已经将管理会计的内容都覆盖了。美国会计学家奎因斯坦的《管理的会计：财务管理入门》、布利斯的《通过会计进行管理》等早期管理会计经典在命名上也存在混淆的现象，实质上两者只不过是一种"异名同构"现象。

（2）批评派。李心合（2012）认为，管理会计是基于市场、技术、运营、组织等因素而实施的创新与发展，迄今的管理会计变革内容对环境的分析与考量不够完整，尤其是针对制造环境下的商品经营与资本经营没有加以协调，管理会计只是商品经营的管理会计，必须将"为资本经营的决策和控制服务的管理会计"充实到管理会计体系中去，扩充管理会计的内容，使之成为既能服务于商品经营又能服务于资本经营的管理会计。针对财务会计存在的"失真、混淆、形式化、负相关"问题，他认为应当在管理会计与财务会计的关系上坚持"内外兼顾论"与"关联机制论"等学术思想。

（3）墙角派。张新民、祝继高（2015）认为，学术界所讨论的长期投资决策等有关管理会计与财务管理学科中均涉及的内容，不仅仅是重叠的问题，而是应该有显著的区别。"从科学地建立一个学科的角度来说，管理会计不能为了自己学科完备性而肆意'挖别的学科的墙角'来'充实'自己的学科，而应该在内容上拿出自己的东西充实到自己的学科中去。"

管理会计存在不同观点的争鸣是对管理会计发展的鞭策与推动，罗列上述不同观点也不是刻意"戴帽子"，而是要将他们的观点罗列出来，进行讨论与辨别。不可否认，近年来管理会计又一次面临相关性消失的风险，尤其是在经济新常态、"互联网＋"和"中国制造2025"的新环境下，管理会计工具的创新与开发速度显然没有跟上实践的步伐。必须增强管理会计的工具理性思维，正确看待管理会计工具在实践中的效应与效果。尤其要对各种不同工具之间的长短、优劣有一个客观的评判，强化管理会计工具的价值理性，以便企业根据自身发展的需要和资源优势理性地选择管理会计工具。任何创新的工具和方法，不管它有多少超越其他工具的优点与功能，最终都不可能成为放之四海而皆准的万能工具，它只能和其他各种有效工具融合在一起，共同为组织的管理目标服务。正如Kaplan（2006）所言："管理会计研究与教学要想有所建树，其研究成果必须在现行的组织系统中得到广泛应用，或者至少部分研究成果能够在管理实践中得到成功应用，这样才能使管理会计学科具备一定的竞争力，获得应有的地位。"

三、管理会计工具的功能相关性

以约翰逊与卡普兰教授出版的《相关性消失了——管理会计的兴衰》（1987年）一书为代表，可以将20世纪90年代作为传统管理会计工具与创新管理会计工具的分界线。在管理会计工具箱中，传统的价值工程、本量利分析、经营杠杆和敏感性分析等管理会计工具，虽经历了很长的年份，但其在实践中的作用仍然巨大，可以说历久弥新。创新的管理会计工具，如全面预算管理、作业成本法、经济增加值和平衡计分卡等也已经历了高潮和低谷，并进入理性运行的阶段。研究管理会计的工具理性，就是要促进管理会计功能作用的进一步发挥，提高管理会计工具的功能相关性。这种体现管理会计功能价值观的工具理性，可以从以下几个方面加以体现：

一是管理会计工具的环境适用性。环境因素作为企业外部性因素对管理会计工具理性的影响较大,如环境成本管理工具会受到国家政策,如大气治理、污水防治等政策的影响。强化管理会计的工具理性可以引导环境成本管理工具等进行转换与变迁管理,例如,物料流量成本管理就是适应环境需要针对物流、能量流等进行创新的管理会计工具。

二是管理会计工具与其他工具的匹配性和有效性。管理会计工具,尤其是激励机制方面的工具,需要与人力资源政策,以及管理学与经济学等方面的工具创新相配合,如期权激励工具的应用等。管理会计工具在与其他工具衔接时还要考虑实施的有效性,因为管理会计是最基层的实践环节。所以,管理会计工具研究强调实地研究等就是基于这一方面考虑的。

三是管理会计工具的独特性。例如,管理会计与财务管理都强调时间价值与风险价值,但两者侧重点是有明显区别的。管理会计针对这两种价值观的认知具有更强的战略导向性,即强调化战略(理念等)为行动,始终围绕"顾客价值创造"这一核心实施管理与控制。权变的价值观就是要求管理会计具有战略意识,体现动态、发展及可持续的价值增值需求。管理会计的价值增值具有层次性,至少可以分战略层面、管理层面和基础层面。比较财务管理相关的几个常用工具方面,管理会计均具有自身的特点。如预算管理方面,管理会计强调"责任会计与预算管理的结合",包括设置责任中心、编制责任预算、实施责任监控、进行业绩考评等,管理会计中的预算管理是"财务预算+责任预算",它为全面预算管理(包括业务预算、财务预算与专项预算等)的形成与发展起着重要的促进作用(Covaleski,2003)。详见图 3-1 所示。

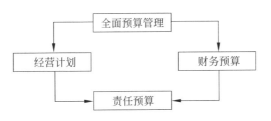

图 3-1　预算管理工具的基本框架

在财务杠杆与销售杠杆方面,管理会计采用负债杠杆、经营杠杆的称谓。财务管理中的"财务杠杆",主要强调负债的节税作用,即:"负债的利息可以抵扣应税所得利润额",适度负债对企业是有利的。这种"负债"的节税作用公式表示为"节税额=利息×所得税"。管理会计则将其称为"负债杠杆",除了传承"财务杠杆"作用外,还要强调"经营质量",如销售质量、利润质量等。比如,销售利润率=安全边际率×边际贡献率。同时,管理会计中的"经营杠杆",在财务管理中称其为"销售杠杆",强调"利润增长率大于销售增长率"的特征,其计算公式是"销售杠杆系数=利润变动率/销售变动率"。管理会计在传承这一杠杆原理的基础上,还要强调生产效率提升带来的"马太效应"。即在有关因素不变的情况下,只要存在固定成本,利润的变动幅度将大于销售量的变动幅度,这一规律称为经营杠杆。对经营杠杆进行计量最常用的指标是经营杠杆系数,其计算公式是"经营杠杆系数=基期边际贡献总额/基期利润",等等。以上这些均表明,管理会计工具在企业管理的具体实践中是具有自身特定的理性思维和方式表达的。

第三节　管理会计工具的结构性特征

管理会计的创新驱动就是要对现有的管理会计工具进行整合与创新,同时加强对中国情境特征下的管理会计工具进行开发与挖掘。

一、明确工具的需求属性

一是需求的主体。管理会计工具主要以满足企业管理当局(微观层面组织)的需求为主,但我国的国有企业在国计民生中占据重要地位,作为管理它们的上级部门的国有资产管理当局也需要对管理会计工具有特殊的需求。因此,中国管理会计工具的结构性特征在所有制方面有明显的差异性。二是需求的信息状况。管理会计工具要尽量采用货币化计量的手段,同时也允许非计量的相关手段等加以辅助。三是需求的操作性要求。管理会计工具必须用一套标准化的模式(如计算公式或结构体系等)加以表达,要便于其在管理会计信息支持系统下发挥积极的作用,提高管理控制的最大效应。四是需求的多层次性需要。管理会计工具具有结构层次性特征,能够适应管理会计控制系统的需要满足不同层面的管理需求。譬如,可以根据管理者决策的需求,如对成本习性、决策替代方案比较、资源投入产出分析、责任中心绩效评价等的需求进行工具的扩展与应用;同时,满足宏观方面对资源消耗、环境成本核算等方面的需要进行工具的开发与创新等(王立彦,2015)。

二、强调多学科的融合特征

从管理会计工具的结构特性上考察,主要分成本与收益导向两大模式。从收益导向模式看,管理会计的收益观更偏向于管理学、经济学中所强调的收益理念。通常企业的收益观有四种表达方式:第一种是会计利润,其计算公式是"利润=收入-成本",它主要体现在财务会计学的知识体系中;第二种是财务利润,其计算公式是"利润=现金流入-现金流出",它主要反映在财务管理的学科范畴中;第三种是管理利润,其计算公式是"利润(边际贡献)=收入-变动成本",这是管理会计独特的知识体系,常常被管理学科所应用;第四种是经济利润,其计算公式是"利润(全面收益)=经营利润+资产增值",这是经济学思想在会计领域的渗透。会计利润与财务利润在实践中已经得到广泛应用,而管理利润与经济利润则是近年来得到推广并进入到管理会计工具箱的,如经济利润的代表性工具EVA(经济增加值)自2010年起在央企全面推行。此外,成本导向模式中的目标成本管理、作业成本管理、物料流量成本管理、资源消耗成本管理等也表现出管理会计工具的结构性特征。为了提高管理会计工具的科学性与有效性,管理会计工具的开发或挖掘需要加强相邻学科,以及在学科与学科之间增进沟通与交流。随着企业集群、物流产业,以及环保产业的发展,财务会计对供应链会计、碳会计等提出了进一步控制与监督的需求,进而为管理会计工具的创新提供了新的构想与理念。企业实践中开展的轻资产经营、虚拟经营、资本经营、环境经营等,均对管理会计工具的开发与创新提供着新的动力和进一步扩展的源泉。

三、注重工具的整合效应

随着管理会计工具的持续导入与不断创新,加强对管理会计工具的整合十分必要。在我国企业的情境特征下,管理会计工具整合的重点是理顺工具间的逻辑关系。一方面,强调企业应用管理会计工具的互补性与整合效应;另一方面,实现政府导向与市场自发行为在管理会计工具理性中的统一。要结合企业情境特征对管理会计工具进行"个性化"改造,体现管理会计工具的"本土化"理性需求。从情境出发,开发与企业管理具有高度相关的管理会计工具,对指导特定情境中的管理会计实践具有积极的意义(Tsui,2009;Whetten,2009)。在具体的整合过程中,管理会计的工具理性体现在两个方面:一是管理层面,如战略管理的绩效工具、获利工具、报告工具,预算与控制工具,成本管理工具,以及日常管理的资金分析工具、信息管理工具等;二是方法层面,如情境嵌入的工具整合,情境依赖的工具整合等。具体的整合对策(冯巧根,2014):一是相关工具间的整合。它所展现的是一种适用于任何企业的共用的管理会计工具,它是与企业组织情境无关的方法体系。二是某种工具内部的整合。通过借鉴、学习、消化与吸收,将国外先进的管理会计工具嵌入企业实践,或改造已有的管理会计工具,以提高管理会计的效率与效果,这是一种情境相关的工具整合,它强调情境嵌入。三是以创新为导向的整合。通过对典型企业的案例研究,尊重和保护企业管理会计应用的自发性、原创性,并据此进行经验总结与提炼。这也是一种与情境相关的工具整合,它强调情境依赖。

四、强化经营模式的关联性

这些年来,上汽集团、海尔等公司推行的"小利润中心"经营模式就很好地体现了中国情境下管理会计工具理性的特征映射。管理会计工具的开发与控制、创新与发展只是企业管理中的一种手段,而经营模式创新则是企业管理的最高形态,它体现了"天时、地利、人和"的客观属性。管理会计工具与经营模式之间具有紧密的相关性,经营模式指明工具开发的方向,要求实现企业价值的最大化,而管理会计工具则提供具体的手段或方法,并据此充分发挥出管理会计"两大系统"的功能作用。在互联网经济条件下,管理会计工具要为企业经营模式转型提供服务。即,管理会计工具的开发既要考虑"互联网+"条件下的"零距离、分布式、去中心"等特征,还需要在工具设计中嵌入合理的管理会计环保价值观,体现管理会计的价值理性。当前,积极开发与环境经营相关的管理会计工具是管理会计工具理性与价值理性的共同需要。一方面,要加强对现行的环境成本管理工具的完善与发展,如围绕环境成本管理开发物料流量成本管理、环境资源效率成本管理等;另一方面,适应"中国制造2025"规划的要求,提高管理会计工具的智能化水平,使管理会计工具能够在各种不同的经营模式之间进行转化、整合与创新,在充分体现管理会计工具理性的同时,实现企业文化的价值理性需求。

五、谋求组织关系的共生性

"共生"一词起源于生物学领域,通常描述为多主体之间相互关联、有机统一的动态过程。管理会计工具理性中的组织关系共生性,就是要将生态学的思想与方法在管理会计领域中得到渗透,使管理会计的组织关系更加全面与完整。换言之,随着组织关系的不断拓展,传统的单一企业正在向多企业集聚的方向发展,各种类型的组织间管理会计,如供应链管理会计、企业群管理会计等得到了迅速发展。管理会计工具必须与之相适应,在工具理性层面上构建一种共生系统模式。一方面,借助于组织关系的工具理性,体现各企业主体在内部单元之间以及相互协作间的信息交流与物质交换,反映共生单元主体与外部环境的关联性。亦即在实际的经济、文化、社会环境中,单个企业的壮大与发展需要与共生的管理会计工具相互协调与配合。另一方面,组织变迁促进了社会经济的发展,但是由于管理会计制度存在剩余空间,人们利用各种不确定性因素,如信息不对称等放大这种剩余空间对自身的效用,出现了管理会计工具应用中的"道德风险"和"逆向选择"等问题。增强管理会计工具理性的意识,减少管理会计制度变迁过程中存在的风险,客观上就要求管理会计工具能够为管理会计功能的扩展,如增强激励与约束功能等以维护企业经济发展的公平、公正等服务。管理会计工具理性要适应企业群集聚发展的具体情境,制定符合自身发展的管理会计工具开发与应用的目标,促使共生模式与共生环境的同向作用更具稳定性,进而有助于管理会计理论与方法体系的完善与发展,同时也会对组织间管理起到正向的引导作用。

第四节　管理会计工具的形成规律

　　从管理会计工具理性的视角观察,管理会计工具有两个发展路径:一是理论视角,即从概念到工具;二是制度视角,即从案例到工具。管理会计工具的形成规律是在工具理性的基础上嵌入价值理性而完善与发展的。

一、管理会计概念与工具

　　管理会计概念是管理会计创新的基础。因为有了管理会计概念的创新,如成本性态分类,才有了变动成本法与完全成本法的结构特性,从而提高了管理会计决策的效度和信度。正是因为有了变动成本法,才有"边际贡献"等管理会计概念,也由此形成了"本量利分析"的管理会计工具。正确认识管理会计概念,合理使用管理会计工具,这是管理会计工作者成功的关键。

　　工具是达到目的的手段,是使用者的管理方法。管理会计工具是企业管理当局为实现企业管理的目标而采取的手段与方式,是管理会计方法的具体体现,这种工具可以是某一种方法,也可以是若干种方法的组合,或者是对不同方法的整合。不是所有管理会计的概念都能成为管理工具,管理会计概念只有转化为可预测或决策的模型,并能客观地进行量化操作时,才能成为管理会计工具。管理会计工具的形成有两个渠道,一个是学科分类中的"隐性创新",是一种概念扩展的路径;一个是实践中经验总结的"显性提炼",实践表现是通过管理会计案例研究为主导进行提炼、加工再进一步制度化规范的过程,是一种制度建设的路径。通过将成本概念扩展为生产成本与协调成本,以及外部生产成本与交易成本,可以形成新的管理会计概念,如产品的"自制"与"外包"这两个概念,从而对管理会计中的经营决策提供了新的理论内涵和方法工具。比如,对"环境成本"进行概念扩展,则基于环境保护成本视角可以形成"环境成本管理",而基于物料与能源成本视角则可以形成"物料流量成本管理"等。再比如,将成本从"组织内成本"发展为"组织间成本",则供应链成本与企业群成本等概念就会应运而生(冯圆,2014)。

由于管理会计是边缘性学科,其依据的理论较多,所以在概念转化为工具时,需要明确界定"概念"的内涵与外延,以便管理会计工具更具延展性,提高管理会计应用的有效性与普及性。具体表现为:一是管理会计概念的量化与可测性存在一定的难度,管理会计工具也并非全来源于概念,理念的认识偏差对概念产品等的形成会产生一定的影响;二是管理会计情境特征的复杂性与多变性使得对制度建设的有效性和普及性产生质疑。比如,环境会计制度存在真空现象,如何通过管理会计变迁管理实现制度创新,减少或消除损害公共环境的"边缘地带"值得深入研究。

概念扩展路径中的概念体系主要包括:①核心概念。由成本性态形成固定成本与变动成本的管理会计工具。②应用性概念。由成本性态理论,扩展形成诸如本量利分析、标准成本、预算管理、责任会计等管理会计工具。③发展性概念。即通过管理会计构想与理念的设计,形成诸如作业成本管理、战略管理会计、环境管理会计等管理会计工具。④研究性概念。借助于管理会计理论发散性思维,探讨诸如管理会计的射程、边界,功能扩展、全球化视角、权变性视角,构建新坐标等基本理念,并由此开发与形成相关的管理会计工具。根据上述概念框架,可以形成如下一个理论模式,详见图3-2。

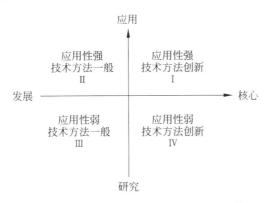

图 3-2 基于概念扩展路径的工具形成规律

根据图 3-2 的四个象限,管理会计工具在开发与挖掘,以及创新与发展过程中就有了一个大致的目标,它既符合了工具理性的内在要求,也能够满足价值理性的客观需求。

二、管理会计案例与工具

这是一种基于案例提炼的路径。管理会计工具可以从各种不同视角加以归集与整理。田高良等(2015)对神华集团进行了案例研究,他们围绕该集团的清单管理,系统地总结、提炼了神化集团使用的管理会计"工具箱",涉及的工具有 20 项之多,具体包括:丰田生产系统(TPS)、适时采购(JIT)、全面质量控制(TQC)、精益化生产、阿米巴经营、丰田 3D 架构、价值链分析、平衡计分卡、战略地图、经济增加值、业绩评价系统、本量利分析、作业成本法、目标成本法、生命周期成本、持续改进成本、环境会计、标准成本法、经营预算、资本预算、转移定价、责任成本和薪酬计划等。神华集团管理会计"工具箱"中的这些工具，是随着清单管理的需要对管理会计功能进行的扩展与延伸，在具体的实施过程有着严格的规范要求，并针对每种工具的优缺点进行科学的整合和调整，进而达到扬长避短的功效。它表明，欲使"工具箱"中的管理会计工具具有科学性与有效性，一是需要将这些工具按管理会计的控制系统与信息系统重新进行归类与研究，二是编制这些工具的操作手册或工作大纲（工具指引）。

推动管理会计功能扩展的途径主要是：①财务会计发展的内在推动；②管理会计工具的整合；③适应企业制度变迁的需要。以案例为基础的管理会计工具整合与发展是管理会计制度建设的内在需要，从管理会计工具形成规律的视角考察，它是一种制度建设的路径。以神华集团为例，可以结合价值链理论对管理会计"工具箱"中的工具进行重新分类：一是企业的主要活动。包括：①进货与后勤（零存货、适时采购（JIT）、质量管理等）；②生产制造（经营预算、标准成本法、作业成本法、目标成本法、精益化生产、阿米巴经营、全面质量控制等）；③销货后勤（本量利分析、责任会计等）；④市场营销（转移定价、质量成本等）；⑤售后服务（生命周期成本、持续改进成本、环境会计等）。二是企业的支持活动。包括：①技术研发（资本预算、丰田 3D 架构、价值链分析、平衡计分卡、战略地图等）；②人力资源管理（业绩评价系统、薪酬计划等）；③公司基础设施（经济增加值、财务预算等）。

管理会计案例研究有两种具体形式：一是情境化。从现有理论入手，用这种理论去解释企业实践中管理会计的利用情况，它是一种"理论—实践—理论"的制度建设路径。二是本土化。通过对中国本土的管理会计实践进行深入的总结与提炼，并从中概括和发展出新的理论，这是一种探索性的研究，它遵循的是"实践—理论—实践—理论"的制度建设路径。前者是利用性研究（exploitation），后者是探索性研究（exploration），它们体现了"情境化"与"本土化"融合的重要性与必要性。一方面，通过情境化研究检验理论的价值，使管理会计工具理性与价值理性有机融合，丰富管理会计的知识体系，并改善本土化情境下的管理实践；同时，这些已有的理论可以为本土化管理会计提供知识基础，促进现有理论在新的情境下的可行性与合理性，反过来丰富和发展现有理论。另一方面，通过本土化研究提炼出的新构想、新理念，具有很强的情境特征，有助于为全球管理会计知识体系做出积极的贡献。本土化研究是某一时期或特定阶段企业面临的文化、历史、法律和经济体制等的情境映射，它可能存在一定的局限性，因此需要再通过"实践"的检验，并由此上升为"理论"。

第五节　管理会计工具的指引体系

工具理性表明，管理会计工具只能"指引"而不能"准则"：一是管理会计工具本身的"专用性"特征强；二是管理会计工具的应用环境复杂且各具差异。因此，对管理会计工具采用统一规范的"准则"形式，不符合工具理性的要求，也难以满足管理会计的价值理性。

一、管理会计工具指引的要求

管理会计工具指引体系要体现管理会计概念的内涵特征:①以提高资源利用效率为核心,实现企业的价值增值。就产品生产而言,一要降低产品成本,二要能够实现具体的节能降耗目标,三要能够在确保产品质量的前提下,提高资金使用效益。②提高信息支持系统的功能。促进管理会计信息支持系统的开发与应用,提升管理会计预测与决策能力;同时,要突出管理会计控制系统的权变性特征,强调本土化,注重实用性与可操作性,提高管理会计控制的效率与效果。

此外,需要注意以下几点:①管理会计指引体系所提供的方法或工具,是已经被企业实践证明具有普遍性的技术,能够有效地控制和降低存货占用以及产品生产成本等的方式方法,如日本丰田的看板管理,JIT(适时制),以及业务外包等技术(田中,2006)。②提供的工具方法要突出情境特征,并展示未来的发展方向和利用空间,避免因过于专用性而损害管理会计工具的有效性。③处理好管理会计与财务管理工具之间的关系。避免管理会计概念外延的无限拓展,进而不恰当地扩大至其他学科的应用范围,即加强管理会计边界与射程的研究。管理会计强调经营决策,其管理工具侧重于对内投资形成的各项经营管理活动,尤其是以原材料、在产品和产成品形式体现的物流管理等。④处理好管理会计工具与内部控制工具的关系。管理会计离不开内部控制,但其有别于审计中的内部控制。审计中的"内部控制"是基于公平目标,保证财务会计信息真实、可靠、完整,以及资产安全的有效性而采取的内控措施。管理会计是基于效率原则,以保证资产高效使用,权衡取舍经营决策,实现节能减排、低碳绿色发展不可或缺的内控技术。

二、管理会计工具指引与管理会计工具指南

管理会计指南包括管理会计基本指引和管理会计实务指南,管理会计实务指南又包括管理会计工作指南与管理会计工具指引。《管理会计基本指引》侧重于原则性与共同性的规范要求,其内容主要包括管理会计的理论框架,管理会计基础工作要求,如相关政策引导、组织的结构安排等;《管理会计实务指南》中的管理会计工具指南,其内容可以包括诸如会计预测与决策指南、全面预算管理指南、责任会计指南、内部会计控制指南、成本管理指南、绩效评价指南等。《管理会计实务指南》中的管理会计工具指引是在管理会计工具指南的基础上的细化。譬如,在预算操作指南中包括预算编制、执行与评价等管理会计工具的指引;在资产管理操作指南中包括无形资产与有形资产,轻资产与重资产,通用资产、专用资产与互补资产等的管理会计工具指引;在成本管理的操作指南中包括企业成本与社会成本,经营成本与成本经营,目标成本、精益成本与物流成本的结合,以及成本管理的权变性与综合性,内部成本外部化与外部成本内部化等的管理会计工具指引;在收益管理的操作指南中包括顾客价值导向的价值创造与价值增值,商品经营、资本经营与环境经营的选择,业绩指标(如剩余收益、EVA等)与资本结构的管理等的管理会计工具指引。换言之,管理会计工具指引就是针对具体的工具方法所作的说明与引导(实践的操作手册等)。

三、规范管理会计工具的指引目录

就某一项管理会计工具而言,其指南应包括:①工具应用的目的与适应范围;②工具的职能与操作方法;③工具与其他方法的匹配性;④影响工具的因素及其经济后果;⑤工具的创新与发展方向等。中国行业众多,管理会计工具的指引是否需要分行业来进行? 以建筑业为例,其工作性质具有分散性、流动性、地域性和周期性等特征。从管理上看,它具有控制难、预测难、评估难、决策难等特征。从产权与治理结构讲,其管理会计的边界不明确(管理权力难到位)、经营队伍整体的素质良莠不齐(如资质差异性大等),建筑业一般以民营资本为主,相对而言其地位被动(与地产商相比)。因此,是否可以考虑分行业对管理会计工具进行目录指引,以提高管理会计的工具理性要求,满足企业实践的价值管理需求等,就很值得深入探讨。

从规范管理会计工具指引目录的需要出发,首先要丰富管理会计工具箱的内容。一是加强对管理会计工作者业绩观的修正。增加管理会计信息支持系统中的利润信息内涵,如将变动成本的利润表,企业生产线利润表,以及顾客利润表、战略利润表等信息资料归入管理会计"工具箱"。二是提高资金、现金流预测的客观性。即在管理会计工具箱中增列资金需要量预测与现金流量表应用的指引目录。此外,适应经营状况的权变性要求增加创新性的工具指引目录。譬如,增列"互联网＋"条件下的管理会计工具与组织间的管理会计工具。在互联网新经济下,企业的生产成本与交易成本的融合具有可变性,组织扩展与成本创新具有内在的互动性,必须结合新的制造环境创新组织间的管理会计工具。同时,提升管理创新中的资产价值观,明确互补性资产的重要性。2013 年美国的"黑色星期五"以及圣诞节,因为快递业的爆仓,影响了美国人的圣诞节日氛围,有些公司如沃尔玛等在不得不道歉的基础上,还赔偿了每个网购人员 20 美元的购物补偿款。它表明,互联网经济的成功是建立在制造业强大的基础之上的,其本身价值链中的互补性资产,如"物流业"等就至关重要。产业链中的"制造业"对管理会计的控制系统起着重要的导向作用,必须通过管理会计的信息支持系统等加以互补,管理会计工具的指引目录必须具有超前性与战略性视野。

第六节　本　章　小　结

管理会计的工具理性,使管理会计工具随着管理会计功能的延伸而发展,同时针对各种工具存在的长短与利弊进行主动的整合与调整,扬长避短。管理会计工具理性能够促进管理会计功能的完善,管理会计的发展受财务会计的内在推动,更受管理会计工具整合与创新的驱使,它是企业制度变迁与发展的内在要求。

管理会计工具理性是建立在多种学科相互交叉应用基础之上的。研究管理会计及其工具方法必须加强对经济学和管理学,以及社会学、心理学等学科的综合应用,并注意从中汲取与管理会计有用的各种成分。同时,大胆借鉴国外的优秀成果,在融会贯通的前提下,形成具有自身情境特征的管理会计理论与方法体系。管理会计工具理性的认识,可以使企业在层出不穷的管理会计工具开发与创新中保持价值理性,注重组织管理文化的延续性和管理会计工具运用效果的权变性,而不能盲目地热衷于管理会计工具的更新。即,必须结合企业的情境特征,在充分认识管理会计工具理性的基础上适应企业内外部环境的变化而相机调整。管理会计工作者要不断地提高自身素质,积极应对管理会计的变迁需要并适时地进行变迁管理,加强管理会计的制度建设,努力探寻管理会计工具开发与创新的规则与路径,为中国特色的管理会计理论与方法体系建设做出应有的贡献。

 案例与讨论

背景资料一

关键绩效指标:福与祸

关键绩效指标(key performance indicators,KPI),又称主要绩效指标、重要绩效指标、绩效评核指标等,是指衡量一项管理工作成效最重要的指标,是一项数据化管理会计工具。KPI 必须是客观、可衡量的绩效指标,它是将公司、员工、事务在某时期表现量化与质化的一种指标,可协助企业优化组织表现,并规划愿景。比如,三星集团各子公司 CEO 的年薪中,基本工资只占 25%,其余的 75% 由绩效决定。员工的基本工资比重占 60%,另外 40% 由能力而定。能力评价决定员工实际年薪,评为一级能得 130% 的酬金,若评为五级,甚至连基本工资都领不到。同一职级的员工,实际年收入最高与最低可以相差 5 倍。三星干部和员工与公司绩效绑定的收入有两种,一种是半年一次评定发放的"PI"(生产率奖金),另一种是一年一度评定的"PS"(利润分享)。

PI 的数额由半年度业务目标达成情况来决定。每个部门、BU(business unit,业务单元)和公司按照"EVA(economic value added,经济增加值)、现金流和每股收益"等指标的半年达成情况被分为 A、B、C 三级。假如一个员工所在的部门、BU 和公司都被评为 A,这个员工能拿到基本工资 300% 的奖金;如果不幸全是 C,一分钱也拿不到。比如 2005 年和 2006 年,存储半导体、移动电话和 TV 部门的 PI 就拿得"盆满钵满",而非存储半导体和家电部门的人就惨了,全部是 C,真的一分钱都没拿到。PS 其实是"超额利润分享"。每年三星总部都会给下面分子公司下达一个利润目标,经营年度结束后,如果实际利润超过目标利润,超出部分的 20% 作为奖金分配。

因为基于绩效主义的 KPI 方法,将业务成果与钓鱼报酬直接挂钩,带来了很多恶果,从而毁了产品和服务,毁了公司。2007 年,索尼常务理事、机器人研发负责人土井利忠发表"绩效主义毁了索尼",痛批绩效主义,痛批 KPI 方法。他列举了绩效主义与 KPI 方法的罪恶,指其扼杀了索尼的激情集团(公司那些不知疲倦、全身心投入开发的集体),扼杀了索尼的挑战精神(为追求工作乐趣而埋头苦干),扼杀了索尼的团队精神(自由、豁达、愉快的气氛)。索尼神话、索尼奇迹消失了。进入 21 世纪,索尼从创新先锋沦为落伍者。

百度也在反思 KPI 方法。在内部邮件中,李彦宏质问"为什么很多每天都在使用百度的用户不再热爱我们?为什么我们不再为自己的产品而骄傲了?问题到底出在哪里?"反省的结果是:"因为从管理者到员工对短期 KPI 的追逐,我们的价值观被挤压变形了,业绩增长凌驾于用户体验,简单经营替代了简单可依赖,我们与用户渐行渐远!"李彦宏更进一步警告:"如果失去了用户的支持,失去了对价值观的坚守,百度离破产也真的只有 30 天。"

但是，另一方面，绩效主义和 KPI 方法非常盛行，几乎每家公司都在使用。有人认为，没有 KPI，公司可能会更糟。战略要贯彻，公司 CEO 不可能天天考察每个部门、每位员工所做的事情，怎么能保证大家在既定的战略上行进呢? 这需要把战略分解成计划，并落实在 KPI 上。另外，如果没有 KPI，公司按什么标准考核员工，发放薪资和资金呢? 索尼 1990 年全面引入 KPI 方法，三星 1988 年就引入。KPI 方法却成就了三星，助推三星不断发展。

（资料来源：根据李序蒙、白刚授权网易财经《亦观察》专栏的"绩效主义成就了三星，毁了索尼"一文整理而成。）

请讨论：

1. 从工具理性的角度，谈谈"为什么说 KPI 方法毁了索尼，成就了三星"。

2. 围绕上述资料，结合财政部"应用指引"中的 KPI 工具，探讨我国企业 KPI 应用中需要注意的事项。

背景资料二

"零库存"真的很完美吗?

作为管理会计的一种工具创新，"零库存"工具起源于 20 世纪 60~70 年代。该工具是指在正确的时间用正确的方式将正确的数量和正确的货物交给正确的人，也称为"5R"。"零库存"是由日本丰田汽车公司率先实施的，亦即"适时制生产"（JIT）。有关资料显示，1987 年仅有 25% 的美国企业应用 JIT 技术，而到现在，绝大多数美国企业已采用JIT。表 3-1 是对美国几家公司实施零库存管理前后的相关数据指标的比较，不难看出，实施零库存管理之后，存货空间下降，生产效率提高，生产周期大大缩短，产品的调整时间缩短很多，调整速度变快。

表 3-1　美国几家公司实施零库存管理前后数据比较

公 司 名 称	项　　　目	效　　　果
Lucas	存货	在产品库存减少 99%
Repco		总库存减少 20%
Hewlett-Packard	存货占有空间	减少 48%
Pank-xerox		减少 30%
Lucas	生产效率	提高 35%
Ford		提高 33%
Lucas	生产周期	从 5 天减少到 5 小时
John Deere		减少 84%
Lucas	产品调整周期	从 30 分钟减少到 5 分钟
Sumitomo		从 60 分钟减少到 5 分钟

从 1981 年长春一汽率先引入 JIT 生产方式起，JIT 生产方式在我国的应用和推广已

有 30 多年的历史。我国很多企业的高管层将"零库存"作为企业库存管理的目标,对其十分推崇。"零库存"为什么会得到企业的青睐呢? 具体而言,实施"零库存"管理可以给企业带来以下好处:一是降低库存管理成本,减少库存占用资金;二是优化供、产、销经营环节和加快物流速度,提高生产效率;三是缩短产品生产周期,规避市场变化和产品升级换代而产生的降价、滞销的风险;四是帮助企业梳理内部流程,促进内部流程的优化和再造。

企业实现零库存很多时候是将库存转移给相关的供应商和上游企业,这必然要求企业与供应商建立一种战略型的合作伙伴关系。美国加利福尼亚州立大学对汽车、电子、机械行业等企业的经营者进行了一次 JIT 采购方面的问卷调查,其中涉及美国 67 家制造、分销、服务公司。其调查结果如表 3-2 所示:

表 3-2　JIT 采购调查结果统计表

JIT 采购成功的关键因素		JIT 采购解决的问题	
问题	肯定回答(%)	问题	肯定回答(%)
和供应商的关系	51.5	空间减少	44.8
管理的措施	31.8	成本减少	34.5
适当的计划	30.3	改进用户服务	34.5
部门的协调	25.8	及时交货	17.2
进货的质量	19.7	缺货问题	17.2
长期的合同协议	16.7	改进资金流	17.2
采购物品的类型	13.6	缩短提前期	10.3
特殊的政策与惯例	10.6		
实施 JIT 采购的困难因素		与供应商有关的问题	
缺乏供应商的支持	23.6	很难找到好的供应商	35.6
部门之间协调性差	20.0	供应商不可靠	31.3
缺乏对供应商的激励	18.2	供应商距离太远	26.7
采购物品的类型	16.4	供应商数目太多	24.4
进货物品质量差	12.7	供应商不想频繁交货	17.8
特殊政策与惯例	7.1		

资料来源:邵晓峰 张存禄 李美燕等.供应链管理[M].北京:机械工业出版社,2006.

表 3-2 说明,实施 JIT 下的采购成功,其关键因素和困难因素大部分都和供应商本身或与供应商的合作有密切关系。选择优秀的供应商并对其有效评估是成功实现 JIT 采购的关键因素。

请讨论:

1. 结合上述资料,请从管理会计工具理性的视角讨论库存管理及零库存战略的内在关联性。

2. 谈谈"零库存"管理的适用面,以及如何防范"零库存"管理中的供应链风险。

第 4 章

管理会计的研究范式

从理论角度讲,范式是指研究者共同使用的思维模式与框架。管理会计范式就是管理会计的研究模式,它是管理会计理论与方法体系形成与发展所达成的一个基本认识框架。正确理解和把握管理会计范式的形成规律,对于管理会计变迁及其变迁管理具有重要的理论价值。管理会计研究范式离不开一定的发展路径,并且与相应的社会经济环境具有紧密的相关性。加强管理会计范式研究,有助于全面推进管理会计理论与方法体系的构建,促进管理会计学科体系的完善与发展。

第一节 管理会计的范式与特征

管理会计研究有基础性研究和应用性研究之分。以往的管理会计目标、对象、职能等的研究属于基础性研究,它重视遵循企业发展规律所总结出的分析框架。所谓的经验科学,必须是与被观察并描述的事实有关的实证事项。实证研究基本属于基础性研究,而应用研究大都是规范性的对策性研究。

一、范式的形成与发展

(一)范式的内涵与特征

范式(paradigm)一词来自希腊语,原是"共同显示"的意思,由此引申出模式、模型、样本或范例等含义。而在英语中,模型通常是用 model、范例用 example 来表达的。所以,paradigm 在英语中,基本上等同于模型。目前,在学术界,对范式的概念存在许多不同的看法,如美国学者库恩(Kuhn)在其《科学革命的结构》一书中认为:范式通常是指人们观察世界和进行科学实践的方法,也就是一门科学中一般研究人员所掌握的信念、基本问题、基本研究方法、基本理论等要素的统一体。也有的人认为,范式是经济模式和管理活动的映象,针对不同的对象会产生出不同的范式。然而,目前被中外学术界人士认为比较科学的定义是美国学者 G. 里茨尔(G. Ritzer)的观点,他认为:"范式是科学题材的根本反映,它用于确定应该研究什么,提出哪些问题,如何提出问题,怎样理解得到的答案。范式是科学领域中最广泛一致的单位,它可用于区别不同的科学学科(或次学科),定义和联系样本理论、方法以及存在于其间的工具等。"我们认为,范式的外延大于模式,模式是范式的一项重要内容。范式具体包括理论研究范式、实际运作范式、学科体系模式、组织结构范式等内容,其中主要的是理论研究范式。从社会科学研究的共性上分析,范式具有以下三个方面的特征:①与环境的共生性。范式作为客观事物的综合描述和科学抽象,离不开所处的社会经济环境。②与理论导向的相关性。范式的发展建立在一定的理论基础之上,它体现了各门学科的理论渊源及其内在联系。③与相关学科的互长性。范式具有渗透性,通过不同学科之间的交流与合作,可以实现取长补短、相互提高的目的。

(二)库恩范式的积极意义

早在20世纪60年代,库恩就提出了"范式"这个概念。范式的广义解释是指某个时代人类共有的对事物的见解、思维方式及思维框架的总称。库恩认为,范式是着眼于科学研究的规范性,它不只是将科学的历史作为单个贡献的累积过程,而是在某种程度上作为范式变迁的路径来把握。即理论不是在相同的思维框架内连续地发展的,而是在不断地改变思维框架的前提下向前发展的。由此可见,范式是社会科学中主要事物的基本映象,它描述和反映了事物的基本特征。同时,范式是科学研究中应用极为广泛的概念,它归纳并再现了研究对象的本质联系。库恩范式理论的学术贡献在于:首先,它客观地揭示了科学发展的一般规律。回顾人类社会的科学发展,无论是自然科学还是社会科学,都是循着客观规律呈波浪式前进的。其次,库恩的范式理论揭示了真理的相对性。即在一定时期和一定的客观条件下所形成的科学理论具有相对性,并不是绝对的、永恒的。随着客观条件的变化,人们认识水平的提高,曾经是"科学"的理论就不一定适应新的情况了,甚至存在谬误。再次,库恩范式理论还说明,任何一门学科的任何一种范式提供给人们用来研究该门学科的空间、逻辑结构与思维等都是有限的,而人们对世界的认识发展和科学发展都是无限的。因此,科学的发展往往在于打破固守一种范式,重新建立一套全新的理论范式。最后,库恩的范式理论,还揭示了实践发展是引起范式危机和科学革命的根本动因,是导致范式变迁的原因。库恩范式理论对于经济学的范式和范式变迁研究具有重要且积极的影响。与库恩所界定的范式概念的一般含义相一致,经济学范式是指某一门类的经济学研究人员对该门学科所研究的基本问题共同掌握的信念、基本理论、基本观点和基本方法等的理论体系。可以说,经济学的这些思维范式是几代经济学人不断努力探索的结果。从古典经济学开始,尽管学术界纷争不断,学派林立,但在使用经济学特有的概念、范畴、方法来研究和分析经济事物,如劳动、商品、价值等方面却是共同的。库恩范式理论同样对管理会计范式及其变迁具有积极的参考价值,对于管理会计理论与方法体系的形成与发展起着重要的支撑作用。

二、管理会计范式与情境特征

改革开放40年来,我国的管理会计范式经历了一个初期设想、检验与再评判运用的过程。正如芬兰学者Kari Lukka 和 Markus Granlund(2002)在讨论会计发展过程时所说:"过程的开始是从某个地方撞击其核心思想,启动它的出现,构造它的初始版本,尝试去推销这个新理论或概念给相关的受众。若是管理会计理论或概念的情境(如 ABC),这一阶段引起最初的现实企业实践的具体活动。第二阶段包括对新理论或概念的进一步分析(如它的组织含义),以便深刻地描述、理解和解释它。第三阶段,或迟或早,这种新的理论或概念会逐步被看作一个更具普遍性的评价标的,在这个过程中,这种理论或概念会被放进更广泛的组织和社会环境,以便剖析和评判它反映的核心价值以及它真正提倡的目标。"

（一）管理会计的范式

1. 管理会计范式的提出

管理会计范式的形成与发展离不开其依赖的生存环境,我国的管理会计开始于 20 世纪 80 年代初期。早期的管理会计范式具有如下特点:一是在管理会计应用中采用最多的方法还是一些传统的分析工具,如经营活动分析、本量利分析、固定资产投资决策方法等。大多数企业的信息系统依然是为财务会计而非管理会计设计的,管理会计呈现的是单一的管理控制系统,或者说是"一元论"的管理会计职能模式。二是管理会计理论与实践匹配不充分。管理会计应用的实践模式,虽然有了部分理论上完美的方法,如作业成本分析、成本差异分析等,但是这种理论模型过于注重设计环节上的完美性,对实际的管理活动进行了大量的精简,如基于单一产品与单一薪酬体系的本量利相关性等,与实践严重脱节,并不适用于企业的具体情境。三是在资产回报评价中,由于管理会计信息支持系统的缺失或不给力,所谓的先进管理会计工具或指标体系,大都是基于形式上控制的需要,企业本身并没有采用新工具或新指标体系的自觉性和主动性。四是影响管理会计在企业中运用的最主要因素是企业内部管理者未给予足够的重视和支持。传统自发的管理会计范式的形成与发展需要一个较为漫长的时期,我国则不同,一般采用政府导向的形式推广或普及管理会计新范式(如制度与方法等),由于微观企业的准备不充分,所以实施效果不理想。针对管理会计发展的不同阶段,采取不同的管理会计范式战略显得尤为重要。一方面,是加强管理会计的制度建设,或者采用技术购买等战略,或者开展产学研等手段,减少企业在研发中的支出总额。另一方面,采用分阶段实施或逐步实施战略,以保持创新企业在市场竞争中的有利地位。同时,加强生命周期成本的管理,采用企业内部的小利润中心经营模式,通过合作等方式加强创新技术在产品全生命周期中的应用,以获得最大限度的利润。

2. 管理会计范式的形成阶段

一般认为,管理会计范式的形成可以分为范式前与范式后两个阶段。笔者将其分三个阶段:一是范式前阶段。对于管理会计理论或方法的实践检验只停留在现象的观察上,没有独立的、得到普遍接受的概念框架来解释与支撑。二是范式构建阶段。这一时期,一套经过管理会计实践检验,并具有科学性与可操作性的标准开始出现。其间,一些学者提出的管理会计理论和方法在学术界得到较为普遍的认同,开始主导管理会计在这一时期的研究,这种主流范式的出现是学科成熟的标志。三是范式后阶段。范式确立后,通过管理会计理论总结和工具方法的系统集成,开始向社会推广与普及,人们对管理会计范式的认识也从局部向全局的方向蔓延。结合产品的发展战略来观察管理会计范式的形成与发展,可以有如下的认识:

（1）范式前阶段。这一时期,一般产业处于发展初期,产品设计经常会发生变动。制造过程的组织松散,必须提高企业对外部环境的适应性,比如生产使用的设备强调通用设备的应用。企业之间的竞争是设计的竞争,不同设计之间差异很大。如果创新者在范式前阶段引入一个很好的概念产品,但设计不好,由于这时具有垄断地位的企业具有强独占性特征,还有机会让创新者有较多的时间通过必要的试错来强化设计。范式前阶段,因为有效的保护使创新者有足够的时间在模仿者侵蚀前获得正确设计。

（2）范式构建阶段。企业发展到某一阶段,已经有主导企业在进行主流产品的设计与生产。或者说,这一时期,可以通过市场的试错,使某一设计或一类设计逐步成熟,能够满足用户的需求,并成为各派主流的设计模式。一旦主导设计出现,竞争焦点就从设计转向价格。规模与学习效应变得重要,它们成为降低成本的重要手段,典型的是使用专用设备。此时,产品设计风险下降,投资专用设备的成本被大量摊销。

（3）范式后阶段。主导范式形成后,创新的层次发生变迁。比如,可以在产品更低的层面进行改进与创新,以寻求细分市场;同时,当产品设计稳定后,跟随者会在工艺上展开创新,以降低新产品的生产成本,比如使用通用设备,开展大规模的批量生产。对于市场容量小的细分领域,此时的规模经济与学习效应作用不大。

范式形成后,如何维护范式的合理性与有效性便成为重点与难点。换言之,创新者完成了基础科学研究和对新产品进行了基本设计之后,模仿者可能就会进来竞争。为了提高企业科技的核心竞争力,必须在创新者推出的基本设计之上,改进产品的某些重要方面。即确保创新者在设计方面始终居于优势地位。否则,一旦被模仿,竞争对手在主导设计出现之前进行一些相关的设计修改,这样模仿者就有机会使其修改过的产品更适合市场需求,并可能成为产业标准,将创新者远远抛在后面。

（二）管理会计的情境特征

“情境”是一个较为宽泛的概念,人文环境与行为组织是情境,制度规范、企业与个体差异是情境,行业与所有制状况也是情境。管理会计的情境特征,即辨别我国企业所处的经济、制度、社会文化环境等具有独特性和代表性的情境因素,用这些因素更加深入地解释和理解管理会计的发展。

1. 管理会计的研究模式

传统的管理会计理论研究遵循的是“命题＋论证＝结论”的三段式研究范式,由于其过于简化,并与现实的经济环境不相适应,这种范式在研究中渐渐难以奏效。对此,马切斯特(Mattcssich)提出了如下的理论研究范式:①观察、分析;②定性与定量描述;③概括;④分析(运用数理方法和演绎法);⑤解释和建立模型(运用一系列假设、原则,把会计理论术语和实际中的概念结合起来,加以具体化);⑥验证与修正(实证方法、逻辑检验)。

中外管理会计发展的实践表明,未来的管理会计应用性研究应关注如下课题:解决不同类型课题的相关范式是什么,他们可能会遗留些什么问题;在解决课题方面,范式之间是一种怎样的关系;作为权威性的管理会计研究,希望达成什么问题;管理会计与财务会计研究的边界是什么;解决某种管理会计课题的相应范式是什么,需要开发应用哪些分析工具。当前,我国管理会计研究模式主要是与新经济时代相关的管理会计新范式。比如,全球化竞争下的管理会计特征、“互联网＋”环境下的管理会计特征、“零成本”机制下的管理会计特征、智能制造下的管理会计特征等。结合以上的范式特征,管理会计研究模式与环境的共生性会在管理会计形成与发展的各个环节中加以体现。比如,社会环境的变化必然导致企业组织形式的变化,而企业组织形式变化又会引起管理会计实践发生变化,管理会计实践的变化最终将导致管理会计研究的目的、内容、方法也发生变化。这一系列的变化必将促成一种新范式的诞生。社会环境的变化主要有市场竞争(如法规约束、全球价值链新特征、消费者新需求等),经营战略(如"互联网＋"、智能制造等),信息加工技术的变化(如大数据、云计算等),而组织结构的变化主要指组织设计(如竞争战略、横向管理、集团化经营、跨国经营、信息网络、财务与业务一体化等)。与此相对应,许多企业在管理会计实践中采取了相应的对策,如海尔的小经营主体(如战略单元、小微企业等),邯钢的"模拟市场、成本否决制",山东诸城绝缘材料厂的"倒逼成本法",以及基于平衡计分卡的业绩衡量、分层次的激励措施等。以上环境变化与组织结构的变化必然要求管理会计采用与之相适应的新范式,改变过去那种静态分析研究的传统,而运用动态及不确定性研究的理论与方法。

2. 情境理论下的管理会计范式

随着生产的复杂化和分工的细致化,企业组织出现了新特征,传统的企业集群正在向云产业集群的方向转变,中层管理部门变得越来越庞大,组织运行成本日增,中下层人员的主动性与积极的调动成为当今管理会计范式的研究新课题。依据情境理论,要实现管理会计满意的情境组合,需要调动行为主体内在的动机。情境可分为情境不敏感、情境敏感和情境特定三种情况。"情境不敏感"的表现特征是以借用/采纳为具象。即直接采用西方文献中已有的概念和他们的测量方法;对西方文献已有构念之间的关联性进行检验,并得到几乎相同的结论。或者说,采用没有任何情境化的基础论点或逻辑。"情境敏感"则以修正/应用为特征,对西方现有文献中的测量方法进行情境化或开发新的测量方法;更改现有的关联关系,或引入非情境特有的中介变量或调节变量。或者说,是采用对情境丰富的描述来构建论点,或应用西方概念来捕捉情境特色。"情境特定"是以创造/介绍为特征;创造全新的概念或对西方文献中的概念重新定义;引入新概念之间新的关联关系,或将情境特有的调节变量或中介变量介绍进来。或者说,是引入从情境发展来的或嵌入情境之中的概念性逻辑或理论性逻辑。情境理论下管理会计具体的管理方式有两种:一种是情境嵌入;另一种是情境依赖。情境嵌入是将管理会计某种工具或方法应用于企业之中,并加以消化、吸收与提高;情境依赖则是从企业中提炼出原创性的管理会计方法,并形成有效的管理工具。我国管理会计更注重的应该是后一种,即情境依赖。这种方式容易切合实际,可操作性强,但其缺点是典型性差,可能不具备推广价值。在情境理论指导下进行管理会计范式研究,需要对管理会计研究对象确定一个标准,比如:(1)行业龙头;(2)能够创造价值并带来价值增值;(3)情境中性,便于在别的企业中推广应用;(4)方法简单,操作可行;(5)能够实现企业管理效率与效益的提高;等等。

第二节　嵌入情境要素的管理会计范式

根据管理会计存在的情境特征弱、情境特征中性和情境特征强的具体情况,可以在管理会计实践中将具体情境划分为情境无关、情境相关与情境中性等的要素特征。从管理会计三大学术流派的研究范式观察,基础研究学派一般采用的是以概念为中心的研究范式,其研究过程往往与情境无关,在学术上强调理论的精致性和超前性;咨询研究学派往往采用以案例为中心的研究范式,注重情境的嵌入与情境的依赖,其研究过程不可避免地带有一定的主观性,管理会计范式研究需要关注这些问题;而批判研究学派则是通过对上述两种学派的观察与思考,通过对两种范式形成的理论与方法的评判与分析,促进各个学派之间的相互沟通与交流,进而满足管理会计研究的高水平需要。

一、"情境无关"的管理会计范式

"情境无关"的研究范式,并不是说不需要考虑管理会计的情境特征,而是表明其与特定的情境不具有紧密的相关性。根据 Whetten(2008)的说法,"所有的组织理论均以各自方式依赖于情境"。如果研究者不考虑新的情境特征,而一味应用在其他情境中发展出来的理论,研究的发现就只能局限在该理论所能涉及的范围里了。那些潜在的高度相关并且十分重要的知识,就有可能不会被发现。深度情境化与一般的嵌入式情境化的区别主要在于其"嵌入程度",或者说是情境调节变量的丰富程度。区别于情境敏感的"情境相关",这种"情境无关"的管理会计研究是形成管理会计理论的重要环节。

(一)体现为基础理论研究的管理会计范式

基础理论研究可以从两个渠道加以规范,一个是学科分类中"隐性创新",是一种概念扩展的路径;一个是实践中经验总结的"显性提炼",表现是案例主导的提炼、加工过程,是一种制度建设的路径。管理会计是一门包容性非常强的学科,这是由管理会计特性决定的。因为管理会计本身就是一门边缘学科,它必须从相关的学科中吸取营养,从动态变化中寻求自身进一步发展的空间。由实践路径(案例主导)形成的管理会计创新,通过管理会计实践来细化"分类",并进一步升华为理论。即企业实践中先有管理会计的经验与做法,然后再将其进行理论总结与升华,并形成管理会计所需的理念及具体的核算方法。此外,通过概念扩展进行理论整合也是形成基础理论范式的基本形式之一。近年来,随着企业集群、物流产业,以及环保产业的发展,财务会计对供应链会计、碳会计等提出了进一步控制与监督的需求,进而为管理会计的创新提供了新的研究范式。改革开放 40 年来,政府部门承担了会计制度创新的责任,在管理会计的快速发展中发挥着决定性作用。今后管理会计制度的创新及发展,一方面,要继续发挥政府部门在制度制定中的主导作用,通过政策引导使管理会计规范发展;另一方面,国家应进一步引导企业加强自身的管理会计制度建设及创新,鼓励企业根据自身需要和特点建设有特色的管理会计制度,从宏观和微观两个层面打造中国情境特征的管理会计制度体系。从我国管理会计研究的现状看,学者们热衷于采用经验检验法,即借用欧美国家学者的模型,用中国沪深两市资本市场的数据进行套算,亦即运用中国的样本来检验国外已有的"假设预期"的一致性。这些理论分析和逻辑推理不仅依赖于对不同问题的选择,也随研究者的理论背景、思路和习惯而变化。这种研究范式实际上没有体现出中国的"情境"特征,或者说,并未真正得到对本土企业管理会计问题的统计检验。因此,也可以将这类研究范式归入"情境无关"的范畴。

(二)体现为基本方法研究的管理会计范式

管理会计的情境特征可以从狭义与广义视角加以区分,狭义的"情境观"表现为独特的制度、法律与经济环境,并在某一区域对企业的经营活动产生积极的影响。广义的"情境观"表现为超越了地理和边界的文化变量,意味着一种能够影响不同文化背景员工加以接受、互动的行为,以及信念、假定和价值的范式。管理会计的范式变迁是一种常态,"过去 20 年已经见证了管理会计实践相当显著的变化,管理会计从传统的强调面向财务的决策分析和预测控制,发展到包含更多战略的方法,强调识别、计量和管理影响股东价值的关键性财务和运行的动因(IMA,1999)。"管理会计的工具也从预算管理、财务控制,发展到包含全面质量管理(TQC)、适时制(JIT)、标杆法(benchmarking)、作业成本法(ABC)、作业成本管理(ABM)、生命周期成本(LCC)、目标成本(TC)、平衡计分卡(BSC)、经济增加值(EVA)等在内多种类的管理会计方法体系。

目前,我国学术期刊中的管理会计研究范式,具体分为如下几种形式:一是学术杂谈。管理会计学科的发展离不开管理会计的学术杂谈。二是逻辑推论。以演绎法为代表,在文章引言部分提出研究的框架与具体的思路。这种研究与实证研究的不同之处在于,"一个用数据说话,一个用文字说话",如引经据典加以说明,但写不好容易变成"杂谈"。这种研究范式要求时效性与应景性强,能够较好地反映当时当地(某一阶段与某一时期的中国情境)与"问题导向"有关的研究话题。三是读书笔记。以文献综述为代表,将最新、最前沿的理论研究动向介绍给读者。它可以减少后人对相关研究的查询等的资料收集工作量,提高后人对此问题研究的起步点。这种方法一般是某项研究的前提工作。四是实证检验。这是我们目前用得比较多的所谓实证研究方法。即,主要是用国外的模型来说明中国现阶段已经存在的某种现象,它反映的也是某一特定时期的管理会计现象。因为各国的具体情况不同,这种研究可能主观性较强。需要强调的是,管理会计基本方法的范式形成离不开政府的主导。以业绩评价为例,财政部及国有资产监督管理委员会先后出台了《国有资本金效绩评价规则》《国有资本金效绩评价操作细则》《中央企业负责人经营业绩考核暂行办法》《金融类国有及国有控股企业绩效评价实施细则》等文件,使得业绩评价、经济增加值(EVA)在国有企业逐步得到推广,并进一步扩展到其他企业。时至今日,全面预算管理、经济增加值(EVA)、平衡计分卡(BSC)等管理会计工具正在为越来越多的企业所接受。

二、"情境相关"的管理会计范式

"情境相关"下的管理会计范式体现出以下特征:一是在管理会计的本土化过程中,研究者应自觉地将本土情境嵌入管理会计之中,使其得到凸显,而不是将"情境"蕴含于理论和研究方法之中。二是将本土化的"情境"与现有知识积累进行联系,在理论架构与制度设计中规划好情境化路线,使本土化理念嵌入具体的情境研究之中。三是通过用新观察来体现熟悉理论的策略加以实施。尤其是某种情境的文化根源与西方文明不同时,情境化尤其重要。

(一)体现本土情境的管理会计研究范式

管理会计应该从情境出发,发展具有高度切合性的管理会计理论,并以此指导情境特征下的管理会计实践(Tsui,2009;Whetten,2009)。树立"研究问题的本土化,研究方法和研究范式的国际化"的理念,为国际会计学界提供彰显"中国特色"的高水平研究成果,使中国管理会计的理论研究成果融入世界知识主流(胡玉明,2015)。案例研究是一种情境相关的研究范式,具体的形式有个案研究和众案研究等。案例研究的两个方向:一是国有企业的研究路线;二是民营企业的研究路线。管理会计案例研究对象的选择要考虑是否属于行业龙头,企业能否创造价值并带来价值增值,预计的案例成果能否便于在其他企业中推广应用,实施起来是否方法简单、操作易行,并能够带来企业管理效率与效益的提升等。管理会计案例形成范式有两种思路:一是现实问题导向的模式;二是技术或方法导向的模式。前者一般表现为情境依赖,后者大都为情境嵌入。管理会计研究要充分认识的一个现实是:它是一种社会科学,至少是以社会科学为主的学科。与自然科学的"科学思维"方式相对应,人文、社会科学所采用的是"艺术思维"的研究方法。因此,与"情境相关"的管理会计研究范式具有一定的主观性。比如,是继续传承管理会计的发展线索进行范式扩展,还是面向实际开拓新的研究领域与研究课题?虽然,这两种研究思路都是管理会计范式形成与发展的重要路径。然而,前者属于管理会计的"情境无关"工具,具有通用性特征,其推广应用价值大,情境因素相对稳定;后者则属于管理会计的专用性工具。专用性工具要么依赖企业,要么依赖互补性资产,企业在借鉴应用这些方法时存在较大的不确定性。当然,可以将这两种方法加以整合,形成互用工具。这种管理会计工具具有相互依赖的特征,企业在借鉴应用时,需要结合不同时期与不同阶段的情况加以综合判断。

(二)将知识化的本土情境嵌入管理会计研究范式

以知识经济为载体的新经济时代的到来,使全球社会经济环境发生了一系列重大变化。就微观环境而言,智能制造的迅速崛起、日益激烈的全球化竞争和诸多行业管制的取消等新的市场条件,与不断创新管理会计范式相适应,一方面深刻影响着管理会计控制系统和信息支持系统的实践活动,另一方面对管理会计理论的研究和发展提出挑战。借助于网络和现代信息技术,先进的管理会计系统不断涌现,管理会计手段和功能得到迅速提高。越来越多的企业借助作业成本软件、预算管理系统、管理会计决策系统来应用各种管理会计工具和方法,对整合的信息进行分析并应用于企业的战略决策及运营管理等各方面,大大增强了管理会计服务于企业决策的功能和作用。近年来,互联网造就的网络经济正在突破传统地域市场的限制,创造新的产品和服务,改变了产品生产和送达到最终用户的方式。部分企业利用综合电子商务平台或通过自建的电子商务平台,通过将线上及线下产品和服务相结合的方式,有效地扩大了产品和服务的销售。与此同时,企业内部部门之间,企业与外部环境,包括企业与消费者、上下游企业、物流企业等之间的信息进一步开放和共享,沟通更加广泛和快捷,会计信息与业务信息之间有效地进行融合,从而为企业应用管理会计提供了更多可能。因此,加快推进管理会计信息系统建设,充分利用互联网和信息技术,以云计算、物联网、大数据等新一代信息技术为支撑,加强管理会计与业务控制系统、人力资源管理系统、财务会计报告系统等其他管理体系间的整合,实现各子信息系统之间的互联互通、数据共享和整合应用,在海量的数据中寻找和挖掘到有价值的信息,并予以整合分析,及时、有效地为企业提供优化管理与决策所需的信息,帮助企业科学决策并建立起长期竞争优势,从而提升企业经营管理水平,增加企业价值创造力。

(三)将新理念、新方法嵌入管理会计的研究范式

加快管理会计理论与工具方法的整合与创新,是形成企业核心竞争力的关键。目前,个性化、多样化消费渐成主流,顾客需求的多元化、对商品附加价值及服务的重视,要求企业必须考虑为顾客创造价值。因此,在管理会计理念和思维模式上,不能再停留在"线性

生产"上以谋求企业的高速增长。同时，在发展过程中不能再局限于一种产品、一种传统思维观念，而是必须以为顾客创造价值为前提，深刻理解和把握新时代下顾客的消费特点，研究顾客对性能、质量、服务、送货时间和价格等因素的偏好，实现顾客多元化、产品多元化、服务多元化的"多维组合"。同时，作为服务于经营活动的管理会计，应充分利用管理会计信息系统和管理会计控制系统，识别、分析企业价值创造的各个环节，及时、有效地提供顾客需求及反馈、产品设计及研发、采购生产成本、销售和服务成本、物流效率与成本所涉及的各类信息，并加强与整个供应链体系企业间的合作与沟通，使管理会计实践由企业内拓展到企业间管理，更好地满足顾客需要，通过为顾客创造更多的价值以获取企业的核心竞争力。

实践表明，权变性管理已成为管理会计范式的内在要求，企业应根据知识经济为载体的新经济特点，综合考虑经济发展、社会文化、科学技术等的变化，特别是针对我国新时代经济环境与文化特征，结合公司规模、现有管理水平和管理文化等因素，灵活性地选择管理会计工具，并对管理会计工具适时进行创新及整合，充分发挥管理会计工具的作用，提高企业经营管理的效率和效果。以海尔为例，其在管理会计实践中的创新成果已成为一种范式，尤其是其实施的"人单合一"的双赢模式。所谓"人"，就是具有创业创新精神的员工，所谓"单"，就是用户价值，每个人都要为用户创造价值，让员工在为用户创造价值的同时实现自我价值，实现双赢。海尔鼓励每个员工都成为价值创造者，授予员工"三权"，包括自主用人权、自主决策权和自主分配权，让员工自主经营、自主创新和自我创造价值，让员工从执行者颠覆为自主创业者，实现人人创客。同时，为提升管理会计的作用路径，通过机制让会计人员主动参与战略创新、组织变革、机制创新、流程改进、价值创造等过程，提升管理会计的参与度。海尔经验充分展示了员工自主创新的潜力和动能，让更多具有创新精神和能力的员工有了发挥作用的平台，能够积极参与到企业价值创造的过程中去，以提升企业的核心竞争力。

三、"情境中性"的管理会计范式

面对经济发展带来的管理会计范式变迁，企业或政府通过制度建设来优化管理会计的结构性动因和执行性动因，降低企业的交易成本和生产成本等费用。相应地，"情境中性"的管理会计工具开发与应用成为管理会计研究的重要使命。

（一）工具选择性下的管理会计研究范式

管理会计范式研究应包括三个层次：一是对情境特征进行文字描述；二是分析情境体现出的功能作用；三是区别情境所体现的一般和个性特征。管理会计工具很多，近年来应用较为广泛的有作业成本法（ABC）、平衡计分卡（BSC）和决策成本法概念框架（MCCF）等。情境特征下的管理会计研究目的就是要服务于中国经济的发展，同时，管理会计也是开放、包容的理论与方法体系，"情境中性"的管理会计工具和方法体系将是范式研究的突破口。比如，如何应用"互联网＋"和跨境电子商务发展过程中的管理会计工具和方法，进而最大限度地发挥管理会计功能作用的价值创造与价值增值等。

当前，中国经济正处在转型发展的阶段，国际经济环境的变化和转型发展阶段的复杂性，不可避免会对我国企业产生严重的挑战，甚至会给我们很多企业带来危机。这就要求企业结合情境特征,强化管理会计工具的选择与应用。基于"情境中性"的管理会计工具可以避免"专用性"过强而导致不同企业之间应用出现偏差情况的发生。实际上,决策成本法概念框架就是一种"情境中性"的管理会计工具,它对于战略选择非常重要。决策成本法概念框架是为了在各类组织决策中选择最适当成本计算方法或系统而搭建的参照系。决策成本法概念框架具有双重性,它不是现有成本计算方法之外的新方法,因为它是为了向决策者提供有用的成本信息而选择最适当的成本方法的标准或概念框架;但它又被当作一种新的成本方法,因为它最终要从现有的成本方法中选定或重新组合一种可以支持决策的成本计算方法。决策成本法强调成本信息在组织内部决策中的应用,其生成的成本信息是关于未来的,而不像对外报告的成本信息是关于历史的;成本的可避免性、可分解性、可联动性和可替代性已成为决策成本法所生成的成本信息的主要特征。管理会计工具选择是"情境选择"与企业特征的权衡,通过管理控制系统和信息支持系统优化和引导企业之间的协作与配合,强调诚信、注重沟通与交流,共享信息,防范风险等。"情境中性"的管理机制主要体现在组织学习与组织激励之中,如何在企业组织的界面上发挥组织学习的效应,以实现溢出价值,并由此获得关系租金等是发挥管理会计工具有效性和可操作性的一个重要目的;如何通过工具界面(工具箱)的选择使激励机制成为调动各企业自觉履行经济责任、社会协作与成果分享的动机,是管理会计范式形成的重要情境特征。

(二)异质性条件下的管理会计研究范式

管理会计研究范式的形成必须考虑企业之间的异质性,"情境中性"的范式构建,就是要在范式前后等阶段同化这种异质性。以产品设计为例,历史经验表明,范式前阶段选择正确的设计(以"情境中性"为特征)对以后的竞争相当重要。对于弱独占性的创新者来说,强化市场属性,让用户体验设计可以带来积极的效果。若仅仅关注"情境相关",则竞争的主战场是角逐设计的主导权,新产品量小,无法实现规模经济的要求,价格也不是主要的竞争因素。一旦市场上出现领先设计标准,批量生产与规模经济的冲动就会加强。突出的特点之一是,采购相关的工艺装备,开辟专用的营销渠道。并且,随着竞争的加剧,价格的重要性降低,互补性资产成为关键因素。因为核心技术容易模仿,只要具备需要的互补性资产就拥有了生产的能力与条件。范式后阶段强化"情境中性",控制营销渠道、推广专用与通用的制造能力等将比创新者更有优势。"情境中性"就是不仅仅局限于技术的专精,还要在营销等方面具备战略意识,否则将失去获得创新利润的占优地位。典型的案例是,创新者发明了心脏起搏器,但该产品包含的技术容易模仿,竞争结果取决于互补性资产,这种资产就是专业营销。创新者由于缺乏这方面的能力,在竞争中可能就处于劣势。

现实中,管理会计的发展在区域或不同企业之间存在着差异,表现出管理工具方法应用的不平衡性,未来应重点做好以下几项工作:一是强化精益管理。表面上看,我国绝大多数企业都在实施精益管理,但有些企业甚至连传统的成本管理都无法应用"到位"。比如,经营预测的前馈或反馈报告设计,区分价值信息的层次报告和针对不同管理者的报告等均难以达到有效控制与管理,前者呈现"上下一般粗的口袋状",后者则是管理层级越高越违背"金字塔"形的管理规则;又如管理会计执行与预算、结算的关系,在很多企业还是"两张皮";诸如此类,管理会计创新的空间非常巨大。二是引进战略思想。管理会计范式的变迁与发展在于权变的战略思想。实现权变性与战略管理会计的结合有两个途径,一是通过平衡计分卡(BSC)转化，二是通过以业务流程改进或再造(BPI/R)为依托嵌入作业管理等。最近十多年来，全球范围内的企业发生了巨大的变化，其中最引人注目的是跨国公司(transnational corporations)向全球公司(global corporations)的转型。其主要特征之一是围绕全球经营，吸纳整合全球各国或各地区的各种最优资源，包括资金、市场、原材料、技术、人才，打造全球产业链，采用诸如并购成长的方式将全球的资源参与全球市场的竞争。与全球公司的经营特征相比较，我国管理会计在"情境中性"的管理会计工具开发与应用上还较为滞后，应通过创新驱动加快管理会计的范式变迁，通过价值创造实现企业价值增值的最大化。

第三节 本 章 小 结

范式理论在管理会计领域的衍生与发展，形成了管理会计的研究范式。作为人们思考和认识管理会计控制系统和信息支持系统的理论模式或框架，管理会计需要在价值理念引导下进行变迁管理，对现行的管理会计结构与行为活动进行创新与发展。从实践应用的角度来讲，管理会计是为企业实现管理效率与效益服务的。管理会计范式的研究，可以更好地体现企业的情境特征和制度背景，提高企业应用管理会计的自发性与主动性。从现阶段我国管理会计工具的选择应用情况看，许多工具方法都是从美日等国引进的，如BSC、EVA等；且由于没能充分理解它们之间的优缺点，实践中存在盲目性普及与推广的现象，无法发挥其应有的功能与作用。加强管理会计范式研究，加快管理会计工具的整合与创新步伐，对于促进企业转变思维观念，全面、科学地认识管理会计学科发展规律，从客观上把握管理会计范式变迁的趋势具有重要的现实意义。

围绕情境特征开展的管理会计范式研究，有助于提供大量解释和论证价值管理现象的素材和内在驱动力，并进一步丰富中国特色管理会计理论与方法体系的内涵与外延。实践将证明，管理会计范式变迁是企业管理发展的一种客观规律。在经济新时代，管理会计范式的研究将使管理会计的内容进一步走向成熟，并向更高的层次发展。只有"情境相关"的中国特色管理会计经验与方法才能为全球管理会计知识体系增添新的内容。然而，那些情境特征弱或中性的企业实践经验与方法则最有可能形成管理会计的指南或指引。在全面推进管理会计体系的建设过程中，必须强化中国特色的管理会计的情境特征研究，以管理会计工具创新为突破口。当前，在"互联网＋"和智能制造的情境特征下，人工智能与智能管理已经或即将融入管理会计应用的各个领域，传统的管理会计领域正在不断扩展，不仅是管理会计的理论框架，管理会计的学科体系也将发生深刻的变化。

 **案例与讨论**

背景资料

江浙企业的经营模式与范式创新

为了说明管理会计战略对企业经营模式的影响效果，本文以江浙两地的企业为例，对经营模式的范式创新作一简单的总结与提炼。

1. 江苏企业的经营模式及其范式创新

江苏最具代表性的企业经营模式主要有以下几种。一是轻资产模式。它以苏宁云商为代表,其管理会计战略是"轻资产发展,'准金融'模式"。其早期的经营方式是,先将门店租下来,然后经过装修(打上自己的品牌,即"苏宁电器"),再分割后租赁给各大家电公司经销,苏宁从中获得收益(这种收益包括租金的差额增量,也包括各种服务收费)。当前,盈利方式则表现得更多元化,譬如与阿里、万达等联手,加强电子商务及物流业的发展,从战略的视角布局未来价值增值的新领域。其管理会计的文化价值观是"永不言败",即突出竞争与发展的重要性,努力获取企业持续经营的竞争优势。二是双红利模式。我们选择凤凰集团为代表,它手下有两家上市公司(凤凰股份与凤凰传媒),均与文化产业有关,其经营原则是政策与市场相融合,努力获取多重收益。譬如,在房地产处于暴利的时期或阶段(以凤凰股份为代表),一方面可以获得国家对文化企业经营的优惠(低廉的地价及优惠的税收),另一方面可以在房地产销售中获取高房价的巨大收益(下面几层经营书店,上面办酒店或向社会出售)。其管理会计的文化价值观是"共赢发展"。三是跟随经营模式。以早期常州地区起步的"大娘水饺"为例,常州是江苏省的纺织基地之一,大量的纺织女工下岗后,再就业难度大。一部分女工自谋职业开始卖水饺,在管理会计战略方面,她们选择"跟随战略",譬如哪里有大型车站或者有肯德基店等就在旁边开上一家,享受中国人口的"红利"。她们的管理会计文化价值观是"民以食为天"。四是企业与社会利益兼顾模式。以黄浦再生资源公司为例,该公司的法人代表是陈光标先生,他作为社会责任的领头人之一,褒大于贬,"人无完人",总体而言其心系慈善是个好人。该公司强调社会责任与企业利益相结合,其文化价值观是"协调、共生与发展"。

2. 浙江企业的经营模式及其范式创新

浙江的代表性经营模式主要以下几种。一是电子商务模式。以阿里集团为例,其经营模式的管理会计特征是将固定成本转化为可变成本,从经营企业到经营社会,其文化价值观是"创造市场,实现梦想"。从马云为代表的阿里公司临上市时的股权结构考察,马云团队拥有的股份远低于10%。具体的股权结构状况是马云及其管理团队占9.4%、软银占36.7%、雅虎占24%,其他占19.9%。如果当初马云团队一味强调在股份中占绝对的比例,则阿里集团到现在恐怕也无法上市。通过社会资本的进入,强调经营权的控制,尽快实现资本市场的上市运作,以及实现企业最大限度的价值增值,这才是管理会计价值观所强调的,也是马云及其团队成功上市的基础(冯巧根,2015)。二是文化消费模式。它以华谊兄弟为典型,该公司本着爱情、亲情与友情,让梦想成真的理念,通过轻资产经营,在有限的有形资产基础上,实现了近千亿元市值的梦想。其管理会计的文化价值观是"幸福家庭、美丽中国"。当今,浙江省已成为文化大省,已上市的大量浙江籍上市公司便能加以佐证,除华谊兄弟外,浙江还有浙报传媒、杭报传媒、宋城演艺、华数传媒、思美传媒、华策影视等文化上市公司。三是引导消费模式。以娃哈哈为例,这家公司从儿童饮料入手,从"水"开始经营,其法人代表宗庆后曾数次蝉联首富榜第一。该公司的管理会计文化价值观是"开心、快乐,就是盈利"。四是持续发展模式,或称常青树模式。以万向集团为例,改革开放后第一代企业家(十大企业名人)中,鲁冠球成为了"不倒翁"常青树。以该公司为代表的浙江民营企业具有低调、踏实、上善若水的品质,其管理会计的文化价值观是"做实产业,爱国敬业"。这类企业还有很多,如位于同一区域的传化集团等,其法人代表为徐传化先生,其子徐冠巨先生是第一位民营背景的省政协副主席(已蝉联两届)。

概括江浙两省企业经营模式的特征,其本质主要体现在企业文化及其行为特征上,我们认为中国特色的管理会计理论与方法体系也将在这方面加以实现。以江苏企业为例,企业经营的文化及其行为特征是:①紧跟政策,抓住市场发展的机遇。其文化价值观是用好政策、用足政策。②服务民众,从脚下开始。其文化价值观是从服务民众中求生存、谋发展。③以社会责任为己任。其文化价值观是社会发展是成就事业的基础。从总体特征上看,江苏企业的经营活动具有政策性强,服务观念深,以及技术进步速度快,社会责任意识浓等特点。而浙江模式的特点是:①集群发展。从各自为战发展到以点带面推进,实现共同的文化价值协作观,即钱是给大家赚的。②市场导向,稳健逐利。没有市场、创造市场;齐心协力,谋求实惠。其文化价值观是,钱生钱,赚快钱。③候鸟模式,在世界范围内寻找商机。其文化价值观是,四海为家,利益至上。浙江企业的总体特征是企业管理模式转换快,思想观念统一快,等等。

请讨论:

1. 根据范式理论形成的阶段特征,阐述江浙经营模式的异同点。

2. 结合情境理论,分别从情境嵌入和情境依赖视角讨论江浙经营模式的独特性与延展性。

第 5 章

管理会计的治理结构

传统管理会计的治理结构是一种基于公司治理的价值创造和价值增值的微观治理组合,它包括经营治理、管理治理和财务治理等内容。经营治理涉及股权结构的安排及其行为的优化,以及企业经营模式创新、经营业态的选择和产品品种的优化;管理治理是以企业内部控制为载体的公司治理;财务治理是一种以价值管理结构配置与行为优化为导向的组织安排。管理会计治理结构的有效激励还涉及企业的工会组织和企业的工艺结构设置等问题。要围绕管理会计治理结构中的工具理性和企业管理实践中的价值理性来创新企业的经营模式,充分释放企业管理的剩余空间,努力形成技术先进、组织优化的管理会计明智决策机制,促进企业价值增值的灵活性与自发性,提高企业经营与管理活动中的效率与效益。

第一节　管理会计在公司治理中的地位

从组织层面来看,管理会计在企业不同的治理结构状况下会产生怎样的结果,其技术与方法是如何作用于组织结构变迁中的功能效果的。相关的问题涉及影响因素的情境特征、解决对策的成效等。为了使管理会计技术与方法研究进一步与企业的组织结构研究相融合,基于公司治理及其机制的角度考察管理会计的理论与方法是十分必要的。

一、公司治理的内涵与特征

公司治理是一种经济民主,它要求企业的重大决策必须反映投资者的意思决定(投资者当家做主),并且严格按程序办事,企业中的权力相互分立,权力互相制衡。

(一)公司治理的内涵

公司治理是关于公司各利益主体之间权、责、利关系的制度安排,涉及决策、激励、监督三大机制的建立和运行等。公司治理与公司治理结构、公司治理机制是三个具有各自含义,而又相互联系的概念。公司治理结构从治理机关、权责配置等方面来确定股东大会、董事会或监事会、经理层等不同权力主体之间的关系,由此导致股东大会、董事会、经理层等权力主体形成不同的权力界限。公司治理机制是通过市场竞争的自发选择,或者在公司治理理论指导下人为的制度设计等各种手段来降低代理成本,从而在一定程度上解决代理问题的各种制度或机制的总称。企业的组织形式主要有业主制、合伙制和公司制,业主制企业是指某一业主独自创办的组织,即个体企业。这种企业不具有独立的法人资格。业主制的主要特点是:①容易组成;②资金来源主要依靠储蓄、贷款等,但不能以企业名义进行社会集资;③承担无限责任;④企业收入为业主收入,业主以此向政府缴纳个人所得税;⑤企业寿命与业主个人寿命联系在一起。合伙制企业是指由两个或两个以上合伙人共同创办的企业。其主要特点与独资企业基本相同。合伙企业所获收入应在合伙人之间进行分配并以此缴纳个人所得税。公司制企业是以公司的形式成立的企业,公司是企业形态中一种高层次的组织形式,它由股东集资创建,具有独立的法人资格。公司制的主要特点是:①开办手续复杂;②筹资渠道多样化;③承担有限责任;④股东对公司的净收入拥有所有权;⑤公司经营中所有权与经营权相分离;⑥公司缴纳公司所得税,股东缴纳个人所得税。根据我国法律规定,我国公司制企业主要有股份有限公司和有限责任公司两种形式,公司具有的三个特点,一是法人财产,二是法人治理(公司治理),三是法定分配程序。公司治理与公司管理的差异性如表5-1所示。

表5-1　公司治理与管理的比较

	治　理	管　理
权力来源	法律赋予	上级授予
主要任务	决策	执行
工作方式	协商	命令

上述有关企业组织的三种形式各有特点,不能认为只有公司制才是最好的,离开了公司制就没有公司治理了。2014年9月19日,马云的阿里巴巴在美国成功上市。在这之前,他曾谋求在香港上市,希望以合伙制的管理模式运行,遭到香港证券交易所拒绝。即阿里希望以合伙人管理制度在港上市,由合伙人提出集团董事会多数席位,而不受管理层或合伙人实际持股比例的制约。从2010年开始,阿里巴巴集团开始在管理团队内部试运行合伙人制度,每一年选拔新合伙人加入。经过三年的试运营,阿里已经产生了28位合伙人。截至美国上市时阿里的股权结构状况是:马云及其管理团队占9.4%;软银占36.7%;雅虎占24%;其他占19.9%。之前,软银和雅虎所占股份更高。马云及其管理团队,一直以来就从未真正控制过阿里巴巴。现在,借阿里巴巴上市的契机,马云团队希望收回控制权。2013年5月,雅虎和阿里巴巴曾签署协议,若在2015年之前,阿里巴巴IPO(首次公开募股)发行价能比阿里巴巴回购雅虎股份时每股溢价110%,雅虎即会退出阿里巴巴。与其他企业类型相比,合伙制能够最大化地确保合伙人的利益,但却无法保证一股一票、同股同权的公司制要求,而这又恰是香港市场所坚持的制度。马云的阿里巴巴公司最终还是上市了,这一事件对公司治理的启示是:①制度变迁是常态,必须将创新放在公司治理关键点上;②阿里巴巴公司的影响力决定了它成功的可能性,这是一种管理会计视角的公司治理理念;③必须树立动态发展的观念,这是管理会计权变性的内在要求。

（二）公司治理的特征

公司治理的主要特点是通过股东大会、董事会、监事会及管理层等内部组织结构实现内部治理,目标是保证股东利益的最大化。股东大会是根据《公司法》同股同权,一股一票,凡是投资者都可以参加股东大会。董事会则涉及谁有资格当董事(按投资额分配为主)和怎么当外部独立董事(采用推荐还是聘用制等)。其中,独立董事制度的安排必须满足三个条件：一是企业中独立董事的人数规定。2003 年 6 月 30 日以后至少 1/3,单独或联合持 1‰股份的股东可以提名股东大会选举。二是必须对以下事项发表独立意见,如重大决策,关联交易,聘用或解聘会计师事务所,重要人事任免,以及高管薪酬等。三是必须披露任职资格(人格、利益上的独立),投票类型(同意,保留意见及其理由,反对意见及其理由,以及无法发表意见及其障碍),离职原因等。董事会如何监督经理人,主要涉及重大决策控制权的监督;内外部审计监督,以及借助于各种专业委员会进行监督。一般都在董事会下成立了提名委员会、战略与薪酬委员会、审计委员会。有些大企业还可增设其他的董事会委员会,比如公司治理及关系委员会、预算委员会等。此外,在监事会构成上的要求是:至少有一名职工监事(职工代表大会选举),企业的工会主席、审计人员等是职工监事最主要的人选。简单地讲,公司治理就是"开会、搞关系",这个"会"是指股东大会、董事会与监事会。这个"关系"是指大小股东之间的关系、股东与经营者的关系等内容,同时涉及董事会中的提名委员会、战略委员会、审计委员会与薪酬委员会等的关系。公司治理的根本目的就是要优化权力制衡机制,防范组织结构中的风险,实现企业管理的高效率与高质量。管理会计视角的公司治理主要是价值创造中风险管理的治理,以高管股权激励为例,很多企业在进行高管激励时,主要用的是股权激励方式,股权激励方案一旦实施,就会改变公司的股权结构,拿到股权的被激励对象,身份发生变化。原来的打工者变成了股东,由原来只获得劳务收益,变成了既获得劳务收益,还获得资本收益,这种利益机制的变化,必然导致权利、责任相应地发生变化。这需要原始股东充分给予关注,最直接的体现是公司治理方式可能会发生改变。这里包含的主要关系是新老股东的利益协调与配置关系。原因在于:股东会因股东人数增加而发生改变。由此,带来的一系列变化是:一方面,是不是同时会导致董事会、监事会也顺应发生改变;另一方面,企业的决策机制是否会因此也发生相应的改变等。如果创始股东不同步考虑这个问题,就有可能使激励效果大打折扣,还有可能产生负激励效果,严重的甚至导致被激励对象离开公司。解决之道:设计股权激励方式时要同步设计公司治理方案。公司治理是个普遍性的、长期性的、全球性的企业管理问题,是由于"委托\代理"关系的变化,导致的道德风险和逆向选择的控制问题。

二、管理会计中的公司治理效果

管理会计在完善公司治理结构,保障企业高速运转中扮演着十分重要的角色。对企业而言,其发展过程要兼顾各类利益相关者,包括资本市场利益相关者、产品市场利益相关者以及组织中的利益相关者。

(一)以财务治理为核心强化管理会计下的公司治理

财政部原部长楼继伟提出:"打造中国经济的'升级版'的关键在于推动经济的转型,那么打造中国会计工作'升级版'的重点就在于大力培育和发展管理会计"。"立足国情、借鉴国际,我国会计工作改革必须按照市场经济要求,构建中国特色管理会计理论体系,加强管理会计人才培养和管理会计信息化建设。"企业的使命是为利益相关者创造价值,同时还要对创造的价值进行最优化分配。在价值创造过程中,企业需要制订长期发展规划,这些规划不仅关系到企业的财务决策,还关系到很多非财务决策,比如如何提高员工满意度,如何制订并实施人才培养计划,人才使用最优化等与人才相关的决策。要把所有的财务与非财务环节管理好,传统的财务会计是无法覆盖的,它们需要企业拥有可持续的商业模式,而管理会计在制定这种可持续的商业模式中扮演着核心的角色。公司治理中包含的许多内容,如股东、董事会、经理层等的责、权、利关系问题需要借助于财务治理来发挥控制的效果。比如,董事会对经理业绩的考评问题,约束机制、激励机制与决策系统的建立问题等,这些不仅与管理会计中的决策会计、责任会计、控制会计存在密切联系,还与财务信息系统紧密相关,公司治理使财务会计与管理会计进一步实现趋同。同时,促使管理会计由过去单纯满足企业内部管理需要,向不仅满足公司管理方面的需求,而且满足公司治理方面的信息需求方向发展,进而强化了管理会计目标、内容、方法等理论,以及实践中管理会计工具方法等的应用研究。从管理会计的角度看,公司治理在很大程度上依赖于财务治理(CFO),其主体是财务总监和具有会计背景的独立董事。随着公司治理内化的推进,管理会计的地位将被提高到前所未有的高度。由 CFO 和会计背景独立董事所履行的各项职能既具体又概括,通过 CFO 总体把握并制定出的决策方案,有助于企业总经理(CEO)作出最终决断;通过会计背景独立董事所体现的财务治理功能,加强了董事会对管理会计重要性的认识。

(二)基于股权结构变革的管理会计经营治理

在战略投资者(或者财务投资者)加入管理企业,而经营权、所有权之间的关系没有得到很好的协调,公司治理结构不是很完善的情况下,确实很容易发生各种问题。即在引进股东的时候,除了要考虑它的出价外,更需要的是在理念上的相互吻合以及对自身结构的完善与发展。在股本结构与经营权控制的争夺中,战略投资者对企业的渗透与博弈尤其需要关注。以上海家化与雷士照明为例加以说明。

先来分析上海家化的"变权"。2013 年 5 月 14 日,执掌上海家化集团 14 年的葛文耀被大股东平安信托免去了董事长一职。从 2011 年 11 月,平安信托成功竞购上海家化股份,葛文耀欢欢喜喜迎来大股东,到被扫地出门,当初看似完美的联姻只维持了一年多。作为战略投资机构的平安信托是以员工举报为由提出免职决定的。员工举报说:集团管理层在经营管理中存在设立"账外账、小金库",个别高管涉嫌私分小金库资金、侵占公司和退休职工利益等重大违法违纪问题,涉案金额巨大。葛文耀则认为,"自平安进来后,家化名存实亡,只有卖资产。目前业务正常,员工没受影响,我也没问题,请大家放心"。从上海家化股权结构变革延伸出的经营治理考察,焦点是组织文化认同上的矛盾,以及权利博弈的冲突。上海家化原总经理王茁的看法是,"在家化问题上,大股东的成功文化主导了其职业经理阶层的价值判断(其实未必代表其企业家的判断):首先,由于自身所在的是一个高速成长的行业,大股东对自身的掌控能力和能够推动家化进入高速成长的管理能力过于自信;其次,认为家化所在的行业只要推动管理的职业化和现代化,未来的高速增长就是大概率事件;最后,大股东尽管认为前董事长对家化发展有一定贡献,但却认为其更多地代表了一种落后的体制,其愿景、理念和行为模式与现代职业经理人格格不入,因此进行改朝换代就是势在必行的"。

再来看看雷士照明的"维权"。2010 年 5 月 20 号雷士照明在香港成功上市,其股票代码是 2222HK。作为三大股东的软银赛富、施耐德和原雷士的股权大致相近。然而这种股权结构的配置却往往容易导演"失控的资本游戏"。其结果是经营治理发生的冲突，软银赛富的合伙人阎炎接替了原雷士照明吴长江继而担任董事长，第三大股东法国施耐德的张开鹏出任 CEO。即追求财富回报的投资者与寻求行业整合的产业投资者联合向创始人股东发难并控制董事会。然而结果具有一定的戏剧性，这一"经营权治理"引发了员工抵制，如罢工、拒绝新的董事会与管理层工作，给公司造成了巨大的经营损失。最后第一、第三投资者让步，吴长江继续执掌公司，闹剧结束。然而，不久之后剧情又发生突变，两大战略投资者认真总结教训，并逐渐将自身的文化渗透到中层及骨干员工之中，而吴长江没有觉察到变化，等知道已晚了。结果是：吴长江被扫地出门，净身出户。

上述两家公司股权结构变化中的经营治理博弈带来的启示是，引进投资者时，既要考虑投资者的未来目标，更要从公司治理角度设置董事与股权的关系，合理配置治理结构。此外，还要科学制定公司章程等规章制度。

三、管理会计视角的管理治理

从本质上讲，管理会计是一种以价值创造与价值增值为目标的控制系统。通过完善与发展内部控制体系，将风险管理、价值创造融入价值增值的各个领域是管理会计治理结构选择与行为优化的重要体现。假如不这样的话，仅仅追求从公司治理中偏离出来的价值创造方法，最后价值创造的结构及其内容将变得脆弱化，也容易诱发公司欺诈或会计虚假情况的发生。

（一）管理会计的内部控制是公司治理的基础

内部控制是内生于企业价值链之中的要素，随着公司环境的变化，对内控的研究以及制定有关内控指南的工作思路必然会发生调整，甚至转型。但是，在这个过程中，如何处理好财务报告的可靠性与价值创造的有效性之间的关系问题，成为管理会计面临的一个课题。作为管理方法的内部控制在功能上是服从价值创造的。在管理学上，早期的内部控制是作为管理的一个职能提出来的，并以降低成本、增加利润为重心。随着股东价值最大化成为所有公司的主要目标，以价值为基础或核心目标也就成为管理当局实施管理控制的首要任务，这个任务随着机构投资者的兴起而被强化。如今，谋求价值最大化的目标定位已成为理论界和实务界的普遍认识。在欧美，内部控制虽然也是作为防止经营者欺诈等行为而作出的制度安排，并且得到了独立的发展，成立了皇家特许管理会计师公会（CIMA）、管理会计师协会、内部审计人协会等组织，并由它们加以支持和推进。然而，即使在这种状况下仍然不能够阻止会计虚假，反而频繁发生。

不重视信息在控制系统中的基础地位，是我国内部控制存在的一大不足，这种不足与我国内部控制理论宣传上片面突出权力制衡而忽视信息系统建设不无关系。全面推进管理会计体系建设，明确管理会计具有控制系统与信息支持系统两大功能的作用机制，对于完善企业内部控制具有重要的现实意义。现在要强调管理治理这种基础，强化内部控制的重要性。内部控制与战略经营及风险管理的紧密联结，实现了内部控制制度内涵与外延的扩展。目前的内部控制框架是以企业内部管理的流程化、合理化为目的的内部控制。这与欧美之间的内控意识存在一定的差距，从财政部内控制度的二层次结构中可以观察到这一点。即内部控制在基本方面保证着企业的价值创造，并将依法经营的企业活动从内部加以控制。它是对价值创造的自我责任的控制，这与为了保护外部利益相关者从外部进行的强制控制、外部审计的情况不尽相同。虽然两者难以割裂，然而内部控制作为外部审计的补充强化手段，这在当前内部控制不断扩展和深化过程中却是客观存在的。

（二）管理会计中的风险管理是公司治理的有力保障

在价值管理中，不是风险越小越好，为了捕捉商业机会，许多时候需要管理者积极地面对风险，愿意并有技巧地接受风险。有鉴于此，就需要我们关注"承担风险""风险偏好"和"风险容忍度"等概念在管理会计中的意义。其中，"承担风险"是鼓励企业积极地面对风险，而不是追求将风险最小化至无害水平；"风险偏好"是企业在向相关者提供价值的过程中所愿意承受的风险水平，通常与企业战略相关联，是与企业经营目标（增长）和财务目标（报酬）相平衡的可接受风险。企业在制订内部控制战略目标时，应该确定和选择一个与战略目标相一致的风险偏好；"风险容忍度"是相对于目标的实现而言所能接受的偏离程度。风险容忍度能够被计量，而且通常作为相关的目标最好采用相同的单位进行计量。

当前，内部控制与强化企业的价值创造活动紧密相关，经济社会的不稳定性、市场的个性化等使企业始终处于激烈的竞争状态之中，加之人们对生态环境保护意识的提高，价值创造不能无视环境保护和环境经营。因此，这种社会层面的战略经营已无法与风险相分离，风险管理不只是有关战略思考，而且需要通过战略进一步将风险转化为收益，它使得战略经营的常规化业务与风险直接相联结。换言之，当今的风险，不是与金融、贸易，以及投资、产品与技术开发等相关的个别事物，而是作为基于战略轴心而展开的紧密联结日常业务的综合性产物。风险管理已经作为公司内部一个管理部门而独立存在，它不再是考虑能否在内部控制中扮演好重要的角色，而是要围绕最高经营管理者（CEO）为中心的上级管理者，以及与其他的管理者和日常员工一起思考风险管理下的公司治理与管理会计活动。

对所有者和公司利益相关者来说，战略失误所带来的经济后果与公司治理失败同样严重。当前存在这样一种危险：人们花费越来越多的时间致力于改善企业的控制标准和道德水准，对创造价值、保障公司目标实现的公司战略的关注度则明显不够。事实上，经营者的欺诈以及经营失败并非单纯是经营者个人的道德及会计操作的原因，它在更多情况下可能是由于战略经营的失误及风险经营失败所造成的。管理会计中的内部控制已经真正成为与价值创造相关的战略活动，并且与风险管理密切联结。比如，在确定风险容忍度的过程中，管理当局要考虑各种目标的相对重要性，并使容忍度与风险偏好相协调。

（三）管理会计的价值创造是公司治理的目标

将价值创造过程融入内部控制这种情况，一般的可以采用反馈体系。即为达到某种目的将各种要素（经营者、职员这类人的要素，物的资源，资金等）按一定的关系相结合，采取平衡的形式开展评价，进行信息传递、监督评价等活动。比如，在产品开发战略方面，主要是市场、竞争信息、开发为目的的传递，目标实现程度的评价，实现程度的监督等。但是，在这个过程中，必然联结风险信息与价值评价，开展风险要素之间的交流，面向风险对策的控制与监督等。这个过程就是一种价值创造的情境。首先，要注重价值链的价值创造。现行的内部控制框架仍然着眼于企业内部，无法体现价值链上的内部控制要求，这也很难说就能体现管理者的控制要求。观察现实不难发现，许多公司的成本和价值控制都是以价值链分析为前提的，并且将公司置于价值链之中来进行控制。其次，谋求价值增值。对公司来说，最基本的功能和活动包括经营和财务两类。根据价值驱动因素理论，价值创造的关键因素是改善经营和转换价值管理政策。其中，改善经营的价值目标是谋求增长率的支持能力，转换价值管理政策的目标是寻求更高的投资回报率。现在回到反馈这一话题，在现实的过程中，实际的结果几乎与目标不一致。一些要素破坏了平衡，引起价值创造目标的偏离。因此，在计量这种偏离的过程上，需要对这种信号进行反馈，并采用新的手段来重组新的相关要素，以求实现新的平衡。在这种情况下，以信息传递、价值评价和监督管理为内容的内部控制，必须结合价值活动创造目标新需求，前馈性地适应环境变化进行新要素的组合，或者将价值关系进行事前的转变，促进公司治理系统也发生变化，以这种事前的信息进行价值评价，以及传递与监督管理。这种内部控制为内容的公司治理就具有价值创造的新内涵，并且是一种具有战略性的前馈式内部控制。围绕以上情况，可以用图 5-1 来表达内部控制与价值创造，以及顺应法规制度间的关系。

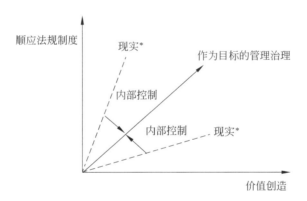

图 5-1　管理治理与内部控制

图 5-1 表明，这里的"现实"意味着偏离目标的现实或者是目标化的现实，且内部控制是在价值创造与顺应法规制度之间寻求平衡。将偏离的现实在事前或事后采用管理治理手段达成公司治理目标的系统要求。并且，这种作为目标的管理治理是由内部控制的反馈机制与前馈机制共同构成的，从这个意义上看，内部控制系统不仅包含单纯的管理会计领域，也包括管理会计与财务会计的结合，或者两者的相互融合。

第二节　管理会计与公司治理机制

公司治理机制是企业相关治理结构中的一项重要内容，管理会计与公司治理机制的相互结合，可以促进管理会计决策与控制结构的完善与发展，提高管理会计在企业中发挥作用的积极性与主动性。

一、公司治理机制的特征

结合公司治理文献（Denis，2001），按照制度设计所利用资源的来源，把公司治理机制简化为内部和外部控制系统。外部控制系统是指在一个公司资源计划的范围之外，但可以用来实现公司治理目标的公司治理机制总称，包括法律和政治途径、产品（要素）市场竞争、公司控制权市场、声誉市场等。内部控制系统则是在一个企业的资源计划范围之内，可以用来实现企业的公司治理目标的各种公司治理机制的总称，包括董事会、激励合约、大股东治理、债务融资等。作为公司治理的核心问题，即经理自主权的有效控制并使之与股东利益一致，只有在有效的内部控制制度保障下，才有可能形成解决之道。

公司治理系统运作的目标是控制经营者行为，使其经营活动自觉追求股东财富最大化，实现经理利益与股东利益的一致。2002 年 1 月，中国证监会发布了《上市公司治理规则》，依据这个规则，中国的公司治理以上市公司为中心进行了推进。根据 CIMA 与 IFAC 于 2004 年 2 月发布的《企业治理：如何取得正确的平衡》报告，企业治理是"董事会和经营管理层实施的为提供战略方向，保证目标实现，明确风险得到恰当处理、证实单位资源得以有效运用的一系列职责与实务"。这个定义有以下优点：一是反映了董事会监督和战略的双重性，承认公司治理与价值创造之间存在短期或长期的矛盾。二是强调经营管理层的作用。三是包括了企业内部运行及面临的外部环境。四是可能有助于揭示董事长与 CFO 工作的不同侧重点（因而可以说明为什么两者应当分离）。五是有助于说明会计师的多重作用。六是能够表明"实质重于形式"原则的重要性。七是能够兼容世界范围内不同的治理模式。公司治理构成一个组织整体的受托责任框架，它包括两个维度：规范维度与绩效维度。规范维度就是人们通常所说的"公司治理"，包括董事会结构、作用，高管薪酬等问题。绩效维度侧重于战略与价值创造，详见图 5-2。

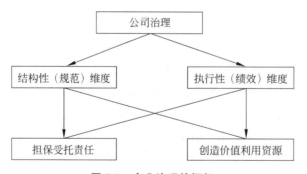

图 5-2　企业治理的框架

现对图 5-2 的两个维度加以说明：

（1）结构性维度。这是一种组织规范的维度。由于前两年的公司财务丑闻，人们对企业治理中的规范维度，即公司治理讨论得比较多。规范维度的治理内容包括以下方面：一是董事长与 CEO 的作用；二是董事会，如组织结构、非执行董事、培训，等等；三是董事会下属的委员会，如审计委员会、薪酬委员会和提名委员会；四是企业的内部控制；五是高层经营管理者的薪酬。从规范视角看,公司的职业会计的作用是确保受托责任的履行;内部审计是保证控制有效;外部审计师的作用是对公司财务报表是否真实公允发表独立的意见。为保证公司治理流程的有效性,目前公司的董事会已经建立一套监督机制,如委员会(特别是审计委员会)主要或全部由独立(非执行)董事组成。在公司不设立单独的审计委员会的国家或地区,一般也存在相似的机制。

(2) 执行性维度。与结构性视角的规范维度治理不同,执行性动因中的绩效维度的治理既无统一的标准,也难以审计,其相关的工具与技术需要企业灵活地加以运用。这些工具与方法主要是帮助董事会:一是进行战略决策;二是理解企业的风险承受力以及绩效的主要驱动因素;三是确定需要董事会决策的关键点。管理会计的核心是决策会计。战略决策是整个董事会的职责,这已成为共识,但一些企业仍然设有战略委员会来审视战略制定与实施的流程,对公司提供的信息提出质疑,并评估主要的业务驱动因素。某些战略管理工具或方法(如战略计分卡、持续改进、战略企业系统、投资委员会等)有助于董事会关注企业经营的战略方向与战略影响。但由于董事会未将这些工具与方法作为一个内在的整体加以运用,因而,在战略上存在一种"监督沟壑"。管理会计的角度,就是要对这些工具进行整合。企业治理的核心问题是,良好的公司治理本身并不能保证公司的成功。企业必须在规范与绩效之间取得良好的平衡。

二、管理会计的治理机制

公司治理机制促进了管理会计理论与方法体系的完善与发展。公司治理为管理会计发展提供了管理控制与信息支持的平台,为公司治理机制有效实施提供基础层面的保证。同时,反过来,公司治理机制又从纵横结合的视角创新管理会计的治理机制。虽然人们对公司治理的本质有着诸多不同的看法,但在决定公司治理效果(有效性)的关键因素这一点上,结论却是高度一致:公司契约关系的特征。这种契约关系决定了企业控制内部成本的能力。这类相关的内部成本分为三项:信息成本、协调成本、激励成本。作为公司治理的核心问题,经理自主权的有效控制并使之与股东利益一致,只有在有效的内部控制制度保障下,才有可能形成解决之道。实践中,人们试图应用以下三个指标作为引导公司追求"内部成本最小化"的替代变量:①现有部门的财务业绩(总利润或投资收益);②前一阶段的财务业绩;③与同行可比的相对财务业绩。

内部控制对于现代公司治理来说,是最基础的制度保障和管理措施。深化内部控制理论研究,可以丰富公司治理理论研究,将内部控制置于公司治理之中加以研究能够增强公司治理的有效性。公司治理问题的研究主要包括治理结构和治理机制两个方面,前者解决的是产权安排问题,后者则是基于产权安排的治理手段选择。董事会对管理会计的监督包括其聘任CFO的监督和其下属委员会——审计委员会的监督。近年来,应用于管理会计的控制新理念主要有前馈机制与负反馈,前馈机制主要是从纵向的视角展开的企业内部控制与相关治理活动,而负反馈则主要是从横向层面实施的内部治理。两者结合,进一步完善了管理会计的功能,为企业治理理论的发展提供了新的理论素养。公司治理机制的优化必须将内部控制、风险管理,以及财务会计等有机地连结起来。同时,充分发挥内部审计组织的服务功能,使其服务于企业的"经营"及业务的发展,实现企业经营管理活动与内部控制两个轮子同步前进,并且通过强化会计信息的真实性来促进公司治理内在化目标的顺利实现。

三、公司治理机制的变迁管理

我国管理会计控制系统存在的问题主要有:①未能将企业的控制制度与公司治理和企业的经营过程结合在一起,难以促进和提高管理者对内部控制的重视;②内部控制的责任主体单一,只将本单位负责人作为内部控制的主体,而欧美国家的内部控制框架将董事会、管理层、其他员工均作为控制的主体;③管理控制系统重视硬性的控制方法、程序和手段,忽视内部控制环境和人的控制等软性控制;④内部控制注重业务环节控制,忽视企业风险的识别、评估和反应控制;⑤管理控制系统的结构不平衡,比如重视内部控制制度的建立,忽视内部控制的评价和监控等。

管理会计视角的公司治理机制建设思路是:①进一步改进我国上市公司的信息披露制度,强制要求披露管理控制系统应用的相关信息,加强管理者对内部控制的重视;②建立财务会计与内部审计的联动机制,完善内部控制的审计准则,为我国管理会计信息支持系统提供实践基础;③建立切实有效的管理控制评价体系,加强对企业内部控制机制及其实施情况的监督检查;④建立管理控制评价结果与市场评价结合的治理机制。同时,进一步实现内部控制、战略经营与风险管理的有机结合。内部控制与战略经营及风险管理紧密联结,超越了单纯的内部牵制制度、内部审计的强化及控制制度的确立之类课题,而是与公司治理及企业的社会责任这类企业经营问题紧密相连。当前,企业内部控制与优化价值创新模式紧密相关。战略经营难以与风险相分离,它们往往是交织在一起的。即,在风险中不仅存在战略,战略还将风险转化为收益的机会。风险管理需要在公司内由一个独立部门来承担,该部门不仅要在内部控制中扮演好重要的角色,更重要的是应当保持与企业的各级管理者(以 CEO 为中心),以及企业员工所从事的日常活动之间的联系。由于人们对公司治理认识的局限,对能创造价值、保障公司目标实现的公司战略的关注往往不够。从公司治理内在化的视角实施管理会计的战略选择,是今后一个时期管理会计研究的重要课题,也是公司治理优化的关键所在。

公司治理机制的变迁管理关键在于谋求组织内部战略的有效实施,或者将战略与管理会计进行融合,在必要的情况下创新战略,丰富和发展管理会计功能。主要体现在以下两个方面:①传统的平衡计分卡向战略方向转变。根据战略计分卡与内部控制结合的思路,可以设计出有效的内部治理机制。②前馈机制应用于内部控制和公司治理。结合管理会计探讨公司治理机制的变迁,有助于从管理控制系统与信息支持系统综合化的视角重构公司治理的结构体系,并将战略性的意图传达给管理会计。公司治理机制优化必须将内部控制、风险管理,以及财务会计等有机地连结起来。同时,充分发挥内部审计组织的服务功能,使其服务于企业的"经营"及业务的发展,实现企业经营管理活动与内部控制两个轮子同步前进,并且通过强化会计信息的真实性来促进公司治理机制目标优化的顺利实现。

第三节 本章小结

管理会计的治理结构是公司治理体系的组成部分,它与宏观层面的国家治理结构也有紧密的联系。国家治理通过法制等建设实现企业经营高效、政府的廉政治理,以及大力推进"一带一路"倡议的影响力和感召力,围绕国际贸易治理提高中国经济的声音等,都会对企业的利益产生影响,进而影响管理会计的治理结构。公司治理则是股东大会、董事会、监事会体系下的组织管理机制,财务治理是管理会计治理结构中的重要组成部分,CFO作为企业高层的财务监督及决策人员,他们通过对数据的采集和分析得出结论,对企业的战略制定发挥着关键的支持作用。管理会计支持CFO建立商业模型、组建适当的职能部门,并帮助他们整合、提升企业管理者的能力。虽然我国市场对于管理会计的认知起步相对较晚,但最近两年,在政府部门的强势号召与力推下,中国管理会计的应用已经取得了巨大的进展。管理会计治理促使财会专业人员增强对业务发展过程中专业知识的积累与应用,积极预防各种经营与管理风险,主动把握战略决策机会,使管理会计的功能作用真正转化为企业的业务合作伙伴或控制手段。必须通过管理会计的治理结构优化,突出内部控制的重要性和必要性,合理定位内部控制的地位,明确其与财务会计的接点或切入口。假如不是那样的话,仅仅追求从公司治理(企业治理)中偏离出来的价值创造方法,最后价值创造的结构配置及其内容安排将变得十分脆弱,也容易诱发公司欺诈或会计虚假情况的发生。同时,需要结合企业的情境特征,从管理会计的战略目标视角上重新思考内部控制系统的积极性和有效性。

公司治理构成一个组织整体的受托责任框架,它包括规范维度与绩效维度等两个视角。管理会计与公司治理机制的相互结合,可以促进管理会计决策与控制结构的完善与发展,提高管理会计在企业中发挥作用的积极性与主动性。管理会计的治理结构是由理论基础和方法体系构成的组合框架,它涉及经营治理、管理治理和财务治理等内容。其中,管理会计工具是公司治理结构中具有代表性的经营与管理机制的表现手段,它往往被嵌入企业组织结构和管理模式之中。组织结构与管理模式相结合,等于把管理会计工具嵌入公司员工的组织网络之中(相当于关系性嵌入),同时又嵌入现行的管理模式之中,是对现行模式的优化与改进(相当于结构性嵌入)。管理会计的嵌入主要是物理性的,而非化学性的。这种"情景嵌入"具有实验室研究的治理性质。管理会计是一种经济发展的"附属工具",当某一国家或某一地区经济迅速发展,科技自主创新能力大幅度提升时,此地或国家将会迎来管理会计的一波新的大发展。

 案例与讨论

背景资料一

下面的案例资料,虽不是企业的治理范畴,但对企业的内部控制具有借鉴意义。

美国商务部国家海洋和大气管理局全体工作人员:

圣诞节即将来临,不少雇员可能会收到与本部门有业务联系的私人或单位送来的礼品或宴会邀请书。现本局重申有关接受礼品和宴请的限定，请诸君务必遵守。

您不能接受与您工作的部门有关的私人或单位(包括您的权限对其有影响者)所赠送您的礼品。当然如果他们恰恰是您的亲戚或朋友，那么您还是可以"笑纳"20美元以下的小礼品。但要是礼品的价值超过了20美元，那么重要的是，您同时还必须向您的上级明确：您是作为他们的亲友，而非特定职务的办公人员，来接受礼品的，并在此后最好作价值相当的回赠。

外国政府(或由外国政府主办的国际机构)主动赠送的价值低于245美元而且实难谢绝的礼品，您可以收下，但在三小时内务必向上级主管部门申报备案。如果礼品价值超过了245美元，您在无法推脱的情况下也许仍可接受，但须如同所有政府部门收到礼品时一样，全数上交给有关部门妥善保存。

在通常情况下，您不能接受您所领导的下属机构的工作人员或级别比您低的工作人员赠送的礼品，但您可跟同事(包括行政领导)交换价值低于10美元的小礼品。不过仍须强调：管理人员不可向下级索要或暗示送来这样的礼品，而仅仅在属于传统的"礼尚往来"性质时，方可予以接受。

您也许还会接到与您所属部门有业务联系的人或单位的宴请。一般情况下，与接受礼品有关的限定同样也适用于宴请。这就是说，如请客者与您的工作部门有业务联系，或您的权限可能对其产生影响，您就不应该出席，除非是总费用小于20美元的低档而且规模有限的小型宴请。

只有在下列情况下，您方可出席高于20美元的宴请：

(1) 一个邀请面广泛的宴会，其中大多数客人来自不同的私营企业；(2)为了国家或部门的重大利益由您的上司组织宴请。

以上仅是一般性的指导方针，您须时时对照，以防止任何可能的犯规行为的发生。对以上规定如有疑问，请与本部门的大众咨询处和职业道德处联系。

(资料来源：摘自《读者》2005年第19期。)

请讨论：

1. 结合公司治理，联系上述资料谈谈企业内部控制的重要性。

2. 结合管理会计的治理机制，阐述管理会计激励与约束机制对组织治理的积极意义。

背景资料二

谁来监督波音总裁

美国波音公司前总裁哈里·斯通斯弗，由于生活作风问题被迫辞职。这一事件对我们学习国外先进企业的公司治理经验，具有一定的借鉴与启示作用。主要归结为如下几点：

1. 严格执行公司的规则。68岁的哈里在2002年受聘于波音董事会，再次出任CEO。两年来，他通过整顿波音公司，强化组织管理，企业管理工作成效明显。从公司的外部市场观察，波音的股价在这一期间上涨了50%，业绩难能可贵。哈里的问题在于，他违反了自己制定的规则。哈里整顿波音的主要举措之一是严明纪律，强调任何人损害了公司的声誉都必须受罚。董事会认为"他的判断力发生了问题"，损害了公司的声誉，作出责令其辞职的决定。

2. 程序规范,监督严明。对于哈里的问题,收到举报信并组织调查的是几名"非执行董事"和公司"法纪与道德事务负责人"。从相关董事和法纪道德负责人接到报信到哈里辞职,总共只花了 10 天的时间。这种工作效率取决于董事会的当机立断,以及对事实的迅速查清。更重要的在于,决策层在价值观上的一致性,对这一问题不存在争议。这一事件反映了波音的治理结构和管理文化。波音的"宪法"对监督有明确的规定和充分的授权,体现了典型的美国特色:一方面是对 CEO 充分放权,另一方面是对他实行严格的监督,由此形成有效的制约。如果监督机构没有强有力的手段,再怎么说它重要,也只能形同虚设。

(资料来源:摘自《领导文萃》2007 年第 3 期。)

请讨论:

1. 结合上述资料,通过查找相关资料,总结哈里·斯通斯弗在波音公司工作的"功"与"过"。

2. 从监管的权力、层次与幅度等视角考察波音的公司治理结构,并依据管理会计的价值理念提出具体对策与建议。

第6章

管理会计的组织决策

管理会计的实践表明,企业正在从早期的全面质量管理、柔性制造和标杆管理等提高生产效率的组织战略向企业内部决策相关的组织结构优化转变。管理会计的组织决策为企业实现价值创造和价值增值目标提供战略性保障,它通过审视环境和把握现状,提出问题,诊断根源,制订多个行动方案,并借助于项目选择等付诸实施过程中的各个环节,提高企业管理的效率与效益。当今社会,组织决策是一项十分重要且极为普遍的决策方式,企业中越来越多的重要决策都是在管理会计的信息支持系统与管理控制系统作用下完成的,其共性是通过管理会计提供的战略性信息,帮助企业组织作出组织调整的明智决策。研究和认识管理会计的组织决策特征与行为活动现象等规律具有积极的现实意义和重要的理论价值。

第一节　管理会计在组织决策中的定位

管理会计通过自身的管理控制系统和信息支持系统为企业组织的效率与效益服务。组织决策是企业内部权力的重新分配以及提高组织运营效率的管理活动,管理会计借助于企业客观存在的利润中心或虚拟利润中心,为企业组织决策提供依据,并在价值创造和价值增值的基础上,实现企业的可持续发展。

一、管理会计对组织决策的影响

管理会计能够借助于管理控制系统和信息支持系统的功能作用帮助企业进行组织决策,即通过组织结构调整来适应外部环境的不同要求,提高企业应对环境不确定性的能力,同时还为内部组织成员的自我完善提供发展空间和支持条件,较好地满足新时代"互联网＋"和智能制造对组织结构提出的新要求,顺应未来企业管理的发展趋势。

(一)组织结构及其决策特征

组织决策是企业对未来一定时期的经营活动所作的选择或调整。它需要结合内外部环境进行权衡,在充分认识到外部环境变化过程中对组织存在的挑战与机会的同时,应用自身所拥有的资源与竞争优势和劣势,调整经营或投资活动的方向、内容或方式。组织决策受企业组织特征制约,在企业进化过程中,传统的教科书将企业形态归结为股东价值形态、精英价值形态、客户价值形态、利益相关者价值形态,而组织结构也划分为四种形式:直线型、职能型、流程型、网络型。

直线型组织结构是一种比较简单的组织结构形式,便于企业采取垂直管理,企业内部没有职能分工,中国微小型企业多采用这种组织结构,这种形式的管理虽然灵活,规模扩张则受限。直线型组织结构形如三角形,一般采取单人决策模式,最高决策者处于三角形顶部,这种组织结构容易出现能人管理,是股东价值形态的首选。职能型组织结构又演变为三种形式:直线职能型、事业部型、矩阵型。这三种组织结构贯穿于精英价值形态的企业中。精英价值形态多采取职能型组织结构,直线职能型是初期形式,事业部型是巅峰状态,而矩阵型则是一种过渡形式。职能型组织结构形如梯形,决策团队处于顶层,中国多数大中型企业采取这种组织结构形式。流程型组织结构对市场变化具有很强的灵活性,可以通过业务流程调节企业规模以应对市场风险。客户价值形态多采取这种组织结构,能够实现以客户为导向的经营理念。流程型组织结构形如八边形,一些优秀的中国企业正在尝试建立这种组织结构形式,这是一个非常大的挑战。网络型组织结构是未来企业的组织结构形式,对市场生态具有很强的适应性,可以依据客户需求即时形成价值创造活动,利益相关者价值形态多采取网络型组织结构,中国企业鲜有这种组织结构形式。网络型组织结构形如圆形,内部充满着综合交错的结构,比如可以业务流程作为网络,客户需求出现,则业务流程形成,每一个个体都可以独立地进行价值创造。

在上述四种典型的组织结构形式中,企业需要结合管理会计的控制系统和信息系统进行分析评价,帮助企业管理当局进行明智的组织决策。实践表明,企业组织结构的调整是动态变化的,其演进形态是一种不断持续的过程,面对复杂多变的内外部形势,管理会计要努力提供各种信息,尤其是战略性信息,并在组织结构变迁中嵌入价值观等文化理念,使组织决策能够顺应企业进化规律的客观需求。在新时代的现代经济体系下,随着全球社会经济环境的变化,以及在以智能制造为代表的先进制造技术和互联网新经济的推动下,组织结构及其特征正在发生深刻变化。一方面,它深刻影响着企业组织的管理会计与控制的实践活动;另一方面,它对管理会计理论的研究和发展提出了挑战。管理会计理论在企业组织结构变迁、企业分权管理深化的新形势下正在不断自我调整及进行变迁管理。可以预见,随着企业活动的国际化及信息系统的网络化,管理会计对组织决策将会带来新的促进与提升。

(二)组织结构变迁与管理会计发展

组织结构是组织运行的框架,是企业内部进行价值创造的秩序。伴随着社会经济技术的重大变化,企业组织结构必须通过一系列的改革来适应这种改变。具体表现为,企业各部门功能开始融合、交叉,如制造部门可能兼有直销、会计与财务的功能,销售部门兼有市场调查、会计、财务、工程技术的功能等。此外,随着移动通信技术的不断创新和广泛应用,信息数据的处理能力日益提高,进而使企业上下级之间、多功能部门之间,以及其与外界环境之间的信息交流变得十分便捷,企业适应环境的应变性和灵活性大大提高。此时,管理会计适应企业组织结构变化,反映得最为敏感,其传统的内容、职能与作用等均发生了新的变革和创新。

一方面,管理会计研究对象从个别企业转向企业集团。管理会计组织也从过去的事业部制转向业务部门经理权限较大的企业内公司制,以及合并企业集团内的分厂制的管理会计。分权化的这一趋势,迫使企业集团实施管理会计创新,一方面确保投资的保值、增值,另一方面增强内部公司或部门的压力和内在动力,提高经济效益。随着企业组织结构的变迁,上市公司会计信息规范力度增强,内部管理的要求提高。最显著的变化是,上市公司报告开始从重视母公司单独信息的确认、计量转向重视企业集团整体信息的确认、计量与报告。同时，企业集团的分权管理体系，不仅仅是有关特定业务的母公司的事业部，而且包含了从事相同业务或者相同品种的海外子公司的合并事业分部，对这些事业部进行业绩评价已十分必要。管理会计改革的核心就是要确立好企业集团内的各利润中心，若不这样，海外生产子公司正在设立并试图集团化，以及实施世界范围内的最佳调配战略可能会受阻。企业集团管理会计的行为及其事项适度超越财务会计的合并范围是可行的，这样能更好地满足企业组织结构变迁对管理科学的内在要求。因此，在组织结构变迁、信息传递速率加快的今天，管理会计必须从企业集团的角度，即从企业长远、整体的利益角度统筹考虑并制定会计政策，以保持企业持续的竞争优势。

另一方面，管理会计研究内容从单纯性研究转向管理会计与财务会计研究的结合或统一。随着管理会计研究对象转向企业集团内的分权管理体系，管理会计与财务会计之间的统一化趋势加快。企业随着组织结构的转变，为实现资源配置的优化，已越来越离不开管理会计工作，管理会计工作者通过将企业流程再造及供应链统筹管理纳入企业财务资源规划系统(ERP)，使企业有限的资源得到充分的发挥，提高了企业的经济效益。组织结构的变迁还进一步调整了各信息相关者的利益关系，使经营者、投资者等会计信息使用者在立场上实现一致。比如，在企业集团合并过程中，母公司的经营者是站在财务管理者的立场上，对企业集团总体投资进行管理的。作为这种财务管理者的决策，推动着企业集团内一些业务分部及某些关联公司的成长，从而促进了组织结构的进一步横向扩展。作为企业集团整体投资的决策，需要考虑各业务分部以及关联公司的风险和收益及其成长性。因为它关系到企业集团总体事业发展的决策，所以是经营战略的决策。为适应组织结构变迁的需要，管理会计需要扩展原有思路，从信息使用者统一的立场上谋求企业整体利益的最优。随着组织结构分权化趋势的推进，管理会计职能得到迅速提高。传统的一元化会计管理机构(单设财务或会计部门)正在朝二元化结构(分设财务会计与管理会计部门)及多元化结构的方向发展。有人调查研究后认为，管理会计重于财务会计(要求财务会计人员转型)。这表明，在组织结构变迁的情况下，管理会计将更具适应性和有效性，其协调功能将更加突出。

二、管理会计与组织决策的关系

管理会计视角的组织决策，就是结合企业的内外部环境对组织结构进行改革与调整，比较有代表性的组织决策是构建小利润中心，建立"责任利润"组织。这种利润中心所要控制并应对其负责的利润是其可控收入扣除其可控成本后的剩余部分，它是将收入与费用按"谁负责，谁承担"的原则进行配比的结果，是符合可控性原则的责任利润中心。

（一）组织创新离不开管理会计的工具和方法

管理会计的组织决策所表现出的特征之一，是利用管理会计的利润中心理论对组织结构进行调整与变迁管理。根据责任会计理论，按企业内部责任单位权责范围以及业务活动的特点不同，可以将企业生产经营上的责任中心划分为成本中心、利润中心和投资中心三类。在这三个"中心"里，成本中心是企业生产经营中对成本或费用负责的责任中心，它是商品经营模式的基础，不属于本部分讨论的组织结构变迁与决策话题。利润中心是应对利润负责的责任中心，它可以是自然形成的，也可以是人为划分的。这种利润中心是组织决策的课题之一，属于内部组织的一种资本经营模式。换言之，利润中心(内部利润中心)为负有利润责任的公司/分厂,其决策能够决定本责任中心的利润(内部利润)、收入、成本费用等主要因素,控制目标是特定预算年度的利润(内部利润)及其相关指标。虚拟或人为设定的"利润中心"的应用情况可以浙江轻纺集团转制为例加以说明。

浙江省轻纺集团公司是经省人民政府批准由原浙江省轻工业厅成建制改制而成的省政府直属国有大型企业。集团公司由省政府授权经营和管理原省轻工业厅及所属企业事业单位的全部国有资产,并受委托行使全省轻纺工业的行业管理职能。为完善激励和约束机制,促使财务部门在完成管理职责工作的基础上,进一步发挥经营中的积极作用,采取有效措施压缩财务费用,提高资金效益,1997年,集团公司总经理与财务部签订了"部门经营工作责任书",财务部试行了财务费用承包责任制。财务费用承包责任制主要规定财务部对资金经营的权利与业务。其内容包括:(1)目标任务。在完成规定的部门职责基础上,按集团公司经济运行的需要,确保及时有效地组织资金,在现行银行贷款利率的条件下,要求所组织资金的年平均利率一般不高于银行年平均利率,集团公司内部企业的资金调配利率最高不超过信托投资公司贷款利率,提高资金效益、减少财务费用支出,采用同口径对比,确定当年财务费用比上年减少支出的目标金额。(2)奖励与扣罚条件。一是基本奖基数按财务费用承包责任制规定,在符合责任制条款要求和指标全部完成的前提下,对完成规定的部门职责按管理部室计奖;全年比上年压缩和减少财务费用目标,按一定比例计提财务部门经营工作基本奖。二是全年财务费用高于银行年平均贷款利率,按累计比例扣奖。三是完不成部门职责,按管理部室考核办法扣奖。四是由于决策失误或违规操作等人为原因造成经济损失,扣除损失金额后再行计奖,并视损失金额大小和情节,处以相应的罚款。(3)全年压缩财务费用措施及金额由集团公司资产管理部组织审计鉴定。

实践表明,浙江省轻纺集团公司的这一创新举措是有成效的,其操作是规范的。这种承包责任制的实施步骤可概括为如下两点:(1)实行目标成本管理。企业将现行银行贷款利率作为最高上限,要求在确保企业资金使用需要的基础上,所组织的资金利率不得高于这一上限,以提高资金效益,减少费用支出。(2)为促进目标成本的实现,激发财务人员的积极性,确定了一系列的奖惩措施:①设立基本奖,完成规定的有奖,费用减少的按比例计提奖金;②基本达到规定的,适当提高扣奖比例;③完不成任务的部门,按管理科室扣奖;④个人行为造成的失误视情况轻重,对个人实行惩罚;⑤为了实现监督,每年的财务费用措施及金额由集团审计部门鉴定,增强了控制力度。浙江省轻纺集团公司实施的财务费用承包责任制有其成功的一面,其最大的特点是将传统的财务管理与市场机制紧密地结合在了一起。这种建立在市场机制条件下的财务创新方法,极大地调动了财会人员的工作积极性,使管理会计的组织决策职能得以体现,它对于企业增收节支无疑会起到更积极的作用。财务费用承包责任制作为市场内部化的产物,必须适应市场机制内在功能的要求。我们知道,市场的基本功能是优化资源配置、调节供求关系和实现优胜劣汰等。企业进入社会化大市场之后必然会出现内部市场,国有企业的内部市场是国有企业进入外部市场后反作用的结果。承认这一现实,充分利用包括管理会计在内的价值管理手段,因势利导,加快推进内部市场化管理是企业改革与发展的必由之路。所谓内部市场化就是将外部的市场机制引入到企业内部来,通过明确企业内部各部门和各单位的责、权、利而确立的一种统一性与灵活性有效融合的管理机制。从一定意义上讲,财务费用承包责任制是顺应企业内部市场化机制，以及组织结构扁平化发展的客观必然的产物。

（二）管理会计为组织的决策科学提供实践依据

管理会计与组织决策的结合，能够从管理会计的控制系统和信息支持系统视角强化组织的决策科学性与针对性，提高组织决策的有效性。企业为获得竞争优势，必须从资源分配、管理层次的设置、决策程序和部门间关系等多个方面对原有组织模式进行构造。尽管企业的组织变革各有侧重、具体方法也不尽相同，但是可以看出企业组织变革呈现出一种共有的趋势，传统的事业部制的组织模式正在被各种新型的组织模式所取代，如小利润中心组织、项目组织、学习型组织等，这些组织模式在管理会计的决策支持下，采用"互联网＋"或其他各种网络组织的形式而持续完善与发展。

这些创新的组织模式具有以下特点：

一是分散性。它不是几个或十几个大的战略经营单位的结合，而是由为数众多的小规模经营单元构成的企业联盟，这些经营单元具有很大的独立性。这种模式减少了基层组织对企业或对总公司在技术、财务和人力等方面的依赖性，基层组织的权力和责任大大增强，充分调动和发挥了基层员工的主动性、积极性和创造性。这一特征表明，管理会计研究已从过去面向少数公司提供局部服务的特点，转向研究整个企业集团的管理会计问题。

二是创新性。随着这种组织形式而导致的基层组织权力和责任的增大，需要促进其对本单位的经营绩效负责。因此，基层经理从其传统的执行者的角色转变为创新活动的主要发起人，为公司创造和追求新的发展机会；中层经理不再是完全扮演控制角色，相反变成了对基层经理关键的资源，辅导和支持他们的工作。此时的最高管理层的精力主要集中在驱动创新过程。创新活动已由过去少数高层管理人员推动转变为企业基层人员的重要职责，创新活动遍及企业的各个角落。适应不断创新的企业管理活动，管理会计通过强化管理工具和方法的研究，借助于规范的手段将组织结构变迁中的管理会计成果加以总结、提炼和升华。

三是高效性。在这种组织模式下，行政管理和辅助职能部门十分简练，基层有必要的经营自主权，通常采用柔性管理的方式，即通过频繁的纵向沟通，让基层真正了解企业的总体战略目标和战略意图，培养和营造共同的价值观念和企业文化。基层企业可以自主地根据具体的市场情况组织生产经营活动，快速地对市场变化作出反应。这一特征表明，管理会计的实用性得到了加强，管理会计研究也必须注重面向实际，主动采用理论联系实际的管理会计研究方法，并据此服务于组织决策。

四是协作性。在这种组织模式下，独立的小规模经营单位的资源是有限的，不能像传统事业部组织结构那样自给自足，在生产经营中必须大量依赖与其他单位的广泛合作。这种基层经营单位之间主动的广泛的合作，为知识、技能等资源在企业内的转移和企业能力的整合提供了重要渠道。中间管理层在促进经营单位合作过程中发挥着关键作用。移动通信技术系统的不断成熟和普遍使用将中层管理人员从纵向信息传递的繁重任务中解脱出来，将主要精力放在横向沟通和资源与能力的整合。这种横向整合是多元的，有信息交流、人员的流动、非正式的个人人际交往等社会交往过程。这一特征迅速提升了管理会计在整个企业价值管理中的地位与作用，管理会计信息开始"由内而外"，协调和服务于企业集团的整体利益。

第二节　组织创新视角的管理会计决策

组织创新推进了管理会计的变迁及变迁管理,基于战略决策视角的组织往往是具有明确目标的项目组织。管理会计的组织决策就是这种在短期间达成某一计划使命或项目任务的行为决定。与传统的企业组织形式相比,这些组织具有战术柔性与经营有限性等特征,它对于促进产业结构转型升级,促进企业变革具有积极意义。

一、管理会计与战略型的组织创新

组织战略决定组织结构,组织结构也在反作用于组织战略。随着公司治理的普及,公司制及持股公司制的组织具有了新特征,即投资及其人力资源管理等的权限委托给公司及持股公司所属的相关公司,母公司则专注于集团战略的确定及业绩的评价等,并面向小型企业组织加以推行。公司制及持股公司下属的关联公司,以投资中心予以定位的现象增多,不仅是承担损益责任,还要担负投资效率的责任,作为业绩评价指标,资产收益率(return on asset,ROA)及股东价值增值(shareholders' value added,SVA)得到应用。

(一)企业组织结构的变迁

传统的公司制组织最大的问题在于,来自主体母公司的公司制及所属关联公司,是一种委托战略层次决策权限的组织形态,而不是战略实施型的组织形态。公司等虽然是进行战略决策的单位,但涉及面过大。亦即公司制及持股公司制保持组织的灵活性变得困难,在公司及下属企业中,设立战略实施型的组织变得十分必要。因此,改革传统企业的组织结构,构建诸如矩阵组织、小型利润中心组织、项目型组织等,可以提高组织的权变化。其中,项目型组织不仅是传统的项目组织,还包含快速学习型组织。同时,本节还将其与常设型项目组织区分开来。将这些组织形态的权限委托、自我实成、业绩评价、市场导向、权变性认知等进行分类,可以得到表 6-1,即"战略实施型组织的特征"。

表 6-1　战略实施型组织的特征

		权限委托	自我实现	业绩评价	市场导向	组织的柔性
矩阵组织		指标系统多重化,权限关系复杂化	一般不能自我实现	接受多重的业绩评价	作为一个层面,容易采取市场导向	因按两个基轴定义而生硬
小型利润中心组织		虽范围被限定,但权限委托得到推进	在给定的范围内自我实现	虽明确,但是多数情况下与个人业绩评价分离	容易采取市场导向	消除公司中不合算的阿米巴组织
项目型组织	传统的项目	推进对使命的权限委托	不限于自我实现	接受多重的业绩评价	容易采取市场导向	可进行柔性的变更
	快速学习型组织	强力推进使命的权限委托	不限于自我实现	报告体系的一体化	容易采取市场导向	较强的柔性变更能力
	常设型组织	推进特定市场的权限委托	促进自我实现	业绩评价明确化	按市场导向编制项目	有退出机制,消除不合算项目

表 6-1 说明,组织使命通过矩阵组织、小型利润中心组织、项目型组织的顺序逐级推进,以实施权限委托。进一步分析,项目型组织中,按传统的项目组织,快速学习型组织、常识型项目组织的顺序,自我实现程度提高,业绩评价也更加明确。寻求权限委托和业绩评价明确化,促进了组织的权变性。在上述这些组织中,采用小型利润中心组织及项目型组织是最有效的。

(二)战略实施型组织的考察

结合表 6-1 中的组织类别,共介绍了三类组织,其纵向排列是按权变性的要求设计的,横向排列则是按权限委托程度来体现的。为了便于对各类组织特征的进一步理解与认识,下面分别作一说明。

(1)矩阵组织。结合第一节中对组织结构的介绍,矩阵组织的特征在于,它使传统的垂直管理模式中出现了横向管理方式,增强了对市场生态的权变性。横向管理方式多为以业务流程为基础的临时性项目管理,因此主体上仍属于职能型组织结构形式。由于出现了横向的管理系统,使精英价值形态逐步向客户价值形态转变,也可以说这是一种过渡形式的组织结构。中国一些企业为了应对市场变化被迫采取这种组织结构形式。作为具有多重指挥命令系统的组织——矩阵组织,它在企业跨国经营早期被高度重视,也有许多成功的企业案例,如 ABB 两公司就是其中的典型代表。ABB 是 1988 年由瑞士的两家公司合并组建的重型机械公司。合并后,ABB 依据区域公司和产品事业部的组合采用了矩阵组织。ABB 的矩阵组织,不仅是有两个基轴的管理型矩阵组织,而且是基于母公司推行的战略,按表 6-1 中类似小型利润中心那样的组织独立自主地开展管理活动,强调灵活应用地域公司及产品事业部的重要性和必要性。这种组织形态,因为注重交流,在管理会计信息支持系统的配合下,权变性地应用集团整体的资源,提高了管理效率与效益。它表明,矩阵组织也必须强化整合,只有结合企业情境权变整合其他组织形态,才能使组织决策的价值最大化。

(2)小型利润中心组织。小型利润中心组织(mini profit center,MPC),也称为微观利润中心、生产线公司等,它是由最少 5 人,最多 50 人左右的单位构成的组织。一方面,这种组织是在接近企业现场(如企业内部组织或外部市场)的情境下授权管理者以"老板"的形式进行经营,并采取与各组织单位以利润指标的形式进行约束与管理的制度形式。在 MPC,与战略决策相比,它实行的是日常的组织决策,重点主要放在成本改善上。这种MPC 可以是自然利润中心,也可以是人为的利润中心。目前,这方面比较有代表性的企业有日本的京瓷集团和我国的海尔集团。京瓷的阿米巴组织作为一种 MPC,就是在产品区域、工程单位等设定独立核算的经营单位,通过不断地分与合来实现利润的最大化目标。除了企业的交易、交货期、成员的选择、质量管理之外,收益管理也在阿米巴组织内部实施。这种委托权限任其自行管理的另一面,则是以时间单位的严格核算作为保证的,即时间单位的附加价值及其目标达成度等一套规范的考核要求。按时间单位核算的结果进行考评,因其简单而易理解,使得不同规模大小的阿米巴组织均能够按同一尺度进行评价。在同一个或同一类指标上,尽管也会激起阿米巴组织之间的竞争,但这正是衡量阿米巴组织效率与效益的关键要素。比如,如果时间核算的结果使一部分人下岗了,效率虽然是提升了,但是若这些下岗人员没能得到安排而被闲置了,则这种效率就是无效益的。京瓷的哲学思想是采用"利益链"来进行衡量,即只有集团内部的各个层面都能够带来利益的增加,则这种阿米巴组织的效率才是真正的"效率与效益并重"。阿米巴组织的经营目的如下:①实现全员参与的经营;②用"利益链"机制作为计量贡献状况的标准,目的意识强;③在经营活动中增加可视性,即开展容易观察的经营;④促进上层与基层的沟通与协调;⑤培养领导人。正是如此,阿米巴组织的经营才会被委任必要的权限。

(3) 项目型组织。许多企业因分权与集权的对立而烦恼。一方面,若不积极推进分权化,提升决策速度,企业就难以满足市场时速性的要求;另一方面,假如不实行集权化,作为企业集团的乘数效应就难以发挥。为了融合这两方面的战略决策需求,采用项目型组织是一种有效的路径。所谓项目,可以认为就是指接受特定的使命(specific mission),在开始与结束的某一特定期间,在资源、情境等特定的制约条件(constraints)下将计划实现的目标指向未来的价值领域(value creation undertaking)。有人将项目型组织,按照与现有组织的关系以及存续期间划分为传统的项目组织、快速学习型项目组织和常设型项目组织,这在权变性的管理阶段具有一定的积极意义。

所谓的"传统项目组织"是指围绕实现项目使命,由交叉的部门集各方面最适合的人员形成的组织,它是采用矩阵组织结构,并具有期间限定的组织。典型的项目是信息系统的开发、新的技术开发,以及新的工厂建设等。这种组织成员,除了外部的顾问人员外,主要人选是在公司的会计部门、信息系统部门、战略规划等部门中寻找,目的是实现决算的早期化和业务的效率化,以及强化经营管理信息的沟通等。为了完成项目目标,成员之间往往以一体化方式开展讨论与实施经营行为。

所谓"快速学习型项目组织"则有所不同,它强调短期间,因而其任务的完成有时间限制。但是,为了更有效地创造知识、完成项目,这种快速学习型项目组织是必要的。比如,在新产品及新技术的早期开发阶段,董事长亲自担任项目负责人(或顾问),并给予该项目组织在成员的选定、设备的灵活应用、信息的收集等方面的优先权,同时承担在规定期限内开发出新产品及新技术的责任。快速学习型组织有如下一些特征:①归属某个部门,并加以报告;②与现行组织相比,它属于知识创造和积累;③在经营系统、项目团队、知识基准等平台上应用知识,并快速加以整合;④因为有期限要求,资源与能源得到了集中灵活的应用;⑤与基层的交流通畅。在快速学习型组织中,成员在各部门之间进行跨部门选择与集中,它与矩阵组织的传统项目不同,采用独立的报告系统,克服了矩阵组织所表现出的短板。

所谓"常设型项目组织(权变型项目组织)"是一种综合的项目组织,它是在快速学习型组织基础上发展起来的。快速学习型组织多数是采用与现有的组织并存的形式设立的,它灵活应用快速学习型组织具有的自身特征,以组织整体作为响应市场及满足顾客的前提来完善快速学习型组织,将这种组织形式日常化就成了"常设型项目组织",前面提及的以阿米巴经营为代表的小型利润中心也具有这种常设型项目组织的特征。常设型项目组织具有如下的特征:①在明确的使命下,与市场的距离缩短,早期设置柔性的针对性目的;②可以设置相关的退出机制,有的公司具有对一年或一个周期进行修正的规范要求,这些组织不是简单的常设组织,而是具有作为项目组织特质的权变性内涵;③不仅有类似矩阵组织的报告要求,且报告体系单一化;④业绩(使命的达成度)与报酬的关系被明确；⑤不具有间接部门，使命的达成被特定化。

上述这些战略实施型组织类型，通过在企业中的普及与推广，已经与企业的使命、组织目的、权限、责任、清晰的评价、快速的应对等要求相连接，使反应速度大大提升，并与市场保持了动态柔性。在上述三大类组织类别中，小利润中心组织和项目组织最受企业欢迎。今后，随着移动通信技术的发展，传统的企业集群可能会向云产业集群方向转变，组织决策将依靠协同效应来提升管理会计的信息支持系统和管理控制系统。或者说，在新经济时代，管理会计的信息支持系统创造的价值可能要大于控制系统，但组织的可持续性永远也不能离开管理控制系统。

过去几年，在互联网、云计算、大数据、人工智能发展的基础之上，生态成为未来智能商业最核心的组织形态。所有的传统产业，都会逐步转化、改造升级成智能生态。平台是生态中最有价值的一个组织，是生态和多元物种的组合。平台通过广泛连接不同的角色，使之合作协同，同时建立各种机制，促使全局利益优化，形成全新的社会化协同网络。今天所有互联网领先的企业，从淘宝、微信、谷歌到滴滴，其实都是基于网络效应产生的巨大的价值。企业要利用平台中的各种基础服务和能力，以轻资产的方式快速发展。也就是说，一是充分利用平台的网络效应；二是尽量利用平台上的资源和能力，而不是自己花费巨大精力和成本重复建设；三是还要善于整合组织成员带来的机会。创造价值不一定实现价值增值。整个经济正在快速向智能生态的方向演化，选择好的平台是关键，一个完整的生态系统，各个角色相互依存，共同演化。通过实时动态的全局优化，可以实现个性化、低成本、快速度等这些维度的某种全新的价值组合。未来是一个更大范围的社会化协同，因为我们把制造业、新的服务业、更广泛的一些组织类型都嵌入这样一个协同网络中来。我们也看到，越来越多的协同网络开始涌现出来。传统思维强调的是对重资产，如供应链的拥有和控制；而新思维强调的是影响和调度的能力。在网络时代，越来越重要的不是你拥有多少资源，而是能调动多少资源。

二、项目组织创新与管理会计

表 6-1 表明，小利润中心组织和项目组织是战略实施型组织中最重要的两种类型。前面已对小利润中心组织作了介绍，且国内相关资料对这类组织的应用也有了大量的探讨。这里着重讨论项目组织创新与管理会计的相关性。

（一）项目组织创新的重要性与必要性

为了提高管理会计为企业创造价值的功效，必须改革现行的管理会计体系。当前一个重要选择是，增加项目管理会计的理论和方法体系。近年来，随着我国经济的发展，工商行政管理部门对企业注册的条件也进行了大幅度改革，大量项目公司应运而生。以往的管理会计适应的是以层级式职能制为经营主流的管理方式，而这种传统组织形式对企业创造价值产生了较大的阻力，主要是：①对顾客响应不及时；②组织环境无法应对项目经营等环境的变化；③在业绩评价上，注重职能组织的贡献，无法合理体现项目活动产生的业绩状况。因此，以顾客为导向的项目经营模式已成为现阶段一种新的经营范式。在这种经营模式下，组织、环节以及体系不过是经营活动的工具，如果项目不能创造价值将被自动淘汰。这种组织活动的核心是为顾客创造价值。

项目管理(project management，PM)产生于 20 世纪 90 年代中期，目前美、日两国对此有较为具体的研究。美国项目管理协会(Project Management Institute)的项目标准有以下三种：①PMBOK®(Project Management Body of Knowledge)：[1] 形成 PM 的基础知识体系，它是该协会在 1996 年版和 2000 年版的文本中提出来的，2004 年末第 3 版再版。②OPM3™(Organizational Project Management Maturity Model)：是明确与 PM 相关的组织成熟度的模型，它因 2003 年再次提出而得到确认。这项工作初始探讨于 1998 年，经过 3 万人以上的专业性的实地调查最终完成该项标准。③PMCD(Project Management Competency Development)：是有关项目管理的语言能力的开发模型，2002 年 10 月完成。日本(财)工程师联合振兴协会在美国项目管理协会(Project Management Institute)的基础上制定了 P2M(Project & Program Management for Enterprise Innovation)，两者在基本用语的定义、经营环节，以及基于组织的 PM 的成熟化方面有所区别。通过表 6-2 可以大致对两者的区别作一了解。

表 6-2　美、日两国项目管理的比较

	PMBOK(美国)	P2M(日本)
项目(PJ)	为了获得独特的产品、服务以及某种结果而采取的有期限的经营业务	所谓项目是接受特定使命，在开始与结束的某一特定期限内，在资源、环境状况等特定的制约条件下，围绕既定目标而在未来创造价值的经营活动
计划(PG)	用协调的方式形成相互关联的项目组织	计划是实现整体使命的多个项目有机结合的经营活动
项目组合(PP)管理	开展对项目或计划的投资选择、决策与支持	确认计划的资产特性，识别出应该做的项目和可做可不做的项目
关联性	PBSC	OPM3　PMCD

在我国现有的管理会计体系中增加项目管理会计的内容，可以提高管理会计适应经营业务发展的主动性和能动性，更好地服务于企业实践。管理会计改革之所以必要，是因为这项工作具有持续性和长期的可行性。我们要引导人们从动态的视角去认识管理会计的相关性，客观评价管理会计的有效性和可操作性。

(二)将项目组织嵌入管理会计的变迁管理

为了灵活地应对急速变化的经营环境，以往的组织及业务的框架必须进行根本性的修正，调整企业的组织结构，并将其融入管理会计的变迁活动之中，这是项目组织创新的内在要求。项目组织不仅需要不断地规范与完善，同时，还需要结合企业价值增值的使命而生存与发展。因此，管理会计作为评价组织的工具，它在评价组织使命的实现程度，促进组织柔性变革方面具有积极的现实意义。对管理会计研究与学习接触不多的人，一提到项目大概会与计划之类的概念相联系。即将项目理解为是企业战略

---

[1]　CMM®，CMMI®，P-CMM® and PMBOK® are registered in the US Patent and Trademark office。此外，本文对于重复出现的商标，仅在第一次出现的地方使用[®]。

与期间计划相联系的个别任务结构安排，或者是以个别业务计划为对象的具体要求。通过项目组织与管理会计的结合，可以将战略决策与预算编制、预算实施、业绩评价系统相连接，优化企业的经营行为，完善管理会计的结构组合。从提高企业价值最大化着眼改革组织结构，一种新的思路是将企业活动定义为项目的结合体，并据此来提升企业的核心竞争力。

项目对任何企业而言都是存在的，然而以项目为主体作为经营观念上的活动来对待，这类企业是极少的。许多企业的经营方法是传统企业组织的经营方法，依然以层级式的职能制作为经营的主流。职能制组织对提高职能效率以及所产生的效果上存在一些问题，主要是：①对满足顾客需求往往采用惯例来加以应对；②即便项目环境发生了变化，组织环境也不容易改变；③与项目活动产生的贡献相比，更注重职能组织的贡献。

这些问题，在变化缓慢的竞争环境下不会产生太大的问题，但是面对今天突飞猛进、顾客需求千变万化的经营环境，阻碍顾客导向的上述问题，对企业的生存将产生巨大的危害。尽快地把握环境变化，并快速地寻求相应的解决对策是企业取胜必须具备的核心竞争力。同时，采用柔性的应对手段、敏捷地处理市场变化又使企业的组织创新成为必要。换言之，置身变化的时代，具有适应变化的新的经营理念是极为重要的。正因如此，以满足顾客需求为目标，采用项目经营模式来实现组织科学的决策，就成为了一种新的经营范式。在这种经营模式中，适当地运作项目，实现项目组合价值的最大化，是这一组织模式存在的前提。当前的组织结构变革具有如下的特征：①依据网络化、智能化等市场经济对组织效率的要求，对企业组织结构进行再造。②同一产业内的企业竞争开始有意识地从同质化的竞争向特色化的竞争转变。③来自管理层与经营层的纵向改革意识强烈。④新技术和传统技术（或者成熟技术）融合的意识得到深化。

（三）项目型管理会计的创新

组织改革成功的企业与未进行改革的企业，在生产环节的效率性上存在非常大的差异。依据传统的组织理论与经营学理论，从事业部制向公司制及小型利润中心制等的纵向组织方向展开变迁引人注目。然而，以往的以生产为中心的纵向分割的组织框架，将环节间的综合功能及职能间的综合功能扩大到经营系统的整体是否有必要，值得探讨。当前，在新一轮的经营业务集中与选择过程中，领先者将把握时机，落后者将被淘汰。因此，从组织结构变迁角度讲，提高基于经营环节的综合能力是成功与否的关键。从研发来看，与现有大企业竞争，需要做到如下几点：

（1）将本公司的样品生产放到竞争对手周围的技术市场环境中去；

（2）要始终保持产品的质量，即从试制产品投放市场的100%合格到与全面生产的产品质量保持一致；

（3）生产系统始终体现时间缩短效果和成本节约效果的统一，与一流的国际、国内企业进行合作。

组织强有力的成员围绕一定的目标与使命展开合作时，需要将目标与使命计划化，分解为有机的关联性的战略项目，强化相应的项目型管理会计支持系统，促进它们适时推进，实现平行开发、平行生产、平行销售。1992年，由 Kaplan & Norton 提出的平衡计分卡(BSC)虽然并不是一种创新的方法,它是在要素还原方法论基础上,通过分析环节,将经营者能够观察的信息采用价值计量的方式来进行运作,但无疑是对管理会计的一种贡献,并带来了一场范式革命。BSC 提出了三种平衡的观点:①财务与非财务目标的平衡;②目标与手段的平衡;③上位目标与下位目标的平衡。换句话讲,它所构建的是这样一种框架,即经营者与实施者具有共同的战略目标和任务,并在责权利效上承担相应的职责。为了使战略与目标一体化,并使项目落到实处,将项目管理与 BSC 相结合是种新尝试。图 6-1 是波音公司的实践。

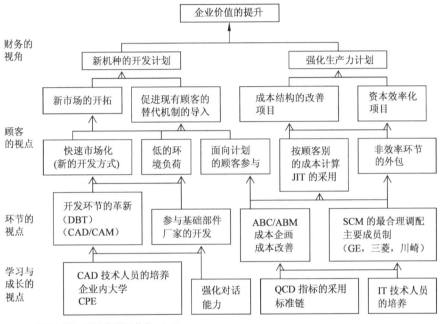

资料来源:转引自浅田孝幸,2001.

图 6-1　波音公司的战略地图

图 6-1 表明,计划包括两个大的方面,其一是新型机种开发计划,另一个是强化生产力计划。这些在最初环节能够维持相互补充的关系,波音公司在民用飞机市场能够实现新的企业价值。在图 6-1 中,以 BSC 为基础的战略地图,是对战术的展开。因此,沿着 BSC 的四个视点,哪些问题是相关的,能否补充相互间的计划安排等得到了说明。这里想强调的是,在两个大的计划下,经营战略形成,这两个计划项目的实现给我们的启示是:环节的层次、规划与市场的层次、生产技术、开发层次,进一步讲,基于工程师的教育水平的项目与各种各样的项目相互的协作,是实现初期战略计划的保证。我们所提出的计划与项目应当从有机的整体关系上加以考察,增强这种关系的可视性,从而使得与其对应的具体目标与手段的关联性能够更多地在事前进行探讨。我们对上面内容的分析,不是想对 BSC 的要素进行还原,而是基于总体战略的明确及其分解,从更大目的与使命上来促进项目成员发挥凝聚力,提升项目组织的管理功能。

第三节 本章小结

基于管理会计的组织决策，是组织变革与管理会计相关性问题研究的内容之一。管理会计迄今是作为生产线的经营控制系统（management control systems：MCS）而展开的，这种"一元观"的理念曾经长期占据学术界主流地位。随着全面推进管理会计体系建设的深入，以及战略与 MCS 间的重要性认识的提高，企业组织需要从传统的职能制、事业部制等组织形式中解放出来，如何促进组织结构改革，并进一步完善与发展企业的经营模式是管理会计理论与实务界面临的一个重要课题。本章结合对组织结构现状的分析，提出了战略型的组织类型，并就小利润中心组织和项目组织进行了重点阐述。现代企业经营无论规模大小，从战略权变性视角构建项目组织，是企业管理发展规律的内在要求。小利润中心组织或项目组织，其核心是要为企业创造价值，管理会计的组织决策则是要帮助企业通过价值创造实现价值增值，并使企业保持可持续性的成功，这一点具有积极的现实意义。在组织决策过程中，管理会计要借助于控制系统和信息系统的"二元观"理念，帮助企业管理当局甄别项目，规划利润中心。否则各种项目零散地随意展开，其成果就难以有效体现，即表现得过于自然了。合乎战略、使命的策略，制订战略计划，并将其在事前以企业价值创造和价值增值的要求加以评价，围绕决策科学对项目的整体价值进行判断，这些就是管理会计对现代企业组织决策的贡献。

由于篇幅所限，本章对学习型组织未展开讨论。学习型组织，尤其是学习型财务组织作为管理会计中的一个新领域，为人们认识和发展管理会计理论与方法体系提供了新的思路。学习型财务组织包括学习、组织、人员、知识和技术五个子系统。任正非说："创新是有代价的，必须把自己置于风险中。"华为的成功就在于其学习型组织的构建。华为成立以来，一直在不停地犯错，当年做无线时踩错点，错过了 CDMA 网络，错过了小灵通。但是，华为有失有得——错过小趋势，大方向始终没错。在新时代，华为正在不断强化学习型组织的决策效果，管理会计为理论创新提供重要支撑的时机已经到来。

 案例与讨论

背景资料一

随着移动通信技术等的迅速发展，以及产业资本对这一领域的持续投入，人工智能将成为未来科技发展的重要"风口"。人工智能（artificial inteligence，AI）是计算机科学的一个分支，它通过对人脑的研究，了解智能的本质，研发并生产出能与人类智能相仿的智能设备（如工业机器人等）。人工智能将颠覆各个行业的生产方式，新经济的平台型公司发展空间巨大。2016 年 3 月，谷歌人工智能"阿尔法围棋"与韩国棋手李世石进行了较量，最终"阿尔法围棋"战胜李世石，取得胜利。

近年来，国际四大会计师事务所之一德勤已经在探索机器人从事审计及管理咨询等方面的业务工作。人工智能按照实力的大小可分为三类：一是弱人工智能，它是在特定领域等同或者超过人类智能或效率的机器智能；二是强人工智能，它是各方面都能和人类比肩的人工智能；三是超人工智能，它是在科学创新、通识和社交技能等领域超越人类的人工智能。从世界各国智能制造的发展状况看，即便是弱人工智能时代的智能制造也具有很强的智能化能力，它可以在人类烦琐或难以深入的领域从事相关工作。

请讨论：

1. 结合上述资料，谈谈智能制造对组织决策的影响。

2. 举例说明在管理会计价值创造中嵌入智能制造的路径与具体方式。

背景资料二

C 公司处于市场高竞争的一个传统制造行业，主要生产为市政建设配套的地下管道及配套设施。市面上这种产品技术已经相当成熟，国内、国际生产厂家众多，行业利润率在 10％左右。企业所生产产品的原材料比重高达 70％左右，主要原料系矿产品占原材料的 60％以上，而且 80％的主要原料依靠进口，进口地为南美洲，为了避免价格波动，企业与国外供应商签 1～3 年的长期合同，结算价格多以美元计算。

C 公司目前产能只占设计产能的 70％，公司尚有 30％产能闲置，工人实行 3 班倒，但由于订单不饱和，部分工人只能上半天，但他们因为特殊原因不能被解雇。

公司产品 60％为内销，销往全国所有省市，客户多为需要国家财政拨款的公用事业公司，但据了解，很多欠发达地区的财政拨款不能按时到账，有的客户与当地财政的挂账长达几年。

在公司出口的产品中有 30％销售到了德国、南非及巴勒斯坦等地区，其中德国比重较大，且其对产品质量的要求还非常高，如果批次中稍有瑕疵便会全部报废，且会要求赔偿。

请讨论：

1. 结合管理会计的组织决策理念，如何识别 C 公司在采购和销售流程中存在的风险？

2. 面对闲置的产能，如何优化组织结构，以及提高公司管理层的执行性效率与效益？

第 7 章

管理会计的技术创新

　　管理会计的技术创新是指管理会计工具与方法的创新,在全球科学技术突飞猛进的新形势下,管理会计工具和方法的开发与应用进程也明显加快。随着"互联网＋"与"智能＋"等新经济形态在管理会计活动中的渗透,管理会计的技术创新将步入一个新的里程碑。中国企业在全球竞争中遇到的一个最大的障碍,就是核心技术受困于人。未来一个时期,将是中国技术革命与产业革命发展的关键期。适应中国技术革命的浪潮,加强技术情境下"互联网＋"与管理会计创新的深度融合,是管理会计工具和方法不断发展的内在要求和必然趋势。

第一节　管理会计技术创新的重要性

　　20 世纪 80 年代以来,全球范围内新技术迅猛发展,企业或组织必须关注技术创新步伐,分析技术变化带来的机会或威胁,探讨研究与开发对企业战略的影响作用,关注政府对技术创新的规制及其社会影响等。

一、技术情境对管理会计的影响

　　技术创新可以为企业提供解决问题的各种途径,管理会计要适应这种新技术的变化,加强变迁管理。以"互联网＋"为代表的技术情境,要求管理会计具有权变性的功能特征,通过管理会计控制系统和信息支持系统进行适时、动态的控制,提高企业的核心竞争力,促进企业管理的转型升级。

(一)技术情境嵌入传统管理会计工具和方法

　　"互联网＋"、云计算和大数据等技术的发展为新经济时代的管理会计发展注入了新的活力,企业应将各种技术情境应用于管理会计工具和方法的创新之中,通过"互联网＋"等的思维和意识促进管理会计决策效果的发挥,使企业管理更加精细化。在科技革命不断深入的形势下,技术变革和创新活动赋予了管理会计更多的内涵。技术对管理会计的影响是多方面的,企业的技术进步将使社会对企业的产品或服务的需求发生变化,从而给企业提供有利的发展机会;然而对于企业管理而言,新技术的发明或应用可能又同时意味着"破坏"。因为一种新技术的发明和应用会带动一批新行业的兴起,从而损害甚至破坏另外一些行业,如静电印刷的发展,使得复印机业得到发展,从而使复写纸行业变得衰落;半导体的发明和普及急剧地改变了视听业的竞争格局。越是技术进步快的行业这种技术变革就越应该作为环境分析的重要因素。

　　当前,一个国家经济增长速度,在很大程度上与重大技术发明采用的数量和程度相关;一个企业的盈利状况也与其研发费用的投入程度相关。所有企业特别是本身属于技术密集型的企业或处于技术更新较快的行业中的企业,必须高度重视当今的科技进步和这种进步将对企业带来的影响程度,以便及时地采取经营策略以持续推进技术创新,保持竞争优势。在新的技术情境下,管理会计工作者不仅要了解企业自身的运作模式,而且还要能够看清企业如何适应所在的行业和商业环境。这就促使管理会计技术方法的变革,通过管理会计工具的开发与应用使传统的评估企业战略定位和战略选择、评估企业管理风险等更加适应新技术情境的要求,并能通过参与企业管理战略的制定,支持企业的发展目标。管理会计的技术创新将有助于实务工作者应对新的商业模式和新业态对价值评估和价值创造的认识,帮助管理当局明智决策,以实现企业价值增值的目的。技术情境嵌入管理会计工具和方法之中也需要具有动态思维观念,管理会计是一种"专用性"很强的工作,管理会计工具的技术改造既要与企业外部环境变化相符合,也要对企业自身的商业模式相匹配,必须注重实际工作中的协调、沟通与融合。因此,技术创新虽然给管理会计发展带来了挑战,然而随着管理会计自身的变迁管理又进一步增强其功能作用,能够为企业发展提供更加清晰的发展路线图,并借此为企业创造更大的价值。

(二)适应新经济形态的管理会计工具开发与应用

诚然,随着新商业经营模式、新业态的不断涌现,经济、管理及其社会各方面的新知识、新理念不断地冲击着管理会计技术的现有环境。最具代表性的技术情境是以"互联网+"为代表的物联网、云计算和大数据等技术因素,同时,各种建立在其基础之上的组织资本共享、零成本社会等理念与技术也对管理会计技术产生深远的影响,经济活动中以"支付宝"等为代表的移动支付也使管理会计的控制系统发生了颠覆性的变革,适应新经济形态进行管理会计工具与方法的开发与应用已迫在眉睫。

技术变革和创新活动赋予了管理会计更多的内涵。比如,物联网作为各种感应技术的载体,通过这种技术的推广应用,能够增强管理会计信息支持系统的功能作用,即可以及时采集各种物品的信息,使不同时间与不同地点的数据能够快速得到利用。除了传感品技术外,物联网中的 RFID 标签和嵌入式系统技术对管理会计的应用也具有积极的意义,它有助于管理会计工作者更迅速地把握产品的库存数量,为企业的决策与预算提供更加有效的途径。云计算是用户根据自己的需要进行按需访问,用户进入可配置的计算资源共享池,通过使用量进行付费使用。这种技术嵌入管理会计的技术创新之中,能够降低管理会计信息支持系统的成本费用,使信息传递和管理控制系统更加高效,进而提高管理会计的工作效率。同样地,大数据具有大量、多样、高效与价值性等特征,使管理会计工具与方法具有了动态属性,顺应了环境不确定性条件下管理会计发展的内在要求。传统的管理会计以静态分析为主,分析结果的相关性较弱,通过大数据的嵌入,不断变化的新数据信息使管理会计分析具有了动态性特征,进而可以更加全面地发挥管理控制系统的功能作用,提高企业的综合实力。科技发展的日新月异,引起了管理会计理论与实务工作者强烈关注和重视。当前,如何有效地将技术情境与管理会计技术方法相融合,真正发挥以知识为载体的新经济的价值是很多企业普遍面临的问题。对此,管理会计要主动适应新经济的环境,积极拥抱"互联网+"和"智能+",并且从新的技术情境中提取出有用的重要信息和方法手段,嫁接到管理会计的工具与方法体系中去,帮助企业科学决策,实现可持续的成功。

二、管理会计技术创新的现状与整合

以移动互联网为代表的技术创新对中国经济的发展带来了深刻的影响,并使企业的生产模式和组织方式发生变革。技术创新一直以来都是管理会计工具和方法变迁的助推器和稳定器,理解和认识管理会计技术方法的现状,把握未来管理会计创新的方向是中国特色管理会计理论与方法体系建设的重要保障。

(一)管理会计技术创新的现状

管理会计创新作为我国全面推进管理会计体系建设的一个重要驱动力量,结合全球经济社会的新技术情境,创新管理会计工具和方法,是管理会计发展的客观追求。

1. 对我国管理会计技术创新现状的分析

改革开放 40 多年来,中国企业要融入全球价值链,引进并推动管理会计经验和方法的发展是不可或缺的。管理会计具有很强的环境依赖性,管理会计技术创新是与我国经济的成长历程相适应的。尤其是中国加入 WTO、融入全球经济的过程中,中国管理会计受到世界各国的关注与重视。几十年来,尽管国外文献有了一些关于中国"关系""制度"和"政治关联"等的管理会计研究成果,但是客观上讲还是比较片面,主要存在以下一些问题:(1)认识不够全面,对中国管理会计导入、变迁与发展问题的研究,不仅深度欠缺,而且理论提炼也不充分;(2)学术群尚未形成,从已有的研究文献来看,大都还是华人学者的阐述,对中国管理会计应用情境的挖掘尚未进入广大非华人学者的视野;(3)本土化程度差,少数国外学者的研究远未达到中国本土化的水平,仍然停留在用"西方主流"的理论来解释中国管理会计的情境现象,难以将中国本土特征从具体的管理会计案例或现象中刻画出来(魏江等,2014)。对此,理解和认识管理会计技术创新的现状,完善管理会计的控制结构,优化管理会计的行为动机,是现阶段管理会计研究的一项重要任务。

分析管理会计技术创新的现状,一方面有助于传承与弘扬管理会计内在的客观规律和方法体系;另一方面,能够认清形势,加快管理会计工具开发与创新的步伐。随着企业新模式与新业态的不断涌现,嵌入技术情境的管理会计工具有助于协助管理者科学决策,为企业创造价值,以及保持企业可持续成功。客观地讲,现有的所谓"主流研究",以"紧跟"或照搬"国际前沿"和"国际热点"的为多,且将外国人的研究方向奉为自己的方向,导致一些研究领域、科学问题、研究思路等大都从别人那里"引进"。管理会计的学术思想往往容易被固化在西方框架与模式之中。查理·芒格有一句名言:"你手里有一把锤子,看什么都是钉子。"现在学者什么主题都想用实证方法去验证一下,长此以往,实证方法也就成了"泡沫工具"。这不免让人联想到当下的"泡沫技术"。在经济泡沫破灭后,日本企业出现很多"泡沫技术",即只是给产品增加某些讨人喜欢的特征,而不是实际新功能的技术,这也是日本错失信息产业革命的原因之一。中国当前的创新存在较大的"泡沫技术"而无原创性技术升级,比如以零售模式创新的小米制造,共享单车等"模式创新",以及"跨界""生态"等代表的经营方式。"中兴通信"的事件已充分警示我们,必须强化原创性研究。

2. 管理会计技术创新的主要成就

20 世纪末与 21 世纪初,管理会计技术创新所展现的管理会计工具主要有三:一是平衡计分卡;二是作业成本法;三是决策成本法概念框架。

(1) 平衡计分卡。平衡计分卡(balanced score card,BSC)起源于20世纪90年代初由哈佛商学院的罗伯特·卡普兰(Robert Kaplan)和诺朗诺顿研究所(Nolan Norton Institute)所长、美国复兴全球战略集团创始人兼总裁戴维·诺顿(David Norton)所进行的一项研究工作,即"未来组织绩效衡量方法:一种绩效评价体系"。当时该计划的目的,在于找出超越传统以财务量度为主的绩效评价模式,以使组织的"策略"能够转变为"行动",从而发展出来一种全新的组织绩效管理方法。并且指出,企业绩效的评价应从顾客、财务、内部流程和学习与成长四个方面进行全面考量。平衡计分卡的特点是:谋求组织绩效评价的全面性、组织发展的平衡性和可持续性,对企业的健康发展影响极大。平衡计分卡自创立以来,在国际上,特别是在美国和欧洲,很快引起了理论界和客户界的浓厚兴趣与反响。平衡计分卡被《哈佛商业评论》评为1975年以来最具影响力的管理工具之一,它打破了传统的单一使用财务指标衡量业绩的方法,通过在财务指标的基础上加入未来驱动因素,即客户因素、内部经营管理过程和员工的学习成长,在集团战略规划与执行管理方面发挥极为重要的作用。根据解释,平衡计分卡主要是通过图、卡、表来实现战略的规划。

平衡计分卡的发展历经三代:第一代的BSC体现在卡普兰发表在1992年《哈佛商业评论》一月与二月号上的文章,即《平衡计分卡:驱动绩效的量度》,提出将组织的远景转变为一组由四项观点组成的绩效指标架构来评价组织的绩效。此四项指标分别是财务(financial)、顾客(customer)、企业内部流程(internal business processes)、创新与学习(innovation and learning)。第二代的BSC是"平衡计分卡+战略地图"。它对平衡计分卡原先考核功能进行扩展,重视股东价值、客户管理、流程管理、质量、核心能力、创新、人力资源、信息技术、组织设计和学习组织等在管理会计技术创新中的积极意义。第三代BSC是"平衡计分卡+战略地图+战略中心组织"。在今天的商业环境中,战略从来没有显得这样重要过。但研究表明,大多数企业仍不能成功地实施战略。在浩繁的记录背后隐藏着一个无法否认的事实是:大多数企业仍然继续使用专门为传统组织而设计的管理流程。因此,必须构建战略中心组织。

(2) 作业成本法。作业成本法(activity-based costing,ABC),即基于作业的成本计算法,是指以作业为间接费用归集对象,通过资源动因的确认、计量,归集资源费用到作业上,再通过作业动因的确认计量,归集作业成本到产品或顾客上去的间接费用分配方法。作业成本法有以下几个重要概念:作业、作业中心、作业成本库、作业链、价值链、成本动因等。尽管ABC从一个全新的视角,即作业出发重新对成本管理体系进行了规范,使企业能够从另一个侧面分析企业的财务状况和经营成果。但这种ABC如果没有一套控制系统,其自身的内在体系可能会紊乱,划分出来的作业之间体现不出控制要素的整体特性。因此,就产生出了作业成本管理(ABCM)。作业成本法的核心思想是在资源消耗与产品之间引入一个"作业"概念,认为作业消耗资源,产品消耗作业,生产导致作业的发生,作业导致成本的发生。它以作业为核算对象,引进了成本动因,通过成本动因来确认和计量作业量,进而以作业量作为分配间接费用的合理基础。以该方法为基础所产生的成本管理方法也被称为作业管理或作业成本管理。

这种方法提出来之后,在世界范围内产生了很大影响,特别是学术界对此兴趣很大,从发表的相关论文数来看,自1989年起呈逐年上升趋势,1995年至1999年间达到高潮,但1999年之后却逐渐降温,不仅相关论文的数量明显减少,而且出现了很多质疑的声音,认为此方法并不像学者们所鼓吹的那样能无往而不胜,解决间接费用分配的所有问题。来自实务界的调查也表明采用这种方法的企业数量出现了停滞趋势,还有的企业甚至在应用该方法一段时间之后放弃了。这种现状使得许多研究者不得不进一步思考原因并提出了各种改革方案,比如卡普兰本人在2004年发表的一篇论文中就提出了名为"时间驱动的作业成本法"的新方法,对原来的作业成本法加以修正,其核心思想是引入一个"时间等式",以最基本的业务流程耗时量为基数,列出各种复杂情况下所需要追加的工时,据以按照具体情况改变每一项具体作业所耗时间的估计数,从而降低划分作业的难度与工作量,使之可操作性大大增强;再如德国的"弹性标准成本法"(GPK)在美国也受到了高度重视,因为GPK在德语国家应用的广泛程度远远超出了ABC方法在美国的应用,它和ABC方法有许多相似之处,不同之处主要在于该方法下的成本中心的划分和成本分配更能够反映出一个部门的责任,从而有利于加强责任控制。

(3)决策成本法概念框架。决策成本法概念框架(MCCF)简称"决策成本法",它是由美国管理会计师协会(IMA)决策成本概念框架工作组主席Larry R. White提出的一种成本计算方法,包括原则、概念和约束条件等标准体系,即"通过两个原则、十四个概念、七个约束条件,构建出一个完整的成本体系评价和成本体系建设的方法论"。这一方法自2014年上半年一经推出便得到实务部门的响应,同年8月Larry R. White还亲自来中国,在上海等地推介这种方法。决策成本法围绕组织目标核算其资源的耗费或资源的利用,通过它提供的成本信息开展科学决策的应用。即强调资源耗费或资源利用与组织结构和经营特征之间的因果关系,更好地揭示成本管理实践中的"责任"与"权力",是一种实现组织目标而对资源消耗情况进行预先计算和归集的过程和方法。

决策成本法打破了现有企业(单位)习惯于"就成本论成本"的管控方法,深入分析组织结构、经营特点和资源耗费或利用的关系。决策成本法认为通过成本控制完全可以管控决策权力和运营作业。决策成本法概念框架要求从投入到产出,始终贯穿因果关系和类推关系的原则,并根据这两个原则,反映成本管理信息并评估现有成本管理的适应性,为成本的结构性动因配置提供决策支持。决策成本法概念框架除了建立信息交流沟通的统一基础外,还弥补了现实决策中成本相关性缺失的局限。以往,企业基于什么做决策、哪种成本计量方式更加适合企业实际情况以及如何评价和分析得到的相关数据,一直是依靠直觉、经验和企业惯例,缺乏一个统一的框架来指导,决策成本法概念框架的出现正是为此提供了一个指导框架,有助于企业成本管理创新,提高内部决策的科学性和组织价值创造的能力。在决策成本法下,成本管控首先管控资源利用和资源价格。所谓管控资源利用实际上是管控组织结构和经营过程,进而管控决策权力和运营作业,换句话说,只有有效地管控决策权力与经营作业才能有效地管控成本;反过来,成本作为组织价值的构成要素,作为组织目标的具体化,必须与组织结构与经营过程相联系,是行使决策权力和执行经营作业的标准,在这个意义上,通过成本控制完全可以管控决策权力和运营作业。

（二）管理会计技术创新的整合

自 2008 年金融危机后，全球经济不断调整与发展，各国越来越重视经济发展的稳定与可持续性，移动互联网平台的出现，共享经济、人工智能等新兴业态的出现，孕育着机遇与挑战。我国经济面临着下行压力，人口红利下降、劳动力成本上升、环境发展因素制衡等问题，客观上要求企业从自身出发，积极迎接新经济带来的技术创新机遇，重视管理会计工具和方法的创新。

1. 管理会计技术方法创新的原则

管理会计技术方法创新主要体现在管理会计工具的开发与应用上，结合创新驱动的内在特征，管理会计技术创新的整合过程应坚持以下原则：一是共生性原则。管理会计技术方法要形成一套完整的体系，必须注重工具与方法之间的关联性和内在规律，同时借助于管理会计的整合系统来实现管理会计工具系统的优势互补，以实现共生与发展。二是边界性原则。管理会计技术方法是静态与动态的形成与发展过程，管理会计工具系统开发与应用的边界不应超出"信息支持"和"管理控制"这两大功能所确定的范围。否则，管理会计的财务工具属性与非财务工具属性的结合就不具有现实意义。三是有效性原则。管理会计技术方法的创新必须是有效的，是具有可操作性功能要求的，管理会计工具的整合系统应突出竞争优势的培育，能够提高管理会计对内部经营活动的经营协调力、管理控制力和价值增值力。四是灵活性原则。管理会计技术创新体系不是机械的、一成不变的，它是权变的、逻辑化的体系，企业应根据"需求"，而不是根据"供给"来应用这一系统，针对性和适应性是评价这一整合系统的重要判断标准。企业应根据公司规模、现有管理水平和管理文化、提升管理会计的成本效益函数，结合技术情境权变性地选择管理会计工具。

我们认为：（1）整合管理会计工具的目的，在于理顺各种管理工具应用间的逻辑关系，强调工具间的互补性与整合效应，而不在于创造一种新系统（王斌等，2004）；（2）应结合企业特定环境进行管理会计工具的"个性化"改造，特别是针对我国经济结构调整环境与文化特征，进行管理会计工具的"本土化"。当前，应结合管理会计的技术情境，认真研究、总结技术创新对管理会计工具的影响，并结合我国企业特点加以整合与提炼，具体的思路是：①理顺各种管理会计技术与方法之间的逻辑关系，在坚持技术的有效性和方法的实用性原则基础上，实现管理会计工具之间的互补，以及管理会计功能的提升，获得整合的综合效应；②围绕企业特定环境开展管理会计工具的"个性化"改造，特别是针对我国经济结构调整的环境与文化特征，实现管理会计工具的"本土化"与"国际化"的融合。

2. 管理会计技术方法的整合思路

企业应根据国内外的科技发展进程，尤其是以"互联网＋""智能＋"为代表的技术情境，来完善和发展我国企业的管理水平和管理文化，提升管理会计的技术溢出效应，权变性地形成技术方法和管理手段的成本效益函数，合理地推进管理会计工具的整合，实现企业决策的科学性和管理的有效性。管理会计技术方法的整合思路是建立在上述原则的基础之上的，具体的整合方法主要有如下几种策略：一是管理会计相关工具间的整合。这方面的具体例子很多，比如，平衡计分卡（BSC）与经济增加值（EVA）、作业成本法（ABC）的整合。在 20 世纪 90 年代，这三个业绩评价指标是席卷世界主要国家管理会计的话题。在进行 BSC 与 EVA、ABC 的整合过程中，首先要明确它们的功能特征，其次将 ABC 嵌入

BSC,最终形成 BSC 与 ABC、EVA 的整合模式。比如,EVA 最适应的企业主要是开始实施经营退出战略的企业、自有资本占企业融资总额大的企业,采用业绩联动型的报酬激励制度的企业;ABC 有助于成本结构的可视化,对于优化企业间接费用,变革企业组织结构的企业最适合;BSC 适合那些采用顾客导向,同时采用业绩联动型的薪酬制度的企业。二是某种工具内部的整合。这方面的案例也很多,比如预算管理工具。它除了可以与作业成本法等进行多工具的整合外,其内部的整合也较为普遍,其中尤其是以改进预算和超越预算为代表。再如,在作业成本法中嵌入时间因素。它以卡普兰(2004)提出的"时间驱动作业成本法"为代表。三是通过整合引导创新,或者开展原创性工具的开发与应用。近年来,由整合引导出创新的案例很多,如德国管理会计中弹性边际成本法(GPK)与美国作业成本法(ABC)的整合而形成的资源消费会计(RCA),就是管理会计技术创新的一个典型代表。原创性创新有两种形成路径,一种是理论扩展或概念延展的路径,它通过对管理会计概念的分化或裂变形成一种创新的管理会计技术方法;另一种是通过案例总结,提炼升华而来的管理会计工具等创新的技术方式。

第二节　管理会计技术创新的尝试

改革开放 40 年来,我国管理会计从早期以强化成本管理和预算控制为主的管理控制系统"一元观",向管理控制系统和信息支持系统结合的"二元观"转变,体现了管理会计发展的内在规律。或者说,管理会计就是借助于管理控制系统和信息支持系统来实现组织价值创造和价值增值目标的管理活动(王斌、顾惠忠,2014)。管理会计技术创新需要符合两个要求:一是由中国管理会计工作者率先创立,体现为原创性的管理会计工具或方法;二是这种管理会计工具或方法不仅在国内流行,还能够应用于世界各国,并为全球管理会计理论与方法体系作出贡献。

一、"十字形"决策法的提出

有学者认为(王斌等,2004;2011),应结合企业特定环境进行管理会计工具的"个性化"改造,特别是针对我国经济、文化等情境特征,进行管理会计工具的"本土化"开发与创新。

（一）"十字形"决策法的特点

本着"中国特色,自主创新"思想,管理会计需要在理论与方法体系上增强创新情怀及自信心。因此,能否结合中国的情境特征,形成一种合理且可操作的管理会计工具或方法体系,值得研究与探讨。财务会计经常以"T"字形方法进行教学与研究,管理会计作为现代会计中的一个分支,能否开发出一种新的工具,像"T"字形方法那样展开理论框架的探讨,为管理会计教学提供工具或方法的支撑?财务会计的"T"字形方法,通过对每个账户进行"T"字形的设置,采用左边借方,右边贷方的约定方式,按照账户性质填写期初余额。同时,根据分录逐笔登入 T 字形账户。期末的时候先算出本期发生额,再算出期末余额。能否借鉴这一经典思想进行管理会计工具的创新呢?即借鉴财务会计的"T"字形理论内涵,围绕管理会计教学与研究的特征,开发出一种便于学生理解、方便教师教学的理论模型。对此,我们尝试提出一种"十字形"的管理会计教学与研究方法,起名叫"十字形"决策法分析框架(简称"十字形"决策法)。"十字形"决策法是一种利用"十字形"坐标轴进行管理会计决策分析的方法(冯圆,2018)。它要求按照"十"字坐标进行目标或功能的设计,并赋予四个象限相关的指标,然后将"十"字坐标的目标或功能与四个象限的指标进行量表管理与控制,最终寻求最佳的决策方案或管理活动。具体的操作流程如下:

① 结合研究对象性质与特征进行比较分析,提炼出目标问题中的关键要素与核心概念(指标);

② 围绕管理会计控制系统和信息支持系统确定关键要素或核心概念(指标)的坐标定位;

③ 按关键要素或核心概念(指标)分层或分组推进分析,这一环节可以借鉴 SOWT 等的分析方法;

④ 进一步对关键要素或核心概念(指标)进行"十字形"坐标设计或量表分析,加深对研究问题的认识;

⑤ 提出改进建议或对策,为相关决策者提供参考。

(二)"十字形"决策法的价值

管理会计是一种决策体系,其本质是基于价值管理的控制活动,信息支持系统是为管理控制服务的。"十字形"决策法对于理解管理会计概念,掌握管理会计教学与研究方法,帮助企业管理当局进行经营与投资决策具有一定的积极意义。不可否认,现有的管理会计工具,如 SOWT、BSC、ABCM 等中也有类似分析的方法(池国化、邹威,2015)。然而,不同之处在于,已有工具的关注焦点并不在于坐标轴的设计与应用上,其理论框架与"十字形"坐标轴的价值意义也具有较大差异性。"十字形"决策法具有动态性、权变性、开放性等特征。"十字形"决策法的质量标准是可理解和易操作。"十字形"决策法的价值表现为:(1)理论意义。扩展管理会计的系统功能,增强管理会计的环境适用性,促进管理会计工具的整合与创新等。(2)现实意义。弥补传统管理会计假设过多、相关性不足等现象,有助于克服预算松弛、内部控制无效,以及预防供应链管理中的成本盲区,纠正企业过于注重资产规模等情况的发生。

二、管理会计理论框架的探讨:"十字形"决策法的应用

管理会计的理论框架是由目标、原则、要素等构成的系统结构。针对传统管理会计的理论与方法体系,结合财政部颁布的"基本指引"和"具体指引",借助于"十字形"决策法进行分析与评判,是管理会计技术创新的客观体现。

(一)"十字形"决策法在管理会计理论构建中的应用

根据财政部 2014 年 11 月颁布的《全面推进管理会计体系建设指导意见》,我国管理会计体系构建的目标是:以基本指引为统领、应用指引为具体指导及案例示范为补充的管理会计理论与方法体系。并且,将管理会计定义为:管理会计是会计的重要分支,主要服务于单位(包括企业和行政事业单位)内部管理需要,是通过利用相关信息,有机融合财务与业务活动,在单位规划、决策、控制和评价等方面发挥重要作用的管理活动。2014 年 10 月,英国皇家特许管理会计师公会与美国注册会计师协会在《全球管理会计原则》中对

管理会计的定义是：管理会计通过全面分析并提供一些能够支持企业开展计划、执行与控制战略的信息，来帮助企业做出明智的决策，进而创造价值，并保证企业持续性地成功。2016 年 6 月，财政部印发了《管理会计基本指引》，其中对管理会计的理解得到进一步深化。即，"管理会计通过运用管理会计工具方法，参与单位规划、决策、控制、评价活动并提供有用信息，推动单位战略规划，以持续创造价值为核心，促进单位可持续发展"。综合上述管理会计的定义，可以总结出一个共同特点：均拥有"二元观"理念。一方面，强调管理会计具有"信息支持系统"功能（定义的前半部分）；另一方面，又具"管理控制系统"功能（定义的后半部分）。换言之，管理会计就是由管理控制系统与信息支持系统共同组成的结合体（Fu，2012）。

在坚持管理会计控制系统与信息支持系统"二元观"的基础上，需要突出三点认识：(1)作为一门学科，管理会计应包含理论与方法两方面的体系要求；(2)管理会计具有决策（明智决策）和战略（持续性的成功）特性；(3)管理会计需要借助于价值创造，实现价值增值。据此，可以形成三种组合："二元观"下的理论与方法组合；"二元观"下的决策与战略组合；"二元观"下的价值创造与价值增值的组合。

1. 理论与方法组合视角的考察

借助于管理会计的"信息支持系统""管理控制系统"，以及"理论"与"方法"的体系要求，构建"十字形"决策法分析框架。如图 7-1 所示。

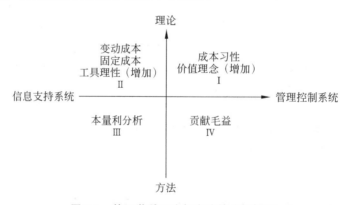

图 7-1　基于学科理论与方法的分析框架

图 7-1 的"十字形"决策法，揭示了传统管理会计学科理论与方法的基本体系。它是构成管理会计的核心内容，如成本性态分析、变动成本法与本量利分析等。应该说，早期的管理会计系统就是以"成本习性"为核心概念所构建的理论与方法体系。或者说，它是初级管理会计的理论结构体系。然而，随着经济与管理学科的发展，管理会计的理论基础（核心概念）需要变迁（田中，2006）。亦即以"成本习性"为代表的理论结构体系已难以驾驭当前管理会计的全部内容。原因在于：一是管理会计外延在不断地丰富与扩展；二是新时代的"互联网＋""智能＋"等的经济特征需要管理会计内涵持续创新。新时代的管理会计必须加强创新与发展。针对传统管理会计仅局限于"成本习性"的情境，必须加快理论融合或整合的步伐。比如，可以考虑在"成本习性"的基础上增加"平台价值、时间价值、风险价值、创新价值"等价值理念，以扩展管理会计的概念框架。并且，为以后管理会计学

科发展提供理论支撑。总之,传统且经典的管理会计理论基础可能已经不适合"新时代"管理会计体系建设的需要,必须放宽原有的假设边界,积极实施创新驱动(Quinn,2014)。换言之,图 7-1 中第Ⅰ象限可以考虑增加"价值理念",第Ⅱ象限增加"工具理性"等相关概念。管理会计理论框架的变迁,其目的就是要拓宽管理会计理论的内涵与外延,通过"价值理念"为管理会计战略与决策,以及管理会计风险管理等提供理论支撑;通过"工具理性"进一步丰富管理会计的方法体系,为后续管理会计中的现金流量分析,以及经济增加值等指标的应用提供理论基础。总之,借助于"十字形"决策法的分析与评判,管理会计理论与方法体系会更加完善,同时也为管理会计的改革与发展提供更大的理论应用空间。

2. 决策与战略组合视角的考察

根据管理会计"信息支持系统"和"管理控制系统"的"两元观",结合对"决策"与"战略"的认识,可以采用"十字形"决策法来进一步构建管理会计的分析框架,如图 7-2 所示。

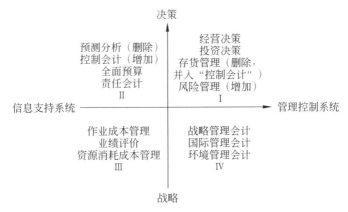

图 7-2　基于学科决策与战略属性的分析框架

图 7-2"十字形"决策法四个象限中的内容,是根据目前国内管理会计教科书中的章节列示的,它也可以认为是"中级管理会计"所包含的基本架构,体现出的是管理会计"决策"与"战略"方面的内容要求。结合"十字形"坐标,我们可对这些管理会计内容进行一个较为科学的分析与评判。图 7-2 中Ⅰ、Ⅱ象限的"存货管理"与"预测分析"删除,在保留经营决策分析、投资决策分析、全面预算、责任会计、战略管理会计、作业成本管理与资源消耗会计、业绩评价与激励、环境管理会计、国际管理会计等的基础上,增加"控制会计"与"风险管理"两章新内容。"控制会计"包括现有的"存货管理",以及"成本控制""网络控制(虚拟控制)"等内容(戴维,2013);"风险管理"包括"风险矩阵""风险价值管理"等内容。

3. 价值创造与价值增值组合视角的考察

根据上述对管理会计的"信息支持系统""管理控制系统",以及"价值创造"与"价值增值"的认识,采用图 7-3 的"十字形"决策法来进一步分析管理会计的体系结构。

图 7-3 表明管理会计的价值管理活动是借助于价值创造与价值增值来实现的,单一的价值创造有时不一定能实现价值增值,所以需要综合分析与评判。第Ⅰ象限属于"经营者利益视角"的设计,其利润没有考虑固定成本的耗费。其公式为"管理利润(边际贡献)=收入一变动成本"。第Ⅱ象限属于"利益相关者视角"的设计,其利润是企业创造的全部贡献,包括

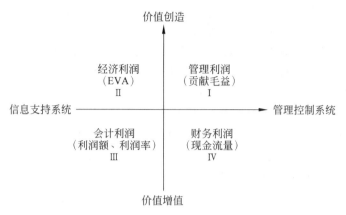

图 7-3　管理会计的价值管理视角

支付股东的股息,银行等债权人的利息,国家的税收和职工的工资等。其公式为"经济利润(EVA)=经营利润+资产增值"。第Ⅲ象限属于"投资者(股东)利益视角"的设计,其利润体现的是投资回报额。其公式是"会计利润(利润额)=收入-成本"。第Ⅳ象限属于"企业整体利益视角"的设计,其利润反映为实际的现金流入净量。其公式为"财务利润(现金流量)=流入量-流出量"。由此可见,"十字形"坐标图上半部分的"价值创造",即Ⅰ与Ⅱ不一定能够实现价值增值,但是它们对于企业决策与战略规划有一定的积极意义,如Ⅰ中的"管理利润"对企业特殊产品的价格决策具有积极意义,Ⅱ中的"经济利润",也就是经济增加值,对于维护利益相关者的社会责任,客观评价企业的经营能力等有重要价值。

一般认为,管理会计的理论模式应包括两个条件:一是明确责任主体和管理目标(适用对象);二是优化管理体系,使信息支持系统与管理控制系统互相协调(有效实施与评价等)。由此,可以明确上面三个图之间的关系:图 7-3 是确定责任主体和管理目标;图 7-1、图 7-2 则是优化管理体系。图 7-1、图 7-2 通过优化管理会计的理论框架(扩展外延),促进管理会计学科体系的完善与发展,为管理会计理论与方法创新提供制度空间。比如,管理会计学科的各个章节如何优化配置(大体上分几个单元,每个单元设几章等)。若将图 7-1 整体划分为管理会计学的第一单元的话,则图 7-2 中的四个象限就可以分别为四个单元。这样,整本管理会计教材似乎分五个单元较为合理。同时,图 7-3 还可以帮助管理会计理论与实务工作者丰富价值管理研究的内涵与外延。比如,可以结合价值创造与价值增值设计或选择管理会计理论与方法的组合等。总之,综合上述研究,将图 7-1、图 7-2、图 7-3 的全部内容纳入管理会计的定义之中,能够增强管理会计概念的科学性与合理性。鉴于此,本书提出对管理会计的客观认识如下:"管理会计是依据自身的管理控制系统和信息支持系统,为企业提供所需的有关计划、执行、评价与控制的战略信息,帮助企业做出明智决策,进而实现组织价值创造和价值增值目标的管理活动。"

(二)基于"十字形"决策法的管理会计功能模式

管理会计研究离不开其功能结构与要素构成。管理会计的功能模式是管理会计理论框架的重要基础,是管理会计实践的应用体现。基于"十字形"决策法,管理会计的功能模式可以划分为以下三种情形。

1. 欧洲大陆国家的管理会计功能模式

诚然,坚持管理会计功能具有"信息支持"和"管理控制"两大系统的"二元论"已成为管理会计研究的主流。现阶段的管理会计功能已经很难像以前那样具体划分为计划、决策等几大功能,[1]而往往是多功能相互交叉与融合(于增彪,2014)。这一点,以法国为代表的欧洲大陆国家管理会计学界提出的管理会计功能模式最具代表性。他们将原有的管理会计功能结构从两个视点来分析与评判。即管理会计具有两种系列功能:一是经济计算功能和信号传递功能;二是生产、技术导向和组织结构的功能。可以将第一种功能作为纵轴,第二种功能作为横轴,形成"十字形"坐标分析框架。这种功能模式的划分,一则包容性强,有助于拓展其发展的空间,再一则是为各种管理会计理论与方法的应用提供一种分析架构。并且,借助"十字形"决策法,还可以对经济全球化、金融国际化发展中的企业国际化现象做出理论解释。如图 7-4 所示。

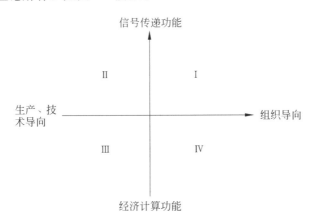

图 7-4 欧洲(法国)管理会计的功能坐标

2. 财政部的管理会计功能模式

财政部全面推进管理会计体系建设的路线是"基本指引——应用指引——案例指南——咨询服务"。管理会计的功能结构主要体现在财政部的"基本指引"中,[2]该"基本指引"共分六个章节二十九条,其中第一、第六章分别为总则和附则,其余章节分别按照管理会计要素进行划分,第二章"应用环境",第三章"管理会计活动",第四章"工具方法",第五章"信息与报告"。"基本指引"指出:单位应用管理会计,应遵循战略导向、融合性、适应性、成本效益等四原则。财政部"基本指引"的核心概念可以概括为"四个要素"与"四个原则",其内容基本涵盖了管理会计目标、原则等概念框架,能够为下一步推进应用指引和案例库奠定坚实基础,并且对整个管理会计指引体系建设起到理论支撑和统驭全局的作用。结合上述"四个要素"和"四个原则",借助于"十字形"决策法,可以设计图 7-5。

---

[1] 传统的管理会计功能主要概括为五功能,即:预测经济前景(预测功能)、参与经济决策(决策功能)、规划经济目标(规划功能)、控制经济过程(控制功能)和考核评价经营业绩(评价功能)等。

[2] 管理会计相关文件包括:2014 年 11 月,财政部《全面推进管理会计体系建设的指导意见》;2016 年 6 月 22 日,财政部印发了《管理会计基本指引》;2016 年 10 月,财政部发布的《会计改革与发展"十三五"规划发展纲要》;2017 年 10 月,财政部印发了《管理会计应用指引第 100 号——战略管理》等 22 项管理会计应用指引。

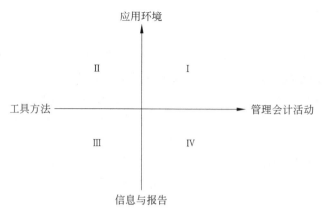

图 7-5　财政部的管理会计功能坐标

3. "二元论"下的功能模式

　　无论是欧洲大陆国家，或者是财政部的功能模式，其实都是在管理会计"二元论"基础上形成的。图 7-5 以管理会计要素作为替代功能的表述形式也是受这种管理会计主流模式影响的结果。财政部"基本指引"中"四个要素"的前三个要素具有"管理控制系统"的功能特征，后一个要素具有"信息支持系统"的功能特征。结合图 7-4 中法国管理会计的功能模式，"管理会计控制系统"体现为"组织"与"生产、技术"等职能；"管理会计信息系统"体现为"价值计量"与"决策支持"等职能。可以将这种功能坐标用图 7-6 的形式加以反映。

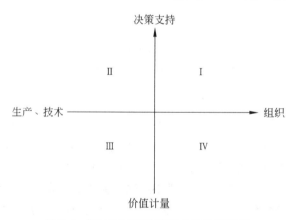

图 7-6　"二元论"下的管理会计功能坐标

　　综合上述三大管理会计功能模式，从"十字形"决策法的分析框架着眼，它们之间是能够有机融合的。以财政部"基本指引"中的"四个原则"为例，战略导向原则具有"决策支持"的内涵，适应性原则具有"组织"的内涵，融合性原则具有"生产、技术"的内涵，成本效益原则具有"价值计量"的内涵。进一步整合管理会计的功能模式，可以形成综合的管理会计功能模式，如图 7-7 所示。

　　图 7-7 表明，管理会计功能模式反映了管理的理论框架，涵养了目标、原则、要素等基本概念，为了使"十字形"决策法发挥更积极的作用，可以进一步按四个象限设计量表，通过 KPI 指标的配置进行计量与评价（限于篇幅，不展开讨论），以达成管理者需要的决策

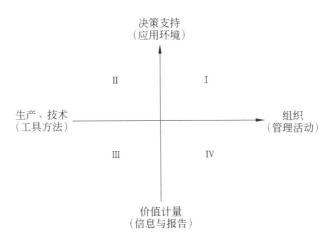

图 7-7 "基本指引"下的管理会计整合功能坐标

目标,为企业创造价值,实现价值增值,以及保持可持续的成功提供量化的手段。

三、管理会计实践创新的探讨:"十字形"决策法的应用

管理会计实践创新有两种范式:一种是概念扩展的路径,一种是案例总结的路径。[①] 企业在应用"十字形"决策法的过程中,需要借助于管理会计本身的理论、方法,以及配合企业的发展战略与决策,围绕价值创造与价值增值等概念的支撑加以实践创新。

(一)对管理会计"应用指引"的解读

实践创新是范式形成的保障(亨利等,2016)。为了提高管理会计实践创新的针对性与有效性,充分理解和认识管理会计的工具或方法体系,能够增强企业实际工作的合理性与有效性。根据财政部的路线图("基本指引——应用指引——案例指南——咨询服务"),财政部 2017 年 10 月印发的 22 项应用指引,包括 6 项概括性指引和 16 项具体应用指引。概括性指引以"100""200""300"等标示,主要介绍该领域的相关管理程序,风险管理领域的概括性指引(即 700 号)已在征求意见之中,其他(或者称为"800")领域没有概括性应用指引;具体应用指引以"101""201""202""301""302"等标示,主要以管理会计工具方法的应用等内容介绍为重点。如表 7-1 所示(征求意见稿共有 7 项,不包括在 22 项应用指引之中)。

表 7-1 中国的管理会计工具

类 别	基 本 工 具
战略管理(第 100~101 号)	101 战略地图
预算管理(第 200~201 号)	201 滚动预算、202 零基预算(新征)、203 弹性预算(新征)

---

① 从企业的情境特征考察,企业通过零碎的概念、局部的工具等方式或方法自发地在管理会计实践中进行的创新,是一种市场化行为,且可以将其视为一种概念扩展的研究路径。通过政府导向的计划管理手段,如选取案例企业进行标杆的确立,并以内部标准或规范的形式构建制度等行为过程,则可视其为案例总结或制度建设的研究路径。

续表

类　　别	基　本　工　具
成本管理(第300~304号)	301 目标成本法、302 标准成本法、303 变动成本法、304 作业成本法
营运管理(第400~403号)	401 本量利分析、402 敏感性分析、403 边际分析、404 约束资源优化(新征)
投融资管理(第500~502号)	501 贴现现金流法、502 项目管理、503 情景分析(新征)
绩效管理(第600~603号)	601 关键绩效指标法、602 经济增加值法、603 平衡计分卡、604 绩效棱柱模型(新征)
风险管理(第700~＊＊＊号)(新征)	701 风险矩阵(新征)
其他(第800~＊＊＊)	801 管理会计报告、802 管理会计信息模块

资料来源：根据财政部"应用指引"及最近的"征求意见稿"整理获得。

结合表 7-1,应用"十字形"决策法,将管理会计工具方法(从 100 到 800)归结到图 7-8 中。

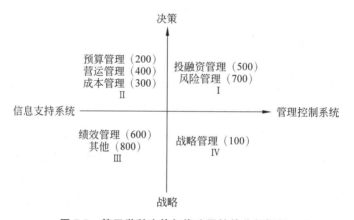

图 7-8　基于学科决策与战略属性的分析框架

图 7-8 表明,从决策与战略的角度进行考察,我国的"应用指引"涵盖面已相当广泛,第Ⅱ象限属于管理会计的基础工作;风险管理(新征)虽然在图 7-8 中列入第Ⅰ象限,但其对另外三个象限均有重要的影响,这里暂按重要性加以列示,今后可结合各象限的工具开发设计和配置与风险管理相关的工具种类。另外,通过对图 7-8 的分析与评判,我们认为,"应用指引"应重视与"战略"相关的工具体系开发与应用。比如,可以考虑增加环境管理会计等的工具类别,或者在已有的类别下补充环境成本管理等的工具方法。这也是"十字形"决策法对未来管理会计研究提出的理论范式构建和实践创新要求。

为了提升管理会计实践创新的国际影响力及其理论应用的话语权,需要借鉴国外先进国家的管理会计工具方法或理论框架,以扩展中国管理会计应用指引的发展空间。本书以英国皇家特许管理会计师公会(CIMA)发布的管理会计工具为例加以比较,相关的工具方法体系如表 7-2 所示。

表 7-2　CIMA 的管理会计工具

类　别	基　本　工　具
战略规划与执行	SWOT(态势分析法)PEST(宏观环境分析)PESTEL(大环境分析)BSC(平衡计分卡)KB(看板)SM(战略地图)FFM(五力模型)
计划和预测	RP(滚动计划) ABB(作业预算)SCP(情境与应急规划)CFM(现金流模型)
制造与服务	ABC/ABM(作业成本/管理)LM(精益管理)QM(质量管理)
绩效计量与管理	KPI(关键绩效指标法)BM(标杆管理)PPM(绩效棱柱模型)
公司治理与风险管理	SSC(战略计分卡)ERM(企业风险管理)RHM(风险热度地图)CGMA(职业道德反思清单)NST(网络安全工具)
价值识别	VC(价值链分析)CRM(客户关系管理)ERP(企业资源计划)CGMA(客户价值工具)

资料来源：根据 CIMA 相关文告整理。

　　从表 7-2 可见，与我国"应用指引"相比，两表在类别的划分上，虽然文字上存在一定的差异，但实质性差别不大，如我国的投融资管理内含价值识别的内容，管理会计报告中内含公司治理等的信息揭示。在具体的管理会计工具方面，我国的设置更具开放性特点，便于企业自主选择与应用，体现了政府导向的计划属性与企业自我决定的市场属性的统一。我国管理会计工具的应用框架具有明显的权变性特征，在借鉴诸如英国皇家特许管理会计师公会等的工具框架方面具有很强的包容性。今后，我国的"应用指引"可以结合企业情境特征适时地对管理会计工具进行增减补充。比如，预算管理类别中未来可以考虑增加"超越预算""改进预算"等工具，成本管理中可以考虑增加"质量成本管理""产品生命周期成本管理""资源消耗成本管理""物料流量成本管理"等工具，营运管理中可考虑增加"精益管理""标杆管理""全面质量管理"等工具内容。

　　总之，"十字形"决策法是一种简便易操作的分析框架，应用该框架进行企业实践活动的创新，离不开对国内外环境因素的综合把控。比如，需要在企业情境特征的基础上灵活性地选择上述工具方法，以便在"十字形"坐标轴中增加适宜的评价指标。全面认识和理解管理会计的工具与方法体系，需要对全球范围内，尤其是发达国家的管理会计进行比较（托马斯，2010)，并在此基础上构建"个性化"和"本土化""国际化"兼顾的管理会计工具和方法，推动中国特色管理会计理论与方法体系的完善与发展。

(二) 管理会计案例研究：经营模式创新下的"十字形"决策法应用

　　案例研究是理解管理会计的概念框架，掌握经营模式创新的重要手段或方法。借助于"十字形"决策法进行管理会计案例的总结与提炼，是强化管理会计理论创新与实践应用的保障。

1. 管理会计案例总结的路径

　　案例总结路径是一种制度建设的实践创新框架，它通过案例总结提炼或总结成制度或规则体系，并高效地在相关行业或企业中进行普及与推广。总体来看，这种路径下的管理会计执行效率高，但其适应性可能存在一定的偏差。通过"十字形"决策法分析案例研究对象，提炼管理会计的价值内涵，有助于加深人们对管理会计实务工作的认识。管理会计案例总结往往与经营模式创新联系在一起,或者进一步讲,经营模式创新是由管理会计实践创新引发的。经营模式创新已成21世纪企业创新的主流形式(Robert et al.,2015)。经营模式的形成与发展,主要是受两种驱动因素影响:一是成本驱动;二是收益驱动。管理会计案例研究就是在"成本导向"与"收益导向"两种范式下进行的规范性研究,采用"十字形"决策法,围绕管理会计的"信息支持系统"和"管理控制系统",以及经营模式中的"成本""收益"两大因素,有效规范管理会计案例研究的范式要求,如图7-9所示。

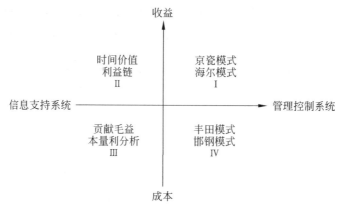

图 7-9　案例总结的分析路径

图7-9中的上半部分属于"收益导向"模式,用两家企业加以说明,一家是日本的京瓷集团,一家是中国的海尔集团;图7-9中的下半部分是"成本导向"模式,也用中日两家企业加以说明,一家是丰田集团,一家是邯钢集团。这些企业均为中日两国典型的制造型企业。图7-9中"时间价值、利益链"是收益导向模式中常用的信息支持手段。采用"单位时间核算"来体现"时间价值",体现小经营主体的时间产出效果,能够强调时间的公平性。"利益链"管理是一个由某个小经营主体组织的提速引发其他组织链条提速的机制。它表达的是:一味地节省,只能产生生产能力的剩余。重要的是发现存在的机会损失。利用这些剩余人员改善工作方法,改进流程,开拓产品新的用途,开发新产品等,才能实现收益的最大化。下面结合图7-9,就其中的四家公司作一探讨。

(1)京瓷模式。京瓷模式的核心是实施阿米巴经营。阿米巴经营的基本要素由阿米巴组织、部门类别的核算,以及经营者思想所构成(稻盛和夫,2009)。阿米巴组织是适应环境变化而自主应对的小型自律性组织,其形成基础并非事业部制,而是以职能制为基础的生产线核算组织。这种组织结构的特点在于通过构建阿米巴组织,实施单位时间核算。基于阿米巴的组织创新驱动,采用"十字形"决策法加以分析和评判,如图7-10所示。

图7-10表明,第Ⅰ象限的"剩余权控制"是阿米巴组织创新的基础,即构建两大"利润中心"。通常,销售额在销售部门得到确认,而在阿米巴经营模式中,销售额在生产部门内就能得到确认。这一点是基于"价格由市场决定,利润在生产中创造"的京瓷独特认识,目的是"确立市场导向的生产体制"。生产中所产生利润的一部分作为销售佣金分配给了销售部门。制造阿米巴利润就是生产部门的利润,销售阿米巴利润就是销售部门的利润。它所体现的是生产与销售均为利润中心的一种思想。

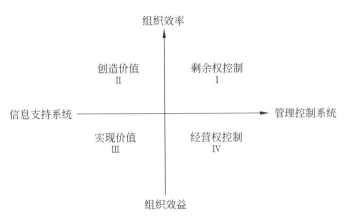

图 7-10　京瓷模式下组织创新视角的考察

第Ⅱ象限"创造价值",就是在阿米巴组织中倡导单位时间的价值贡献。这种单位时间核算制度,首先需要针对每个阿米巴组织按销售额与经营费用的配比,进行分部门类别的核算,然后将这些分部门的核算与总的劳动时间相除,进而获得单位时间阿米巴组织的核算结果。单位时间核算是阿米巴管理会计创新中的核心价值理念。

第Ⅳ象限的"经营权控制"就是在阿米巴组织中倡导"自己赚钱养活自己"。即在各部门的核算中引入资本成本理念。表面上看,京瓷模式是一种以"收益"为导向的小经营主体创新模式,实际上在企业内部它也是一种以经营权控制为原则的"成本"核算中心,不同之处在于它以"时间"为成本核算的标准。它表明,在高度协作的生产社会化条件下,收益导向与成本导向往往是交织在一起的。

第Ⅲ象限"实现价值",体现了管理会计的最终目标。作为一种组织创新,京瓷模式很好地实现了组织再造与价值创造的有机结合(Takeda and Boyns,2014)。在市场竞争日益激烈的情境下,价值创造不一定能够转化为价值增值。以市场份额为例,短期内突击性提高市场占有率,未必能够实现企业的价值增值,带来利润(实现价值)。因此,强调时间价值核算能够较好地回避这一困境,同时也有助于促进组织再造与组织柔性等的结合。它通过围绕顾客价值,积极分解业务,快速应对市场,使企业的创新驱动由被动转化为了主动。换言之,在管理会计的控制活动中,面向顾客价值创造经营,通过组织柔性和业务分解使企业创造的价值得到市场认可,并转化为"实现价值"。在管理会计的信息支持活动中,面对组织柔性和业务分解,快速进行市场反应,以实现企业价值增值的目标。此外,京瓷模式在企业实践中更多地表现为战略导向与规则导向的统一,[①]无论是以收益为核心的小经营主体,还是以成本为核心的节约机制,都必须借助于组织创新,在系统集成与流程优化的过程中实现企业的价值创造与价值增值。

通过图 7-10 能够很好地诠释京瓷模式的"收益导向"的特征:(1)从管理可能性的视角来计算阿米巴费用。通过单位时间核算细分了管理对象并大幅缩短了管理期间,达到

---

① 战略导向是一种长期规划,什么时候注重系统集成,何种情况下实施流程优化,需要结合组织创新进行权衡。规则导向是一种短期计划,是一种战术安排。需要在既有目标下,比较系统集成与流程优化的效率与效益。

了"自己就是公司的主人公"，"感受到了责任和工作价值"的效果。(2)在有关"经费负担的原则和方法"中始终贯彻可管理性的原则。即经费全部是变动费用，按照"谁受益，谁负担"的原则，对阿米巴负责人实行所有经费的"按比率直接征收与分配"。这里"比率"是指按一定比率来负担经费，"分配"是指按一定基准分配经费。(3)制造经费和营业经费中不含劳务费。因为劳务费不是阿米巴负责人能够管理的费用，因此在追求"经营的本质"，即"销售额最大，经费最小"的时候，不是通过削减劳务费，而是通过职工的创意来提高经营效率。(4)制造经费和营业经费中包含"利息折旧费"。京瓷认为"资产需要花费利息"，基于明确负担的原则，每一个阿米巴组织对于自己管理的资产必须负担公司内部的利息。

(2)海尔模式。结合"十字形"决策法分析海尔模式，可以形成图7-11。

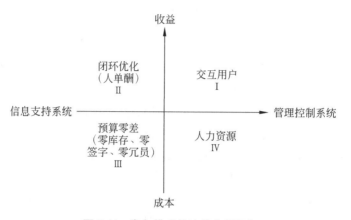

图 7-11　海尔模式的决策分析框架

图7-11这种决策分析框架，必须考虑收益标准的合理性与科学性，并能够评价责任主体(小微企业)的贡献和自身应得到报酬的合理性。必须重视责任主体的利益，这样才能调动其生产的积极性，并且优化经营机制，以充分发挥剩余权控制的积极效果。第Ⅰ象限的交互用户，体现出战略性，如采用互联网思维的利益链和时间价值管理等；第Ⅱ象限也是时间价值与利益链的结合；第Ⅲ象限是时间效率的体现，也便于利益链的推进；第Ⅳ象限主要考虑利益链的效果。海尔模式的核心是人单薪酬制度的设计。通过量化责任目标贯彻组织柔性的理念，在给定的责任目标下，小微企业通过自由选择、自我决策等形成一种激励机制，使得小微企业的参与者与海尔集团的既定目标保持一致。

在新时代，随着"互联网＋"和"智能＋"的形成，利润概念也需要变迁并创新。互联网带来的颠覆主要表现在零距离、分布式和去中心化三个方面。用户角色正在发生颠覆，即从购买者转向交互体验者。并且，在从传统工业时代向互联网时代转型之际，市场和企业也发生了深刻的变化，原来是企业主导市场，用户被动购买产品，现在则是用户主导市场，企业需满足用户个性化需求。互联网时代的企业需要对传统的模式进行转型。海尔集团在互联网时代探索的是"人单合一双赢"模式，其中"人"指具有创新精神的员工，"单"指用户(彭家钧，2015)。人单合一双赢模式的核心是员工与用户零距离，让员工在为用户创造价值的同时实现自我价值，构建平台型组织生态圈，实现利益相关者共赢。依据管理会计的"二元观"属性，借助于轻资产(软资产)与重资产(硬资产)概念，可以采用"十字形"决策法分析和评判企业"收益导向"模式的特征。如图 7-12 所示。

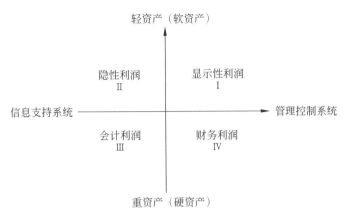

图 7-12　交互用户视角的收益分析框架

图 7-12 中第Ⅰ、Ⅱ象限的显性与隐性利润是"轻资产（软资产）"对管理会计系统带来的挑战。比如创新中的"营销渠道"如何作为资产进行确认、计量与报告。如以网络世界搭建的社交、交易、支付、游戏与广告等平台，其特征是：①带来海量的用户、积聚人气，关注度、访问量和交易量巨大；②充分利用信息流、物流和资金流带来的衍生价值，以及提供的各种商机（黄世忠，2015）。海尔通过搭建平台型生态组织，即由"三三策略"[①]和原来的串联流程转变为并联流程，以及作业管理、业务管理、战略管理与风险管理相结合的组织体系，使显性与隐性利润得到统一。并且，重视软资产（轻资产），如品牌价值的内涵与外延，积极利用互联网时代与"大数据"给管理会计带来的新机会，将大数据转化为商业价值。通过资源的合理配置，实现共享经济下的最大效应。目的是既实现企业的价值创造，也为顾客创造价值。

第Ⅲ、Ⅳ象限是指传统资产规模经营下的利润实现，会计利润受会计准则的约束，而财务利润则相对自由，它以净现金流量的获取为标准，可以不受会计准则的约束。对于这些受资产利润率指标影响的效益获取，海尔力求将用户、员工、企业和供应商等利益相关者的目标实现统一，使企业内部的目标、预算、绩效评价和激励机制形成有机闭环。同时，海尔鼓励每个员工都成为价值创造者，授予员工"三权"，包括自主用人权、自主决策权和自主分配权，让员工自主经营、自主创新和自我创造价值，让员工从执行者转变为自主创业者，提高资产创造价值的最大效率与效益。此外，为提升管理会计的作用机制，通过承包与小利润中心等形式让会计人员主动参与战略创新、组织变革、机制创新、流程改进、价值创造等过程，提升管理会计的决策价值。

（3）丰田模式。丰田模式亦称精益生产模式。它是一种包括拉动式的即时生产系统（JIT）、全面质量管理、团队工作法（Teamwork）、并行工程（Concurrent）、成本企画等内容，且将成本控制与质量控制有机融合并贯穿始终的管理系统。随着丰田由一个传统企

---

①　即，"三网""三自"与"三无"。是指海尔的网络化组织、网络用户、网络市场；自驱动、自运转、自创新（充分的自觉性，每个人都是自己的 CEO）；无边界、无领导、无约束（市场驱动，员工创造价值）。

业逐渐发展为一个全球性的企业集团,精益生产方式也在整个丰田价值网络中延展。丰田模式在成本控制上最典型的工具就是成本企画,它借助于贡献毛益等指标使成本控制在一级供应商网络中延伸,使供应商能够确定其设计制造单个部件的适宜目标成本。面对消费者"个性化"特征的形成与发展,成本控制与质量控制开始融合,即实施平台共享与零部件通用策略,这样既满足了多样化需求又使零部件生产达到一定的规模,从而降低了成本。同时,通过努力扩大市场份额,形成规模经济,在海外建立本土供应商及生产工厂集群。此外,加强企业文化建设,将丰田的价值创新思维在整个价值创造网络中扩展。丰田模式一直以来都是国内外企业争相学习的范本,然而,随着近几年来负面事件的频发(如"刹车门"事件等),人们对丰田过分追求降低成本的管理理念提出了质疑。它表明,"成本导向"范式需要修正,结合图7-9"十字形"坐标可以规范丰田模式的成本管理经验与得失:一是传统的贡献毛益和本量利分析等指标需要在内涵与外延上进行改进,或者适时引入新的成本管理工具或方法。二是要对显性与隐性利润对应的成本进行综合考量。成本管理不应只注重于生产领域的成本缩减,还应重视成本付出给消费领域带来的顾客效用的溢价,即应该追求成本对实现顾客价值以及企业财务目标的共同贡献。将成本管理简单地等同于成本降低是成本管理的误区,会使企业失衡,必须强化成本付出的战略价值和意义。三是要重视成本管理的平衡观。任何事物都是对立统一的,当对立面被扩大时,企业就处于失衡状态,就如人的机体,失衡使人生病。因此,成本管理的手段不应是激化对立面,而是要在组织系统的要素之间寻求动态的平衡管理,使组织系统的效能达到最大化。

(4) 邯钢模式。邯钢模式体现的是以"模拟市场,成本否决"为代表的约束机制,从源头上看与丰田模式大致相同。它通过采用"模拟"的方式,将市场机制引入企业内部管理。做法是在保持现代工业企业专业化、科学分工协作、高度集中统一管理优势的前提下,抓住成本这个关键,依据价值规律,用"倒推"的办法,即从产品在市场上被接受的价格开始,从后向前,通过挖掘潜力,测算出每道工序的目标成本,然后层层分解落实,直到每一个职工(David and Otley,2016)。结合图7-9的"十字形"坐标可以更好地解读邯钢模式的"成本导向"范式特征。即邯钢模式的成本管理工具虽然主要也是贡献毛益和本量利分析等指标,但其同时考虑了市场经济中的价格机制和内部转移定价等手段,通过及时将各类成本信息传递到企业,把市场价格信息内伸化,按市场导向决定厂内生产的资源配置,使职工直接感受到市场经济的脉搏,从而树立市场观念,关心市场,主动参与市场竞争。邯钢模式是对丰田模式的一种改进,采用的路径是"市场—倒推—否决—全员"。其积极意义在于:①促进了企业成本管理观念的转变和企业经营机制的转换。②促进了经济增长方式由粗放型向集约型转变。③促进了企业主动参与市场竞争。④促进各项指标体系的改善。⑤促进了专业管理和基础工作的加强。⑥促进了技术改造,坚持走内涵式扩大再生产的路子。⑦促进了产品成本降低和经济效益的提高。⑧促进了职工积极性的提高。邯钢经验适应了当时的经济情境,达到了转机制、抓管理、练内功、降成本和增效益的目标和氛围(于增彪等,2005)。

综合丰田模式和邯钢模式,利用"十字形"决策法进行分析和评判,以成本为导向的经营模式创新必须在"战略"层面上加强指标体系的设计,以丰富企业实践创新对管理会计理论与方法的诉求。详见图7-13。

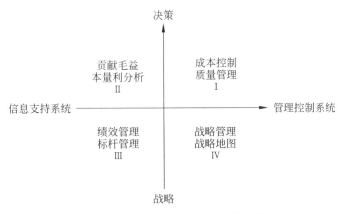

图 7-13　决策与战略视角的成本管理分析

图7-13表明,成本导向下的经营模式创新不能局限于传统的贡献毛益等管理会计工具或方法,必须在管理会计控制系统和信息支持系统的配合下,积极采用战略管理和绩效管理等工具或手段。

"十字形"决策法以坐标轴为基础,是创新驱动理念下开发出的一种管理会计新工具或新方法。"十字形"决策法加深了人们对管理会计理论内涵与外延的认识。同时,通过对财政部"基本指引"与"应用指引"的解读,丰富管理会计的要素结构和管理原则,使管理会计的目标与原则、要素等得到了有机统一,并对管理会计工具创新起到了积极的促进作用。本书研究得出如下创新观点:

(1)扩展了管理会计的理论框架。"十字形"决策法是一种简便易操作的分析方法,通过管理会计"二元观"与理论和方法,以及战略与决策、价值创造与价值增值等概念的组合,不仅使对管理会计定义的理解与认识有了一个参考的框架。同时,在"成本习性"分析与评判的基础上,提出了增加"价值理念"与"工具理性"等核心概念的设想。"十字形"决策法的推广与应用,能够促进管理者明智决策,并实现企业的可持续发展。

(2)增强了管理会计的功能作用。结合财政部"基本指引"中的四个原则与四个要素,在管理会计"二元论"基础上,结合法国管理会计的功能结构,提出了一种创新的综合性分析框架。这种研究,对于构建具有中国情境特征的管理会计,以及提高中国管理会计的国际话语权有积极意义。

(3)拓宽了管理会计工具的开发思路。通过对基于决策与战略的"十字形"决策法的分析,针对当前财政部的"应用指引",本书提出应强化战略层面的管理会计工具和方法的开发与应用,如增加环境成本管理的工具方法等。同时,要在借鉴国外先进管理会计工具的基础上,积极推动"个性化""本土化"与"国际化"有机统一的管理会计工具的创新体系。

(4)规范管理会计案例研究的范式要求。本书结合中日四家企业,应用"十字形"决策法分析了经营模式与管理会计创新的内在联系,总结出管理会计案例研究的成本导向与收益导向两种基本形式的范式要求。"十字形"决策法能够提高企业管理会计实践创新的针对性与适应性,进一步实现企业价值创造的执行性效率与价值增值的结构性效益。

第三节　本章小结

从本质上讲，管理会计是一种以控制为主的价值管理系统。长期以来，坚持管理会计是控制系统的这种"一元观"占据主流。2014年，财政部提出全面推进管理会计体系建设以来，管理会计的重要性得到认识，管理会计的应用也空前高涨。此时，仅仅强调管理会计控制系统的功能作用，而忽视或不重视管理会计信息支持系统的功能作用，企业的管理会计实践往往不能收到成效。强调管理会计是控制系统与信息系统综合体的"二元观"受到重视，并逐渐在我国占据新的主流地位。或者说，在新时代的技术情境下，管理会计的技术创新必须突出"二元观"的重要性，这样展开的管理会计工具与方法的研究才具有针对性与有效性。20世纪80年代以来，全球范围内的技术革命不断推进，以移动互联网技术为代表的新经济正在改变企业的组织结构和运作方式。物联网、云计算和大数据对管理会计实践产生了明显的管理效率与效益。随着信息技术水平的持续提高，人类社会的各项活动被精准度量并以数据的形式存在，在算法、机器学习与人工智能基础上，能够使管理会计的预算和成本管理被精准地预测与控制，促进了企业管理质的提升。

"十字形"决策法是一种综合性的管理会计分析工具，它围绕管理会计控制系统与信息支持系统，在理论与方法、决策与战略，以及价值创造与价值增值等概念的配合下，应用"十字形"坐标综合分析与评判企业价值管理的各项管理活动，深化人们对宏观、中观与微观企业环境管理活动、管理会计技术方法，以及信息与报告的理解与认识。从当前中美贸易摩擦来观察，"十字形"决策法的价值创造与价值增值，可以说明中美贸易战无赢家。中国的低成本、高效率的生产制造为美国企业、零售商带来了大量的利润。美国商品中国制造不仅强化了美国产品的全球竞争力，还为美国企业创造超高收益，支持它们的研发投入水平，降低美国消费者支出。贸易战将会使现有的利益格局逐步丧失，即美国公司在中国市场赚取巨大收益以及中国代工节省成本的好处不再存在，进而会影响美国自身的营收与研发投入能力。从长期角度看，必定削弱美国的全球竞争力，给欧洲国家和日本等国企业以更多的机会，即所谓鹬蚌相争、渔翁得利。总之，"十字形"决策法是一种应用面广、开放性强、动态发展的管理会计技术创新，尽管它还存在这样那样的问题，然而鼓励中国管理会计理论与实务界进行原创性的工具和方法创新，是构建中国特色管理会计理论与方法体系的内在要求和客观趋势。

 案例与讨论

背景资料

管理会计技术创新不仅需要强化管理会计理论的创新，更要注重管理会计工具和方法的创新。从管理会计工具理性视角寻求企业价值管理创新的路径，是当前面临的一项急迫课题。基于价值与成本关系来寻求产品的创新框架，常常以图7-14的方式来加以表达。

将图7-14应用于企业的全面预算管理，重点是对预算编制过程中的科技研发资金如

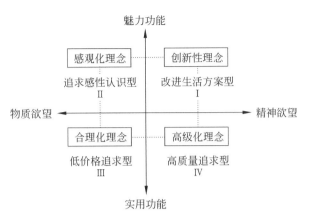

图7-14 "十字形"的产品创新框架

何进行配置,以使科研投入方面的资金预测更加准确。第Ⅰ象限是一种领导性路径,第Ⅱ象限是一种视觉化路径,第Ⅲ象限属于实用化路径,第Ⅳ象限则为高端性路径。结合图7-14所表明的基本思路,即鼓励设计人员开发具有附加值的产品,具体包括:(1)开发高性能及特殊市场需求的产品;(2)不断改良产品设计;(3)引进先进技术和加工工艺。然而,这些都需要资金作为保证,必须有预算保障。然而,这种预算额度的把握将如何控制与计量,则需要创新。借鉴"十字形"的产品创新框架,全面预算管理就有了一种可以参考的依据。

请讨论:

1. 根据上述框架,谈谈产品创新与全面预算管理的内在关系。

2. 结合本章知识,你认为未来的全面预算管理将会在哪些方面展示其创新魅力?

第 8 章

管理会计的控制机制

管理控制理论的演进使管理会计的战略控制理念得到普及与应用。通过对各种不同的管理控制理论的归集,将实践中的管理会计控制机制从传统、自发与综合等视角加以观察,可以得出诸如嵌入知识管理的经营权控制与剩余权控制的管理会计控制机制。同时,以国内成功实践管理会计战略控制的企业为例加以阐述,使管理会计的理论与方法体系得到丰富与完善。现阶段,强化管理会计的控制机制是构建中国特色权变性管理会计的内在要求。

第一节　管理会计控制系统的重要性

管理会计控制作为企业的内部控制系统,其在企业战略规划中的重要性日益显现,许多富有创新性的方法开始形成。理解和认识管理会计控制机制的属性,主动将企业情境特征嵌入管理会计的控制系统是管理会计理论与实践发展的内在要求。

一、管理会计是一种组织控制

现代管理会计在本质上是基于价值的管理控制系统,它在为组织的管理规划、管理控制提供信息的同时,改善组织经营、创造组织价值。随着管理理念的变化,尤其是股东对自身价值的高度关注,管理会计目标已经发生衍变,"价值基础的管理会计"(value-based management accounting)日渐成为流行的框架或主流(Ittner & Larcker, 2001),其框架如图 8-1 所示。且从公司治理与组织管理角度,管理会计及其管理控制系统的建立和作用发挥,不应也不再是管理者对被管理者的控制(control over),而是管理者与被管理者的协同的组织控制(control with)。

图 8-1 表明,在企业层级制度下,管理会计对行为控制、结果控制的特性与不同层级的信息特征密切相关。越是往高层,信息的柔性越大,可计量性越低,行为监督就越困难,结果控制就越重要。因此,一个有效的绩效评价系统的设计,重点应是找到一种正确或相对合理的方法,将不同层级人员的劳动、决策后果以及对其工作状态的观察与奖励或激励计划有机联系起来。

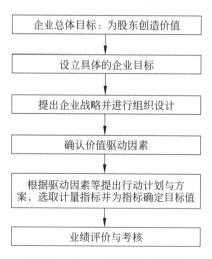

图 8-1　价值基础管理会计框架

当前,为了适应环境的动态性和提高决策效率,大多数企业都实行一定程度的分权管理,而由此所产生的目标不一致性和绩效的不明确性问题就成了管理会计控制机制的难题,预算松弛便是以资源配置的低效率后果所体现出的问题之一。在一个分权边界和层级很清晰的组织中,选择集权式的控制机制,也许能够激励下属组织的积极性和增强权力威严,固化规则,并设立严格的执行程序。而在一个扁平化的、团队工作特征比较明显的分权组织中,则需要强调共同的价值观、信仰和文化的作用,将团队中的个体看作"合伙人",而非利益瓜分者。因为在团队工作方式下,目标不一致性很低,但是绩效的不明确性却很高。

二、管理会计控制的关键点

经济的全球化使企业经营活动的不确定性增强,表现在产品的个性化需求增加,企业在规格、包装、标签、配送、销售人员的安排等方面更具多样性。由于经营活动的复杂程度提高,相应的成本在其收入中的比重也得以增加。近年来,随着政府管制的放松,特别是在服务市场,竞争程度加强,使得价格的下行压力增强,企业如果不能有效地维持成本与价格比,原有的利润率也将面临挑战。管理会计的控制机制就是要挖掘企业内部的显性与隐性费用,提高企业的利润率。当前,企业的显性费用,即直接成本在企业成本总额中的比重正在下降,而那些隐性费用,如间接成本、期间费用等将成为内部控制的关键点。

对于隐性成本的控制,应重点关注以下几点:(1)盈利能力的衡量。企业的利润指标难以反映真正的企业盈利能力。企业已经意识到成本的增加很大程度上与产品无关,而是与建立和维系客户业务的服务提供相关。比如,应收账款、大量的售后服务、检查和发送客户订单、延期支付等。尽管处理客户订单的增量成本不算很大,然而对于某一特定客户群体的售后服务却往往变得非常繁重,进而给企业带来大量的成本。(2)结构性动因分析。企业经营活动中的结构性失调对成本费用的影响也不能忽视。以分销渠道的选择为例,已有的目标性分销渠道一般会降低成本。以品牌为导向的企业通过收缩产品组合,可以保持企业收入的稳定性和盈利的成长性。(3)执行性动因分析。以资产管理为例,若不能恰当地配置资产比例,则企业各项资产占用的不平衡容易大量消耗现金。

传统的内部控制主要集中于损益表,关注的是人力成本、材料成本以及相关的期间费用等。随着会计准则制定导向由损益表向资产负债表转变,通过成本习性分析,对资产负债中的一些项目,如应收账款、存货等代表的资产构成进行重点关注,将具有积极的意义。必须对客户的资产回报率,尤其是享有较长信用和专门存货的特定客户进行重点分析与关注。此外,还需要最大限度地利用空间。尽管出现了家庭办公和虚拟办公,办公场地的成本在最近 20 年仍在持续地增加。国外学者统计认为(戴维,2013):为一名员工提供 10 平方米的"网络区域"的成本每年为 18 000 美元左右,包括工作站和所有公共区域按一定比例分摊的费用,比如会议室、接待区域和仓库等的费用。同时,要警惕隐藏的 IT 成本。随着信息技术的高速发展,IT 部门的负责人面对整个组织所有部门的各种要求,从购买到升级或修理一些新的硬件和软件等。按照总拥有成本(TCO)的要求,核心的 IT 资产应该与其他的公司资产,例如智力和商誉等以同样的规则进行衡量。对于资本性投入的直接与间接费用的分析,应该同时包含与投资相关的硬件、软件、安装、培训、支持、故障、员工的配置、维护和基础建设的成本。要简化工作流程，提高工作效率，这也是管理会计控制系统的关注重点之一。这是因为，产品、服务以及相关的管理支持活动的数量越多、多样性越高，那么复杂性及其成本也就越大。如果无法严格地区分消费者的细分市场，就会导致复杂性增加并带来更高的成本。

第二节　管理会计控制的战略机制

在企业控制问题的研究上存在两个研究维度：一个是规则维度。从企业经营活动所体现的严格规范以及相关细则入手加强制度约束与管理。基于组织控制的视角加以解释，这是一种经营控制，它体现为组织中的中层管理者对基层员工的控制。另一个是战略维度。即从企业发展战略的视角来把握企业的经营活动。它与组织的权力结构、责任结构和业绩评价结构相对应，表现为组织的高层管理者对中层管理者的控制。管理会计视角的控制以往主要偏重于经营控制，对企业的长远发展重视不够。

一、对管理控制系统的认识

管理控制系统(MCS)是组织采取的引导员工实现组织目标的所有方法和手段。它在为组织的管理规划、管理控制提供信息的同时，改善组织经营、创造组织价值。

（一）管理控制系统的代表观点

一是安东尼的管理控制系统。安东尼（Anthony,1995）在其《管理控制系统》中将管理会计划分为完全成本会计（用于计算产品、服务等全部成本的成本会计系统）、差异会计（估计成本差异并对其进行调整）和管理控制会计三大模块，并认为管理控制会计其实就是责任会计。之后的研究大体沿着这一思路展开，并在具体管理控制方法上进行大量探讨，如预算控制、业绩评价、激励计划等。如图 8-2 所示。

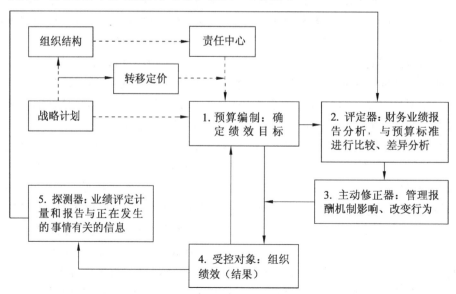

图 8-2　管理控制系统的框架

图 8-2 表明,通过预算把组织目标分解为部门或个人的绩效目标,以业绩评价计量实际绩效并与预算目标进行比较,以管理绩效报酬机制对绩效偏差进行纠正,并联结三方面的信息传输网络。安乐尼将基于财务、会计的管理控制系统定义为管理控制会计,即责任会计。在管理会计实务中,责任会计至少包括责任中心定位和责任中心的管理控制过程。可见,责任会计是利用组织内部信息系统进行责任管理的正式控制程序和机制。安东尼的这一理论认为,管理控制就是"管理者用来确保组织有成效地获取和利用资源并实现其既定目标的程序",其核心是"在战略目标的引领下,建立一个集成化的管理控制系统,并据此解决战略制定和实施过程中存在的一系列矛盾和问题"。以安东尼为代表的这一理论将管理控制嵌入管理会计之中,并将心理学作为控制系统的基础理论,注重战略对管理控制的影响,但在管理控制对企业战略的反作用方面重视不够。杨雄胜(2006)认为,这一理论具有明显的"边界"特性。理由之一是,该理论仅强调会计层面的管理控制,使现行的管理控制受到了会计这一边界的制约;理由之二是,在安东尼和戈文达拉杨(1965)合著的《管理控制系统》一书中提出,管理控制是介于战略计划与任务控制之间的一种活动,而且是正式、系统的管理控制。其中,战略计划是未来导向的,旨在为企业设定整体目标;而任务控制过程依赖于业绩计量的非财务因素,保证所设定目标的实现。

二是西蒙斯的管理控制系统。西蒙斯(Simons,1995)构建了一个基于企业战略并由四个系统构成的控制杠杆体系,如图 8-3 所示。该体系的基点是企业战略,四个分支系统是:信念系统、边界系统、诊断性控制系统和交互式控制系统。核心价值观受到信念系统的控制;要规避的风险受到边界系统的控制;战略不确定因素受到诊断性控制系统的控制;关键绩效变量受到交互式控制系统的控制。四个系统是对企业战略进行控制的关键杠杆。西蒙斯为企业管理人员提供了一个有效平衡价值创造与管理控制之间压力的架构。四个系统同时运用,互相补充,环环相扣,发挥最佳效果,使组织内部的制约关系保持平衡。

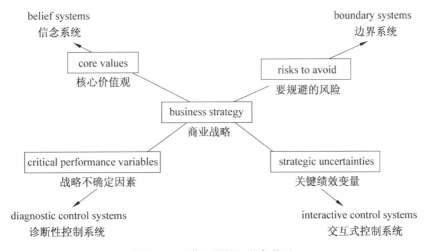

图 8-3　西蒙斯的控制杠杆体系

西蒙斯将管理控制分为诊断性控制、交互性控制、边界控制与信念体系四类系统。其中,边界控制为组织行为划定了边界,哪些能做而哪些是不能做的,因此,大多属于合规性要求;而信念控制则是通过组织愿景等对组织文化、公司整体政策进行阐述,它为组织控制确立了核心的价值观和信念体系;诊断性控制与交互性控制则是两类基本的控制方法和机制。西蒙斯的控制模式为高层管理者提供了一个高层级的概览,这一控制模式主要事项是实施战略决策、战略更新和战略控制。借助于西蒙斯 Simons,1995)的控制杠杆理论,即围绕信念系统、边界系统、诊断性控制系统和交互式控制系统这四个杠杆来体现管理会计在组织内部控制中的权变性。即通过这四个杠杆的共同运行和互相协调来发挥管理会计控制系统的最佳效果,确保企业战略的顺利实施。这种管理会计控制系统较好地融合了经营权控制和剩余权控制的运行机制,如图 8-4 所示。

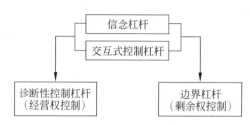

图 8-4　优化的管理会计控制系统

图 8-4 表明,在信念杠杆与交互式控制杠杆引导下,代表经营权控制的诊断性控制杠杆与代表剩余权控制的边界杠杆在企业组织管理会计活动的"满意情境"行为选择下,形成了一套优化的管理会计控制系统。此时,信念杠杆以及交互式控制杠杆成为经营权控制或剩余权控制的出发点(冯巧根,2014)。在这一框架下,尤其是当经营权或剩余权需要用货币计量时,管理会计的信息支持系统将变得不可或缺。

三是奥利的管理控制系统。奥利(Otley,1999)提出了整体观的管理控制系统,该系统不是仅仅关注控制的某一个或某几个方面。他认为,可能有多个不同的控制模式能产生良好的控制结果,这样的话,如果每次只研究控制系统设计的某一方面可能会对结果产生噪声。该理论强调管理控制系统与方法之间保持互补性和整合性,比如,通过预算将组织目标分解为下属部门或单位的业绩指标,通过双向互动等确立基层的绩效目标,并将实绩与预算值进行比较,以管理绩效报酬机制对绩效偏差进行修正,并通过管理会计的信息支持系统将上述各方面的交互活动传输到网络,进一步优化企业的管理控制目标。交互控制理论借助于目的、战略和计划、目标、报酬和反馈等基本要素,以"目标—控制"为核心程序关注控制所产生的行为结果。其操作流程具体包括:①设定目标;②确定为实现目标而采取的优先行动战略;③执行行动战略;④通过控制手段确保执行结果不偏离目标。某种控制系统作为交互控制使用,其选择标准可以为如下四个要点:①技术依赖性;②规则;③价值链的复杂性;④战术应对的难易度。在组织的管理模式上,该理论认为:"当外部环境具有不确定性或存在非常规技术时,组织采用分权结构是必要的;相反,当组织面临常规技术,市场变化较小时,宜采用集权模式。"

四是贝特曼的管理控制系统。托马斯·S.贝特曼(Thomas S. Bateman)等学者的理论认为,管理控制必须增强自我判断与完善的能力,通过与正确的标准进行衡量,引导人们的具体行为,将组织的各项作业视为交易主体的具体行动。即通过政府的政策指引和市场的自我控制,实现资源的有序流动,重组和优化资源的合理配置。借助于对比分析等诊断行为培育管理会计的控制文化,构建整体共享的价值理念和期望目标。在企业内部控制方面,鼓励员工忠诚与勤奋,激励员工对自己的行为负责,并在相互信任的基础上实现高效控制。这种诊断式控制的特点是:

(1) 哪里有业务,哪里就有控制;

(2) 实时控制,前馈与反馈控制相结合;

(3) 互相依赖,诚实守信;

(4) 充分尊重每一位成员;

(5) 强化责任感和团队精神。

在当前"互联网＋"的自组织环境下,知识员工已成为管理会计控制的主体。知识员工能够充分发挥管理会计控制系统的主观能动性,在既定的目标下发挥各自的积极作用,全面实现组织的管理会计目标。

(二) 管理控制系统的模型构建

1. 管理控制模型的演进

实践表明,ERP、TQM 等管理工具在企业实践中失败率较高,致使该现象产生的原因之一是基于组织特征下的管理控制系统存在不足(池国华,2004;毛蕴诗、许烁,2006;文东华、潘飞,2008)。在企业管理实践中,管理控制最早存在于法约尔(Fayol,1916)的管理四功能(计划、组织、协调与控制)之中。他认为,"控制"是管理功能中的重要组成部分之一,是一个延续不断的、反复发生的过程,其目的在于保证组织实际的活动及其成果同预期目标相一致。长期占据统治地位的管理控制理论是二分(binary)模型。它由 Burns 和 Stalker(1961)最早提出。它针对高度确定与不确定条件划分为机械控制和有机控制两类。由于二分模型过于偏向有机式管理控制等,引发了学者的争议。对此,有学者(Sutcliffeetal.,1999)提出用二元(dual)模型(即"控制"与"探索")取代二分模型,重新考察 MCS 与组织背景变量的适配关系。或者综合上述观点,从二维角度思考管理控制系统。

概括上述管理控制系统的观点,结合各自的功能作用,可以形成如下几种管理控制模式。①单一模式(singular)。单一模式专注于"控制"功能,认为世界上只存在一种普遍适用的管理控制模式。最典型的是泰罗于 20 世纪初提出的"科学管理"理论,它通过严格的时间和行为动因分析来实施人力成本的控制。②二分模式。即分成两个层面:一是在高度确定的条件下,企业应当建立理性化、标准化、常规化的 MCS,即机械式(mechanistic)管理控制;二是在高度不确定的条件下,企业应当建立试验性的、学习导向的、开放的MCS,即有机式(organic)管理控制(Burns and Stalker,1961)。③二元模式。为弥补二分模式中一味强调有机式管理控制的不足(认为是对单一模式的一种矫枉过正)。有学者提出了控制与探索的"二元模式"。④二维模式。这是一种融合的观点。Burns 和 Stalker(1961)提出的将 MCS 划分为"机械式"和"有机式"的一维方法已不再适用,而应同时衡量管理控制的两种维度:一维是关注标准化程度;另一维是关注分权化。无论采用哪种管理控制系统,适用性和有效性至关重要,这对管理会计控制系统的构建具有重要的意义。正如 Stacey(1992)所言:"企业需要在用于处理已知领域的清晰严格的控制和用于处理未知领域的自发性(spontaneity)特质之间,保持一种创造性的平衡。"概括上述观点,整理如表 8-1 所示。

表 8-1　管理控制系统的观点

模　式	代　表　人　物	主　要　观　点
单一模式	Taylor(1911)	控制
二分模式	Burns 和 Stalker(1961)	机械式与有机式
二元模式	Sutcliffeetal(1999)	控制和探索
二维模式	Stalker(1961)	标准化与分权化

在表 8-1 的上述不同的管理控制观点中,由于二维模式是从控制制度的视角进行的体制研究,对企业控制机制应用的效果不具有广泛与普遍性的指导价值。因此,上述模式中的二元模式最具有实用性(文东华,2015),它对于管理会计控制系统的建设具有重要的参考价值。二元模式不是对二分模式的彻底否定,而是在二分模式基础上的进一步发展。近年来,越来越多的研究者认为,相对于单一模式和二分模式,二元模式能更好地帮助企业实现组织目标,如 Eisenhar 和 Tabrizi(1995),认为组织结构必须对组织的稳定做出贡献,同时还应当有助于增加组织的创造性,在动荡的环境下尤为如此。Sulaiman 等(2005)认为管理控制系统中最重要的观点是:一是关注公司战略。即公司战略是事先规划好的,有计划地实施。二是明确因果关系。即结果是按照计划得来的。Flamholtz(1983)认为,管理控制是任何试图影响他人为了达到组织目标而努力的概率的行为。尽管最近十多年来,管理控制理论不断发展,观点涌现,但其管理控制模式基本上依存的还是二元模式,只不过是对其中内涵与外延进行了扩展。在"控制"与"探索"二元模式下,一些学者,如 Garrison(2006)提出了计划、执行、控制和决策等多种职能。不难发现,这些分类仅是对二元模式外延的一种扩展。

2. 管理会计控制机制的战略观

从管理会计视角考察管理控制,其核心的控制方法是预算控制(Dent,1990;Waterhouse 和 Tiessen,1978)。Kren(1997)指出管理会计中的管理控制系统主要研究的问题是会计业绩指标、预算参与水平、激励机制和其他控制工具的决定因素和后果。其框架结构由三个递进概念组成,即前因变量、特征变量和后因变量。于增彪等(2005)对Kren(1997)的研究框架进行了改进,认为管理会计系统研究是由系统决定因素(前因变量)、管理控制系统(中间变量)和系统运行后果(后果变量)这三组变量组成的结构框架。王斌,顾惠忠(2014)认为,管理会计是围绕公司战略及价值驱动因素等,直接参与企业内部各项行动方案、指标与管理目标规划、设定,并通过预算、责任考核及业绩评价等管理会计机制实施控制,以实现价值增值目标的动态过程。傅元略(2015)认为,根据管理控制的内在要素,即控制目标、衡量执行情况和纠正偏差等,可以推导出管理会计控制系统的三大要素,即目标设定、内部报告和责任人激励。

借鉴管理控制系统的"二元模式",探讨我国管理会计的组织特征与控制机制是当前一个新的研究课题。国内研究者认为,我国的管理控制系统需要综合考虑"控制"和"探索"两大职能,并发挥它们的协同效应(文东华等,2015)。组织需要同时关注标准化(控制)和分权程度(探索),并巧妙地将"二元模式"与"二维模式"进行融合。这与管理会计强调的管理控制系统与信息支持系统的统一是高度一致的(王斌等,2016)。控制功能主要指业务结构的正式化和任务程序的标准化;探索功能主要指高度分权化(网络式控制、授权和沟通方式)和非专门化(无边界管理)。控制与探索这两种功能具有的内在联系表现在:一方面"控制"强调持续改进和提高效率,主要关注如何为产品的生产和运输提供可靠高效的流程;另一方面"探索"强调预测内外部条件的多变性,主要关注如何采用灵活、无边界的、学习导向流程去应对经常变化的环境。控制功能对生产经营活动具有积极的作用。借助于"控制"功能追求效率与可靠性,有助于提升企业内部经营业绩(杜胜利,2004)。"探索"功能追求创新和灵活性,能够促进客户与市场业绩的提升(潘飞等,2006)。在企业的研发、销售及售后服务环节更需要发挥探索功能的作用。从环境不确定性与组织结构变革的角度考察,以"控制"与"探索"为代表的二元模式是一种基于知识创造的动态管理控制模式。借助于新制度经济学理论,可以将控制与探索归集为经营权控制(diagnostic control)与剩余权控制(boundary control)(冯巧根,2015),使"二元模式"与"二维模式"有机融合。管理控制系统要针对特殊的环境条件在控制与探索之间达到有机平衡。在环境不确定性不断加剧的现状下,加强"探索"功能的设计与应用,提高"控制"的有效性与针对性意义重大。文东华等(2015)证实了环境不确定性对探索功能具有非常显著的促进作用,尽管我们在理论上预期环境不确定性也能促进企业的控制功能,但研究结果表明其无法获得数据的实证支持。管理会计控制机制的形成与发展离不开管理控制系统模式的演进。如何将二元模式嵌入管理会计的控制系统之中,是本部分研究的主题。管理控制系统与管理会计控制系统的相关性,如表 8-2 所示。

表 8-2　管理控制系统与管理会计控制机制的相互转化

管理控制系统		管理会计控制机制
控制功能	⟷	经营权控制
探索功能	⟷	剩余权控制

表 8-2 表明,战略视角的管理会计扩展了控制机制的内涵与外延。虽然控制与探索的目的是能够提高管理会计控制的有效性,但从经营权控制与剩余权控制出发,将更符合管理会计的组织特征。重新梳理环境不确定性与管理控制机制的内在联系,为改进管理控制系统(MCS)做出有益的尝试,促进管理会计组织效率与效益的提高。MCS 有助于贯彻企业的战略意图(杜胜利,2004),提升经营活动的效率和效果、减少管理失误、提高学习能力(Burns 和 Stalker,1961;Lawrence 和 Lorsch,1967)以及控制腐败行为(Perrow,1986),增进企业的价值创造能力,强化管理会计的适用性。现阶段大多数企业只做到了"控制→探索"的路径,却没能做到"探索→控制"的路径。采用经营权控制与剩余权控制的表达方式,将进一步实现管理会计控制系统的适配性与关联性。此外,管理会计的战略控制可以通过以下两个途径体现出自身的功能作用。一是适应企业规模扩大,通过重点管理和例外管理驱动企业管理创新的积极性;二是结合不同时期经营目标的配置,为企业

经营业绩的稳定增长和经营风险的控制提供制度上的安排。现有的研究较多地集中在规则维度的探讨上，而对于战略维度的研究还亟须加强，加强战略控制视角的管理会计研究，对促进管理控制系统的价值定位与功能作用有积极意义。

第三节 管理会计控制的价值机制

管理会计是落实组织战略、确定组织目标、修订行动方案、实施过程控制的重要机制，旨在有效控制因组织内部不确定性对组织可能产生的消极影响、提升组织的价值创造能力。

一、管理会计"二元模式"的价值机制

管理会计以服务"管理者"为根本，试图在"公司战略管理与商业运营"和"财务报告"之间架起基于管理信息的理性决策、管理控制的"桥梁"。结合管理控制系统的"二元模式"，其在管理会计控制机制中的价值创造能力，可以分别从"探索"与"控制"两种职能上加以体现。

（一）"探索"职能的价值实现机理

管理会计的"探索"职能，可以从两个方面实现其价值机制的作用：一是有关组织情境的探索。比如，企业所处行业、产品特性，企业组织边界的文化变量，以及制度变迁及其变迁管理等。二是意义构建（Labianca et al., 2000）。即从理论与实践视角开发出新的管理控制意象（managerial schema），构建新的管理控制框架、工具指引等。前瞻性地研究企业组织模式、生产经营方式和盈利获取路径等的改变机制，并相应地开发和创新管理会计控制方法。比如，苹果公司借助于外包这一工具，实施内外资源的整合。从减少存货与机器设备的"意义"入手，寻求尽量少的资金占用和利息负担的方法。"构建"的方案之一是：与网上音乐商店和网上应用程序商店等进行合作，以联盟形式进行资源整合。

（二）"控制"职能的价值实现机理

针对"情境不敏感""情境敏感""情境特定"寻求控制对策。比如，低程度情境化的组织特征要摒弃情境不敏感的控制方法，把对特定情境的理解加进去，以代入新的理论或信息。管理会计控制机制的价值实现机理：一是围绕结构性动因与执行性动因，实现企业与环境动态适应的目标；二是通过改进企业运作方式或经营模式创新，实现企业及其员工心理、行为的动态和谐。管理会计"控制"职能的组织特征可以归结为两个方面：一是作为信息支持系统，它是一个通用、客观、透明的精细化价值驱动因素分析与决策的信息平台；二是作为管理控制系统，它是一个基于价值驱动因素分析后对组织行动规划、细化与管理控制的控制体系。换言之，企业需要通过管理会计信息与控制系统，强化与其他企业在研发、生产技术、材料供应、商业流程等各方面的管理合作、信息透明和数据共享，消除因信息不对称而产生的在合作上的机会主义，动态评价产业链上各协作企业的能力与合作成效，通过业绩评价与有效激励来激发企业间合作热情，动态建立为市场所需的基于分工基础上的产业链、价值链。

二、管理会计价值机制的独特性

（一）信息支持系统视角：注重质量特征与绩效评价

在企业的组织层级中，越是往高层，信息的柔性越大，可计量性越低，行为监督就越困难，结果控制就越重要。一个有效的绩效评价系统的设计，重点应是找到一种正确或相对合理的方法，将不同层级人员的劳动、决策后果以及对其工作状态的观察与奖励或激励计划有机联系起来。为防止管理会计控制系统脱离行为理性的轨道，必须实施管理会计信息支持系统的变迁管理，通过增加企业经营结构与投资结构中的信息含量，对企业的行为动机加以分析与引导，使行为过程的效率与效益最大化。管理会计信息支持系统涉及的主要内容有：①未来预测信息。如经营预测、风险预测、发展机会等信息。相对于财务会计报告反映企业过去的财务状况、经营成果及现金流量等，未来预测信息对利益相关者进行经营决策的相关性更大。②非财务信息。如有关公司价值评估分析信息，企业人才、技术、创新能力等信息。非财务信息有助于开展企业深层次的分析与评价，非财务信息在某种程度上比财务信息具有更大的价值。③社会责任信息。包括对债权人、职工、消费者、供应商、政府、社区和公众等方方面面责任的履行情况，并且都需要适当加以披露。

管理会计信息支持系统借助于经营权控制机制优化企业行为，通过剩余权控制机制合理配置资源结构，通过外部行为内部化等的过程管理，使行为决策人的动机具有高度的自我决定能力，并通过内在行为动机的合理选择实现企业价值增值的最大化。当前，企业的信息共享程度还不高，管理会计信息的共享意愿受到企业保密因素、文化因素，特别是企业发展战略等因素的影响。因此，必须强化管理会计信息支持系统的变迁管理，通过信息边界的变迁管理提高企业与组织之间共享的宽度与深度。同时，关注员工之间的信息共享，重视企业内部的组织、制度和文化建设的结构理性，建立和健全与信息共享有关的考核与激励制度、信息沟通渠道和反馈机制，优化组织与个人行为，

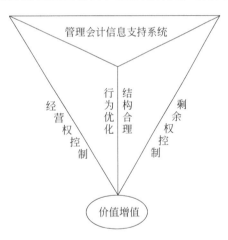

图 8-5　信息支持系统的作用路径

提高员工对组织的归属感和满意度，增强管理会计信息支持系统在经营权控制与剩余权控制中的主动性与有效性。管理会计信息支持系统变迁管理的传导过程，如图 8-5 所示。

图 8-5 表明，"行为优化"和"结构合理"是管理会计信息支持系统服务于经营权控制与剩余权控制的前提或保证，价值增值作为企业的基本目标不仅是管理会计控制系统所追求的，也是信息支持系统必须实现的。满足管理会计控制权机制与剩余权机制中的"行为优化"与"结构合理"的情境特征，是企业价值创造活动中结构理性、过程理性与行为理性的综合反映。在企业的实践活动中，管理会计信息支持系统的价值增值功能主要是借助于以下几个环节来完成：①价值信息标准制定。包括战略导向的价值信息标准，它是管理会计控制系统的行动基础或指南。标准可以按业务计划、财务指标、预算方案和定额

标准等形式加以规范。②价值信息的比较资料。将对比的实际价值跟踪信息与标准信息所形成的差异额作为调节与控制的标准，如央企的对标活动等。③价值信息评价资料与结果。根据企业的情境特征开展价值信息的分析与评价，常用的管理会计工具有未来现金流折现（NCF）、平衡计分卡（BSC）、经济增加值（EVA）等。④价值信息的报告内容。优化管理会计的报告系统，如按产供销环节，或者按投入产出环节，抑或是按公司治理来进行价值信息报表的编制与分析等。

（二）管理控制系统视角：强化责任控制

如果能够健全公司内部控制体系，突出责任控制，并将围绕企业履行责任的影响力作为一种控制标准，使企业将这些社会控制要求嵌入公司，则将转化为公司的自觉自律要求。企业影响力包括经济、人文、技术、环境、政治多个层面，这对现代内部控制而言是一种内在动力。企业影响力表示企业履行社会责任行动的力量和强度，具体表现在三个方面：一是对社会经济行为原则的强有力支持的意识形态导向作用；二是提供产品和劳务而实现的消费导向作用；三是唤起大众对公司存在感及发展空间的信心方面的道德导向作用。有关企业影响力理论存在两种观点，即主导理论观和多边制衡理论观。主导理论认为，企业对社会的影响主要表现为以企业利益为核心。这是一种过于强调经营权控制的理念。若片面强调这种影响力作用，会对社会发展产生负面影响，最终使企业走入穷途末路。为了避免企业步入这种困境，必须对企业影响力采取适当的控制措施，使其发展更加符合社会利益。即需要在经营权控制的同时，发挥剩余权控制的积极作用。这表明，企业应当主动地加强内部控制，即主动以社会利益来遏制公司自利行为。多边制衡理论认为，在企业对社会产生影响的同时，市场、政府、劳工、教育以及公众舆论也有巨大的影响力，这些影响力将对企业发挥影响力过程中的自利行为倾向产生有效的遏制，从而使公司更好地为增进社会利益努力。这是企业表现出的积极式的内部控制，它以有效沟通的方式把社会对公司自利的遏制力量有效地传导至社会行为的各个层面、环境和活动中。这两种理论表明，管理会计的价值机制是有差异的，从股权角度考察，它是集权与分权思想在控制权安排上的体现。换言之，主导理论适合于资本与股权比较集中的公司，而多边制约理论适合于股权高度分散、社会力量有效控制的公司。换言之，充分认识管理会计控制的价值机制特征，优化组织控制中的结构性与执行性动因，并使这两种理论在管理会计控制系统中得到有机融合，将成为一种现实需求。研究管理会计控制机制中的责任控制，倡导企业影响力的作用，有助于在企业与社会利益博弈的过程中树立企业良好的形象。

（三）权变性管理的视角：重视影响力

面对中国经济高速增长态势，面对经济全球化及不确定性的外部商业环境，很多企业结合中国特定的政治经济、社会文化等制度背景，以客户至上理念与股东价值创造为目标，从组织战略、产业链整合与组织间协作、流程导向与价值管理、网络化与信息集成等诸多方面，权变性地创新管理会计的控制系统和信息支持系统，从而极大地促进了管理会计理论与方法的推广与应用。权变性理论可以更好地拓展管理会计对控制机制选择问题的研究，它对于分析管理会计的经济性质，进而为从制度与机制设计的角度认识管理会计控制系统的性质、功能等重要基础理论问题提供了新的视野和机会。结合管理会计的结构性动因与执行性动因的控制机理,可以权变性地对管理会计控制的价值机制进行重构。基于结构性动因的管理会计控制机制模式,如图8-6所示。

图8-6 结构性变革模式

图8-6表明,这种结构性控制方法分为三个阶段:一是打破原有均衡状态,创新管理控制的新动力;二是把企业行为移动至新水平,管理控制提升新境界;三是巩固变革,把控制机制稳定在变革后的均衡状态。该模式通过挖掘企业内部潜力,实现理论上预期的"控制→探索→控制"的环路,实现从良好到优秀的持续转换,为管理会计机制的应用提供了一种路径。

基于执行性动因的管理会计控制机制模式,如图8-7所示。

图8-7 执行性变革模式

图8-7表明,这种模式传承了西蒙斯的控制理论,即它以诊断性控制为导向,通过"反馈至诊断"实施交互性控制,以"控制"的效果作为边界控制机制,"评价至诊断"则作为信念系统的控制机制。

第四节 管理会计控制系统的行为优化

管理会计借助于管理控制系统与信息支持系统,围绕价值增值目标的实现而开展一系列管理活动。管理会计与企业的其他控制活动相区别,其控制机制主要是通过成本管理与预算管理来实施经营权控制,通过风险管理来实施剩余权控制。

一、管理会计控制系统的层次性

管理控制系统包括高层控制系统、中层控制系统和基层控制系统,或者称为战略控制系统、整合控制系统和效率(或经营)控制系统。高层(战略)控制系统的重点是公司治理(corporate governance),有企业治理(enterprise governance)和经营治理(business governance)之分,两者既相互独立又相互依存。2004年,国际会计师联合会(IFAC)的事业委员会专门理事会(PAIB)与英国特许管理会计师公会(CIMA)携手,实施了管理会计的创新,将上述公司治理与管理会计的关系进行了重组,提出了企业治理(enterprise governance)与经营治理(business governance)的公司治理结构新组合。详见图8-8。

图8-8表明,内部控制与风险经营共同作为公司治理(corporate governance)的一部分的同时,使其与战略问题相挂钩。将这种战略过程进行有效监督(oversight)的环节被视为经营治理(business governance),将这两方面有机结合就形成了企业治理的新概念。

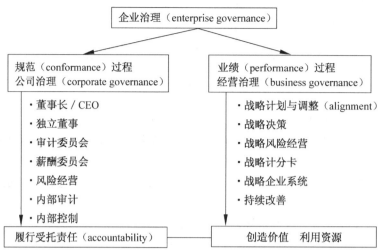

PAIB, *Enterprise governance: Getting the Balance Right,* CIMA and IFAC, 2004, p.10.

图 8-8   企业治理的框架

二、管理会计控制系统的修正

管理会计的控制机制主要通过预算管理等来实施经营权控制，通过风险管理等来实施剩余权控制。这是管理会计与一般意义上的内部控制的主要区别。在完善的企业组织中，借助于新制度经济学的委托代理理论，将管理会计的内部控制结构划分为经营权控制与剩余权控制，并由此形成具有中国特色的管理会计控制机制，它对于处在新经济时代的我国企业而言具有十分重要的现实意义。从结构性动因视角考察，管理会计的控制机制包括经营权控制机制和剩余权控制机制。即在坚持管理会计"二元论"的同时，注重管理会计控制系统的作用。"针对管理会计控制系统的结构优化，可以考虑引入经营权控制（diagnostic control）与剩余权控制（boundary control）这两种机制，以提升管理会计控制系统的制度空间"。这里"制度空间"是结合外部市场环境开展的内部管理创新，比如应用"经营权控制"的思想，可以采取诸如"外包"等的经营方式；应用"剩余权控制"的思想，可以实施"小经营主体"的经营方式。可用图 8-9 加以说明。

图 8-9 表明，这是一种以整体控制理论为基础的管理会计控制机制创新。在发挥管理会计的"控制"功能的同时，将管理会计信息支持系统嵌入"探索"功能之中，并进一步优化管理会计的控制目标。它表明，管理会计信息支持系统具有经济核算、信号传递等多方面的功能，能够支持企业管理者识别、判断管理活动的有效性，以服务和优化企业的经营、投资等决策。在经营权控制中，传统的预算管理、标准成本等工具能够为组织的业绩评价等产生积极的效果；应用现代的管理工具，如作业成本管理、资源消耗成本管理，以及平衡计分卡与经济增加值等则进一步提升管理会计控制系统的效率。剩余权控制是当前探索激励约束机制的管理概念，组织的上层管理者需要明确地设计出一种能让组织成员接受与理解的价值观和方法论。可以说，我国管理会计的行为动机受到计划与市场双重因素的影响。具体表现为，一方面管理会计的推行是政府导向的（具有计划的属性），另一方面

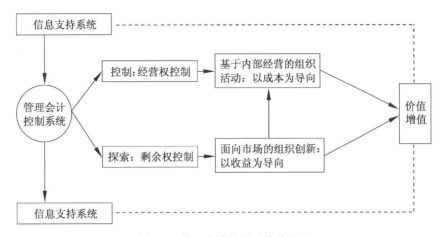

图 8-9　管理会计控制系统的扩展

企业应用管理会计工具的行为又是由其自我决定的(具有市场的属性)。因此,在行为动机中引入经营权控制(适应政府导向性的要求)与剩余权控制(适合市场决定性的特征)这两种机制,对于应对环境不确定性具有积极的意义。比如,随着组织结构的变迁,以小利润中心为代表的跨组织经营主体,若继续采用过去那种以责任中心为载体的经营控制机制显然难以适应企业组织发展的要求,而剩余权控制机制则能更好地满足这种组织结构变迁的内在需要。剩余权控制的规则制定是规范具体行为的控制系统,剩余权控制中的"剩余"概念有助于创新;同时,还可以防止组织成员行为的过激,起到制约组织行为结构的功效(冯巧根,2008)。当经营权与剩余权整合成组织目标时,管理会计的组织特征就形成了体系。

三、管理会计控制系统的变迁管理

实践表明,环境变化使得管理会计控制系统往往不会按照既定的轨迹自我完成,必须借助于变迁管理来加以实现。从管理会计控制系统中的经营权控制与剩余权控制来考察,管理会计的变迁管理就是要将企业文化、行为动机等理念嵌入管理会计的控制系统之中,总结和提炼具有中国本土特征的管理会计方法体系。

(1) 经营权控制的变迁管理。围绕顾客价值创造经营(customer value added management,CVAM),管理会计控制系统需要优化行为动机,强化内部控制。企业实践中可以按照"行为三维度"来设计具体的控制模式,如图8-10所示。

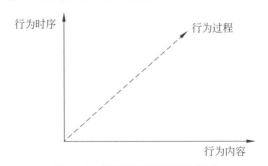

图 8-10　经营权控制的三维模式

图 8-10 表明，经营权控制机制的有效发挥需要综合考虑行为的时间、内容和过程。即经营权控制的优化需要考虑"在什么时间做什么事，并使行为过程（如控制活动）效率与效果最佳"。或者说，行为过程（conduct process）是过程理性（process rationality）与行为理性（behavioral rationality）的结合体（刘圻，2010）。根据西蒙斯（Simons，1995）的过程理性，控制系统在组织的行为结构选择上遵循的是自我决定的动机理论（self-determination theory），凡是"动机结构"中的具体行为能够在既定的时间内满足行为内容的需要，这种经营权控制就是一种满意的行为过程。过程理性是管理控制活动和信息支持活动运行中的行为理性，管理会计导入的初衷就是借助于成本管理与预算控制等实现经营权控制行为的过程理性。行为理性是决策执行者按照政府导向的制度约束实施经营权控制活动的程序理性。行为理性具有相容性的内在要求，强调组织间的互惠与合作。比如，企业集聚就是组织行为变迁的理性反映。从单一企业的经营权控制向企业集群区域的管理控制系统转变，是管理会计主体转向企业间管理会计共生的客观追求。单一企业决策流程只有与企业群整体的管理流程相统一，才能在过程理性的同时实现行为理性的时态要求，管理会计控制系统的质量（行为内容）才有可能得到提高。

在经营权控制机制上，总结和推广以轻资产经营为代表的组织创新模式，需要围绕经营活动中的执行性动因，调整行为内容，完善企业经营过程中的事前、事中与事后的行为时序配置，通过优化组织的行为过程，努力激发管理者与员工的内生动力。经营权控制机制主要包括：①经营权能力管理。一是战略定位（保证战略方向不异化，持续提升市场竞争力）；二是价值创造（作业管理反映价值、战略管理规划价值、业务战略创造价值、风险管理保护价值）；三是价值链分析（企业价值链、行业价值链及网式竞争价值分析等）。②经营权设计管理。对企业经营流程进行重构，减少各条生产线中的非增值作业，一般可以通过全面质量管理（TQM）、嵌入"互联网＋"的业务流程再造（BPR）等手段加以甄别。③经营权运营管理。主要包括成本与资金运作机制。成本管理作为经营权控制中最基础的一项工作，涉及作业动因与成本动因的理性配置，以及成本行为的优化选择等。资金管理强化的是经营权中的资金控制，主要体现为预算管理、责任中心等的资金计划安排与执行等。

（2）剩余权控制的变迁管理。剩余权控制有助于实现组织创新，如通过内部机构的压缩与人员精简，以及采取外部的兼并重组等方式对组织进行调整与扩充等。剩余权控制机制是一种动态发展的整体价值观与信念，它通过组织规则的变革以及行为动机的调整来实现企业整体的发展规划与愿景，具有鲜明的权变性特征。[①] 在"互联网＋"的新经济时代，各种新业态和新模式层出不穷，管理会计变迁管理就是要引导企业适应这种新情境，通过剩余权控制机制的设计与应用来发挥管理控制系统的最佳功效。管理会计剩余权控制的结构性动因主要是股权结构，同时涉及财务治理结构与企业的经营结构等。要

---

① 比如，企业在着力提升产业集中度优化经营权控制时，充分利用现有的这些机构与人员，一部分组织或部门进行外包，一部分则实施剩余权控制，设立"小微长"，成立小微公司等来调动大家的积极性。

围绕结构理性(structural rationality)来创新企业的经营模式。[①] 即将企业部分剩余管理空间释放出来,实现组织结构优化,使利益相关者,如小经营主体具备一个对等的决策参与机会,使企业决策的合约能够在企业价值增值过程中更具灵活性与自发性,提高经营活动的效率与效益。

剩余权控制取决于决策权配置与知识的合理储备,为提高剩余权控制效率,需要将知识传递给具有决策权的人,或者将决策权传递给具有知识的人。它表明,剩余权控制主要联结企业的战略管理层级,一方面,积极贯彻企业战略管理思想,全面分析企业的内外部环境影响,优化企业的战略决策机制,选择企业可持续发展的价值衡量指标,创建制度化的、富有效率的内部营运机制,建立企业与内部管理层、员工以及外部公司治理机构、投资者、债权人、客户和社区等的联系与沟通体系。另一方面,更多地利用非财务信息辅助企业管理会计的控制系统,加强计划与预算、资金管理、成本管理、税收管理、存货管理,以及内部报表管理等各项工作,积极收集预测决策、业绩评价与管理、战略成本分析等相关的信息与资料,为管理会计控制系统有效决策提供保障,进而提高企业战略管理的有效性和科学性。

第五节 本章小结

管理会计的控制机制是管理控制系统功能作用的表现形式,从传统的一元模式的管理控制到二元模式的管理控制模式的演进,是管理会计自身从管理控制"一元观"向管理控制与信息支持融合的"二元观"变迁的重要体现。随着顾客价值创造经营(CVAM)理念的不断深入,管理会计控制系统已从单纯的生产经营控制向综合型的组织控制转变。企业必须商品经营与资本经营两个轮子共同转,才能实现企业最大限度的价值增值。亦即,管理会计的控制不能偏离价值管理这条主线,应当围绕商品经营,借助于经营权控制搞好外包等经营活动;围绕资本经营,结合企业组织特征,灵活采用小利润中心等的战略单元进行组织活动的创新。要主动适应环境的变化和新时代企业发展的需求,不断强化管理会计的变迁管理,增强管理会计的控制系统的功能作用。管理会计的控制机制在互联网经济新生态下的变迁管理重点:一是适应国际会计准则的变迁需求,如适应 IASB(国际会计准则理事会)对资产要素,以及收入与成本要素的内涵与外延变化,主动调整战略控制的路径与规则;二是围绕管理会计的"信息与报告"的要素结构,加快推进财务会计的确认、计量与报告的改革,加强资产管理,严格现金流的管理自律。有效的管理会计控制机制表现在:①适应企业规模扩大,通过重点管理和例外管理来驱动企业控制系统创新;②结合不同时期经营目标的配置,为经营权控制与剩余权控制的融合提供制度上的安排;③进一步认识管理会计控制系统的特征,扩展管理会计控制的边界,为中国特色的管理会计理论与方法体系建设贡献智慧和力量。

近年来,随着"互联网+""中国制造 2025"规划等的实施,管理会计的控制机制具有

---

① 结构理性是关于企业决策制定权合约安排的程序理性。组织的机制优化依赖于恰当的制度结构,这种结构可以是正式组织,也可以是非正式组织。

了强有力的外部驱动效果。随着移动通信技术的不断创新与发展,许多新业态、新的商业模式形成,并对传统的管理会计控制系统提出了挑战,管理会计必须在控制机制优化过程中加强变迁管理,以积极的姿态适应互联网经济生态对管理会计的要求。结合未来的发展,管理会计要在战略控制上提高会计的相关性与可靠性。尤其是近期,针对中国的互联网新经济公司,许多质疑声音不断。"上海 Market Research Group 的创始人肖恩·雷因(Shaun Rein)估计,阿里巴巴假单的数量大概占到商品交易总额(GMV)的 20％到 30％。北京 J Capital Research 公司的主管安妮·史蒂文逊·杨(Anne Stevenson Yang)的看法则更为激进,她认为阿里巴巴可能有一半的商品交易总额不实。由于会计准则的滞后或会计核算制度的不规范,京东表示,自己的统计相较于阿里已经十分严格,他们对于那些超过 2000 元人民币的未支付交易未加以核算。京东在 2015 年发布的财报中表示,若使用阿里巴巴的方法统计,公司的商品交易总额可提高 31％……"实践表明,管理会计与财务会计的功能作用也是一种交互性控制系统,通过管理会计的诊断控制系统可以为财务会计的准则制定提供基础。同样地,管理会计战略控制的信念系统与边界系统又能为会计信息的有用性提供重要的支撑。在财务会计(会计准则)建设处于发展"瓶颈"时期,管理会计的战略控制无疑是十分重要的。

 案例与讨论

背景资料一

在剩余权控制机制的功能作用下,海尔的自主经营体核算模式应运而生。这种组织创新理念是:将企业看作一个模拟市场,根据工作内容和性质构建核算单位,最大限度地划小核算单位,形成若干个自主经营体,并在经营体之间建立"买卖""服务""契约"三种关系。

自主经营体的基本框架是以人为本,确定职工当家作主的主人翁地位,形成"人人为我,我为人人"的互约互联关系。"人人成为'经营者'"的具体含义为:"人人"有两层含义:一是要以人为本、全员参与。"经营者"管理模式最核心的理念就是要"依靠人人,发展人人,回报人人"。二是确认员工要不要参与、能不能参与,企业经营管理能否取得成效,这是最重要的一条理念。"经营者"管理模式就是一种全员化的管理模式。"成为"亦有两层含义,即"外在要求,内在动力"。由于员工不可能自己成为"经营者",员工是否能够成为"经营者",关键要看企业领导和管理层有没有这种意识和要求。同时,"经营者"管理模式能否顺利推广,员工的自主意识同样非常重要。

"经营者"包含"当家作主、虚拟经营"的意思。这个模式将使员工从仅为"生产者"的身份变为"生产者"和"经营者"的双重身份,在授权范围内享有对企业资源的经营权和受益权。而一般"经营者"是指企业的管理层。这里的"经营者"是虚拟的,并不是真正的经营者。我们可以通过自主经营体核算把市场化运行规则导入企业内部,让消费者成为施令的发号者,让一线员工成为 CEO,倒轧整个组织的结构,让以前高高在上的管理者们反而成为倒金字塔底部的资源提供者,即把原来正三角模式的层级管理转变为倒三角的员工自觉行为,以此更好地体现企业的"以人为本"的思想,更有利于员工积极性的发挥。企业可以通过自主经营体核算模式来实现员工对企业文化的自觉与自信,并以此提升自己的软实力,最终获得自己的竞争优势。正如张瑞敏所说:"自主经营体就是为员工创新提供了一个机会公平和结果公平的平台。"

在自主经营体模式中,企业内部市场化的运作机制是基础,"经营体"是内部市场交易的主体,而将企业资源进行货币量化、建立内部交易价格体系以及信息化系统则为实现自主经营体模式的支柱。

请讨论:

1. 结合上述资料,谈谈组织创新与管理会计控制系统优化的内在联系。

2. 在"互联网+"和智能制造的新经济环境下,管理会计的控制机制如何体现战略导向性?

背景资料二

我国出口的产品不仅物美价廉,而且门类齐全、品种繁多。然而,由于缺乏品牌效应,我国的产品往往处于价值链的低端,微利甚至亏损的产品居多;一些所谓的生产世界级产品(尤其在纺织品方面)的企业也大都进行贴牌生产,仅仅挣些血汗钱,高利润被跨国公司赚走,且还要背负倾销的罪名。对此,很多有识之士提出要加强企业的品牌建设。

品牌价值的创造由品牌战略、品牌驱动因素、品牌资产和品牌价值四大活动组成。分析品牌驱动因素是创造品牌价值的核心部分,在五个驱动因子中(产品、服务、广告、顾客关系管理、全面体验),产品是关键,它包括创新、设计、特性、质量和可信度。品牌建设关系到市场、营销、生产等部门,似乎与会计部门不怎么相干。其实,这是反映了人们对于会计认识的一种片面性。管理会计在品牌建设中大有可为,高级管理会计人员至少可以在以下几方面发挥作用:(1)编制产品生产线利润报告。该报告通过揭示各生产线及其产品所带来的收益及费用,并将销售产品,开发新产品发生的费用、品牌营销费用分摊至产品生产线及其产品中去,能够为品牌决策提供参考。(2)制定产品价格。产品定价对于利润变动最为敏感,但产品定价是一门非常复杂的学问。从消费者心理来讲,高品牌意味着高技术及高质量,定价可以相对较高,与成本高低并不一定紧密相关。(3)制定差异化战略。为保持产品的差异化,必须在研发/制造/营销上进行一定的投入,并采用更宽的一套产品线来创造不同的特色,对此需要合理测定顾客忠诚度及消费者对差异化产品的需求等因素,而这些均离不开管理会计人员的聪明才智。

请讨论:

1. 基于管理会计控制机制视角,管理会计人员应从哪些方面入手为品牌价值创造提供思路?

2. 结合品牌价值思想,谈谈管理会计控制系统在未来企业发展中能够发挥的积极作用。

第 9 章

管理会计的社会责任

管理会计视角的社会责任是企业社会责任的一种内在体现。企业社会责任的基本原则是企业不仅要关心利润和经济绩效,也应该回应和满足社会对企业的多重期望。积极履行企业社会责任,无条件地给予社会、组织及其成员以帮助,同样也能给企业自身带来利益的增加。围绕管理会计探讨企业社会责任,可以丰富社会责任研究的内涵与外延,给人一种清新的认知和感受。管理会计与企业社会责任具有密切的内在联系,企业社会责任会计、环境管理会计等均是企业社会责任管理中不可或缺的重要工具,将环境责任、慈善责任和道德责任与管理会计相结合是管理会计理论与方法体系建设的客观需要。

第一节　企业社会责任与管理会计

现代会计体系是以股东利益最大化设计的系统,现实中经常出现强调确保股东利益有余,而员工利益维护不足的现象。由于财务会计必须严格遵循会计准则的规范要求,因此嵌入企业社会责任的会计确认、计量与报告一时难以得到推行,并且困难重重。从管理会计入手,结合股东财富最大化所体现出的弊端,改造现行的管理会计资产结构,优化收入与成本费用的执行性行为,成为会计界一种客观的选择。

一、企业社会责任对管理会计的影响

(一)企业社会责任的不同观点

对企业社会责任(corporate social responsibility,CSR)问题进行研究的历史很短,西方一般以博文(H. R. Bowen,1953)提出的"企业及其经营者必须承担社会责任"的观点为研究的始点,迄今也就 50 多年的历史。然而,将企业社会责任与会计,尤其是管理会计结合起来进行研究,还处于起步的阶段。CSR 概念提出后,一直不乏来自各方面的批评。最激烈的批评者来自新古典经济学的代表人物弗里德曼,他认为 CSR 的观点是对财产权利甚至是对自由社会的破坏性打击。其他批评者认为,CSR 缺乏统一而清晰的定义,内容过于宽泛,学术性太强,缺乏操作性等。也正是由于 CSR 概念固有的缺陷,因此,从 20世纪 70 年代中期开始,大量研究者转向从多种视野来研究 CSR,提出了一系列新的思想与观点。焦点之一是"企业社会责任是否包含经济责任"。进入 70 年代以后,有关 CSR讨论出现了广义化的倾向,即将经济责任也包括在了 CSR 之中。比较有代表性的观点是1971 年的美国经济发展委员会(CED)报告。这份报告将企业社会责任分为:经济责任、社会和环境责任,以及促进社会进步的其他无形责任,如消除社会贫困和防止城市衰败等。20 世纪 70 年代中期以来,研究者为了更加完整与全面地研究 CSR,开始倾向于以CSR 作为出发点,通过各种衍生概念、主题来丰富对 CSR 的研究。一是提出了"社会回

应"的概念。这是基于对企业社会责任实施过程和战略的进一步研究而产生的。二是提出"公共责任"的观点。即强调社会责任的决定应该是一个公共参与的过程。三是"社会绩效"的概念。四是利益相关者理论。即企业要对哪些群体承担责任。五是企业公民理论。当前比较流行的是后两种理论,即利益相关者理论与企业公民理论。有关利益相关者的讨论,以弗里德曼 1984 年出版的《战略管理:利益相关者方法》一书为代表,他认为,"利益相关者就是任何能够影响公司目标实现的集团和个人或公司目标所影响的任何集团或个人"。这个概念除了突破股东利益至上的传统观点外,更重要的是为 CSR 的实施提供了一个很好的分析工具。不同于关注一般回应、特定议题或公共责任原则,利益相关者理论清晰地提出了企业社会责任管理的对象及相关责任,由于其具有较强的可操作性,在管理学中得到了广泛应用。企业公民理论认为,企业公民不仅是一个理论研究的课题,而且已经成为一种全球性社会运动,它将经济行为与更广泛的社会信任相联系,并服务于双方的利益,特别强调企业作为社会中的经济实体必须承担与个人类似的、应有的权利和义务。2002 年 1 月在纽约举办的全球经济论坛上,由 34 家全球最大跨国公司签署的联合声明——"全球企业公民——对 CEO 和董事领导的挑战",不仅强调企业对所处社区的责任,而且强调在全球化背景下,企业必须要承担一种全球性的社会责任,这进一步彰显了社会公民的当代意义。

(二)管理会计实践的社会责任

一个没有社会责任意识的企业,在可持续发展的社会中是难以长期立足的。管理会计实践就是要披露企业履行社会责任的相关信息,并借助于管理控制系统发挥积极的功能作用。比如,企业应以年度报告的形式,对有关 CSR 的信息加以披露,具体的规则是:①董事会必须就该企业经营的社会、环境、道德(social, environmental, ethical issues,以下简称"SEE")问题的重要性作出定期的说明。②董事会依据对有关 SEE 事项的灵活处理,来创造企业价值提升的机会,并识别、判断涉及企业短期的、长期的与价值相关的 SEE 事项的重要风险。③董事会结合对上述风险的判断,提供各种有关 SEE 事项的信息,以便于董事们了解。④董事会在进行重要的风险管理上对有效的系统加以适当的确认与定位,以确保业绩管理系统和报酬激励组合系统的完整和有效。

此外,在年度报告中还应当揭示有关 SEE 事项的方针、程序以及评价方法,这些列示的内容主要有:①对企业短期的、长期的价值予以重要影响的 SEE 相关的风险和机会的信息。②与短期的、长期的价值方面的 SEE 事项的风险管理相关的该企业的方针与程序的说明。该企业在年度报告中若表明没有这些方针与程序,此时必须说明没有的理由。③该企业有关 SEE 事项风险的管理方针与程序,处于何种程度、是否属于规范的信息。④有关 SEE 揭示情况的相关程序说明。

一般而言,在市场经济条件下,企业管理者将股东利益放在第一位,能够使每个人的利益得到最大限度的维护。这是因为,股东财富最大化是引导资源最有效率和最有价值分配的保证。企业是社会财富最大的创造机器,创造股东价值的过程也是为社会每一成员创造财富的过程。因为创造价值是社会安全唯一真正的来源。如果企业不去追求股东价值最大化,资源将被浪费,社会将会更加贫穷。从根本上说,正是因为希望每一社会成员财富的最大化,我们才应当追求股东财富的最大化。股东财富最大化的重要理由就是改善社会福利,这也说明了,公司治理结构的首要职责就是确保股东利益。另一方面,如果损害了其他利益相关人的利益,管理人也不能够为股东创造持久的财富。因此,我们在强调确保股东利益的同时,必须克服股东财富最大化的弊端。当然,也不能过分强调相关者利益,否则会对企业发展带来阻力(李心合,2014)。其原因是:①相关者利益最大化的观点没有充分考虑企业面临的全球性竞争的现实,以及因此而给经理们带来的创造价值的压力;②如果企业决策不基于股东价值之上,一味地考虑相关者利益,有可能造成经营的混乱;③难以定位管理者的责任,因为管理者的受托责任就是为实现股东利益而更有效地管理资本;④片面强调相关者利益,有可能助长过高的工资、福利和过度的消费设施支出,会使员工及供应商的积极性降低,并进而使浪费和不负责现象蔓延,最终导致企业长期利润低下和股票收益率低迷;⑤经理人可能利用相关者利益为借口,掩盖自己不能为股东创造价值的真实原因。长此以往,不仅股东利益受损,相关者利益也无从维护。

有研究表明,强调明确的利益相关者核心价值观的公司,其长期和短期财务绩效都远远地超过了只强调股东利益价值的公司。以相关者为核心的公司相信,他们既能满足投资者的短期绩效,同时也能有效地满足顾客、员工及其他利益相关者的需要。尽管今天大多数的公司领导者或许将部分股东价值论与利益相关者价值论融合在一起进行考虑,但重心却明显地偏向了利益相关者价值论,从企业社会责任角度观察,这是管理会计价值理念在利益相关者理论中渗透的结果。

（三）企业社会责任下的管理会计框架

企业社会责任(CSR)对管理会计框架的影响至少涉及四个方面:一是来自企业外部的涉及企业的社会、环境、道德等对管理会计的影响;二是社会责任投资对管理会计的影响;三是结合管理会计框架来重新认识公司治理状况;四是战略管理会计的CSR。管理会计框架的内容扩展:第一,基于CSR,管理会计必须重点研究无形资产问题;第二,管理会计必须与CSR风险管理相结合;第三,适应CSR的发展,创新管理会计工具;第四,必须将CSR风险管理融入管理会计的内部控制系统之中。

企业社会责任与企业价值之间是能够得到平衡的。经济学与社会学是不同的,经济学家往往偏重于强调"效率",并将人看作是"经济人";而社会学家则更注重公平。协调好这两种观点,是CSR研究的基本目标。企业或企业家履行社会责任,并不影响其经济活动,通常还有助于企业价值的增值。传统的经济学认为,人都是自利的,从事任何经济活动的目的都是使自己的利益最大化。经济活动只要在不损害别人利益的前提下,增加了自己的利益,就可以算作是有效率的。传统的经济学认为,"只要不损害别人的利益,且能使自己的利益最大化",就是合理的。但在现实中,许多情况并非完全如此。

一般认为,管理会计的目的是:在考虑多元化目标的同时,获得能够满足企业长远规划的最佳收益,进而增大或创造企业价值。传统管理会计的计划和控制功能,在当今激烈变化的市场经济环境下已难以发挥应有的作用。对此,西蒙斯(Simons,1995)提出了管理会计的四种控制键,即信念系统(beliefs system)、道德行为系统(boundary system)、诊断控制系统(diagnostic control systems)和相互作用的控制系统(interactive control systems)。西蒙斯(Simons,1995)通过诊断控制系统与相互作用系统的比较,提出了四个特征:①以战略相关度和信息为焦点;②所有的来自组织系统的信息都是重要的;③期望员工之间相互传递信息、互相进行探讨；④对有关数据及假设、行为规范进行讨论。信念系统与道德系统相结合是管理会计履行社会责任的重要手段。这是因为：第一，为履行 CSR，公司可考虑设置 CSR 部门；第二，明确社会贡献与收益的关系；第三，面向社会贡献开发产品。

二、履行企业公民的社会责任：管理会计的内在要求

企业的社会责任（CSR），可视为企业的公民责任。"企业公民"意味着企业不能只满足于做个"经济人"，还要做一个有责任感和道德感的"人"。建立企业公民意识，这是中国企业参与国际竞争的必然选择，也是中国企业贡献于和谐社会的必由之路。

（一）实现企业可持续发展的价值创造要求

企业步入社会责任阶段的主要特征表现为：一是有良好的公司治理结构和道德价值观念；二是突出对企业员工的责任；三是主动承担环境保护的责任；四是重视对经济和社会福利的贡献，包含税收，也包含经济上的一些付出。企业的道德责任是企业生存与发展的责任意识，将其嵌入管理会计的活动之中，就是要科学决策，保持企业可持续发展。企业承担道德责任，就是要维护利害关系人的利益，自觉保护环境，努力构建和谐生态的经营管理系统。以道德责任为代表的社会责任已经成为制约企业发展的重要变量，产业结构的优化升级，产品质量的不断创新等正在淘汰部分不符合社会进步要求的组织，同时，它又成为衡量企业可持续发展的重要指标。企业作为"社会人"，不能以利润作为自己唯一的目标，必须同时考虑利益相关者和社会的整体利益和长远发展，并自觉承担相应的社会责任。当今的市场竞争，传统的成本、质量、供货期等"硬件"只是最基本的要求，而社会责任等"软件"已经成为企业提高竞争力的重要因素。越来越多的企业实践和研究成果证明，企业利润与社会责任之间并非对立关系。企业经营者认识到，企业的责任除了为股东追求利润外，还应该考虑相关利益人，即影响和受影响于企业行为的各方利益。著名管理大师德鲁克把企业对社会的影响和对社会的责任作为管理的一项任务，把其视为与"取得经济上的成就""使工作富有活力并使职工有成就"具有同等重要的地位，应在同一时间和同一管理行为中去执行。目前，我国企业从道德层面去考虑社会责任的企业并不很多。也正是由于我们在宣传企业社会责任方面对管理会计价值观的重要性认识不足，导致了现在假冒伪劣产品的泛滥，很多产品质量不过关，环境污染问题严重，员工利益没有受到保护等问题的存在。当前在和谐社会建设中促进企业履行社会、环境与道德责任已经十分迫切且非常重要。

（二）履行社会公民责任的自觉行动

管理会计工作者以社会公民的要求积极履行社会责任有时会发生冲突。以工作在某企业的 CMA（注册管理会计师）为例，通过他对有关未来预测问题的判断及其对社会责任的认识展开讨论。

这是一家生产、销售玩具的工厂，自公开上市以来，企业实现了快速成长。相关的工作流程是：CMA 将业务报告交给 CFO（首席财务官），再由 CFO 交给 CEO（首席执行官）。企业业绩自股票公开发行以来，一直在顺利地推进着；同时企业通过引入新产品，前

景非常乐观。然而,CMA 也有一件忧虑的事情,是关于这种产品每季度订货数量的变化问题。自从引入这种新产品以来,每季度的订货数量都在增加,但从第 2 年的第 4 季度开始,数量减少了,这种情况是该产品进入市场以来首次发生的现象。公司方面预测这种产品的需求会逐步增加,因此决定增产。一时间,总的产品库存量比前年增加了 85% 强,库存中的大部分都是这种型号的产品。CMA 担忧这种产品在库的增加、需求的减退可能对未来销售以及收益产生影响,为此该 CMA 展开调查。结果发现,原因在于竞争对手开发出了比自己企业在技术上更优秀的产品,对手的这种产品一推出市场就立即得到推广。于是,CMA 以财务报表审计过程中发现的需求减少、竞争对手产品的出现,以及库存持有量增大等理由,向 CFO 传达了对本公司产品会产生减值的担忧。

董事会围绕这种新产品结合订货的减少和库存的增加等质询了 CEO。CEO 基于与 CFO 有关此事的交流作了说明,没有提出更充分的理由。CEO 和 CFO 认为调整库存从下期开始可能还不是时机。他们共同认为,基于销售副总的看法,这种产品的订货数虽然在第 4 季度减少了,但下一年度有可能回升。此外,CEO 就有关库存也作了申辩。实际状况正如 CMA 所担忧的,总收益比去年减少 30%,净利益与前年比下降了 33%,这些减少的约 2/3 是由这种产品销售价格的下降和销售数量的减少引起的。在第 3 年的第 2 个季度,随着竞争对手公司产品的增加,更加严峻的状况出现了。在这期的报告公开发表之前,CMA 再次向 CFO 递交了担忧的报告。即为了减少库存,即使牺牲一时的利益也是值得的,建议降价促销。对此,CEO、CFO 以及 CMA 进行了讨论。在会议上,CMA 以库存价值的下降为由提出降价销售,然而,CEO 和 CFO 不支持在这一时期降价。CEO 期待着库存的逐渐降低。此外,CEO 也说明了今后公司期望引入的新产品。CMA 根据内部审计人员的询问和外部审计人员的调查事项等,向 CEO 建议调整库存以及编制每季度的库存报告,但没有获准。相反,CEO 请 CMA 注意,如果采取这种意见,那么会对包括 CMA 在内的高管津贴产生消极影响,要求 CMA 修改自己的意见。

企业社会责任理论的不断演进,使管理会计的环境责任意识得到增强,社会公民理论又进一步要求管理会计树立正确的企业道德观和价值观,积极做好以下几项工作:(1)树立正确的价值观。企业责任意识使越来越多的企业经营者认识到企业依赖于社会的存在而存在,企业应该建立在正确的道德观与价值观之上。企业不是“赚钱机器”,企业的成功归根到底不在于赚钱的多少,而在于对社会的回报,将社会责任由一种外在的约束化为企业的内在需要,主动承担社会责任,树立良好的公众形象。(2)坚持正确的道德伦理观。要发挥企业伦理文化对企业履行社会责任的影响作用,促使企业尽可能多地履行社会责任。(3)制定合理的奖励观。通过完善企业的激励机制优化外部环境,各级政府应进一步为企业承担社会责任创造良好的社会环境和条件,加强对企业社会责任的舆论宣传,继续培育和完善市场经济环境,推进全方位的体制改革,进一步增强企业经营者的社会责任意识,激励他们积极主动地承担社会责任。(3)规范慈善活动中的道德观。管理会计的道德观要引导企业将慈善活动与社区稳定相结合,慈善责任是企业的道德责任,它对于促进企业可持续发展、维护社会稳定、实现共同富裕方面均有重要的作用。总之,企业是一个“多面体”。作为经济范畴的企业,需要追求价值的增值,实现最大的利润;作为法律范畴的企业,它要做好“企业公民”;作为道德范畴的企业,它要承担社会责任。在新时代的新经济体系下,解决人民日益增长的美好需求与结构不平衡不充分的矛盾,需要重视企业社会责任。企业承担的社会责任不仅仅是一种简单的社会道德呼吁和企业文化理念,更是企业参加社会实践的自觉追求。

第二节 管理会计的环境责任

进入现代工业社会以后,发达国家不惜一切代价地追求经济的增长,走先污染后治理的道路,给人类带来了严重的环境灾难。然而,这些环境问题往往是由于企业在生产、排污和经营方面管理不善造成的,自然资源的损耗、枯竭则与企业资源和能源的利用率低下、浪费严重有关。严重的环境问题引发了人们对环境保护的重视。

一、环境与社会责任会计

环境问题起源于人类社会经济活动对环境产生的负荷影响。企业环境管理的理论框架包括环境责任的确认、计量、归集与分配,进而使社会责任会计成为管理会计的一项重要组成内容。

(一)环境责任的不同视角

主要观点如下:

(1)以环境成本为主体。1999年日本开始从社会责任视角考察环境问题,被称为进入了“环境会计元年”。其核心特点是强调对环境成本的核算与控制。一是机构升级,即将环境厅改为环境省;二是同年3月发布《关于环保成本公示指南》,2000年7月发布《环境会计指南手册》(委托日本公认会计士协会编写)。在“手册”中首次提出了环境费用与效果的各种表格。环境会计要素:环境保护费用、环境保护效果和环境保护对策的经济效果。三种报表形式:环境保护费用主体型企业报表(A表);环境保护效果对比型企业报表(B表);环境保护效果和环境对策经济效果对比型报表(C表)。这三种报表基本奠定了环境信息披露的基本模式。

(2)以环境绩效为核心。这与进入21世纪后,社会责任观念的深入有关。环境绩效披露的内容主要应该包括五个方面的内容,即企业所采取的环境政策、相应的环境计划和结构框架、涉及的财务事项、发生的环境活动以及可持续发展方面的管理。

(3)以提供绿色GDP指标为导向的资源环境管理。1993年,联合国统计机构出版了《环境与经济综合核算手册》(SEEA),提出了生态国内产出的概念,即绿色GDP。2001年6月,颁布新修订的《环境与经济综合核算手册》(SEEA2000),初步确立了经济环境综合核算的实施步骤。2003年,再次修订《环境与经济综合手册》,对环境与经济核算体的内容做了进一步的归纳和扩展,加强了对各部分具体核算方法的讨论,已成为当今国际上进行经济与环境综合核算工作的指导性文件。

(4)以企业社会责任为主体的环境管理。主要标准有:美国社会责任国际组织(SAI)制定的SA8000标准、英国社会和伦理责任研究所1999年发布2008年修改的AA1000标准、“清洁制衣运动”行为守则、英国道德贸易倡议守则、世界负责任服装生产认证标准、国际玩具商协会商业行为守则等。2010年国际标准化组织经过多轮、多年、多国参与探讨,推出了 ISO26000 社会责任标准。ISO26000 的发布,是当前全球性的社会责任运动走向成熟的标志。它强调任何组织都应加强与利益相关者的沟通以全面履行社会责任,其既满足了社会公众对企业遵循道德伦理的要求,又符合可持续发展的理念。它促进了现代企业战略变革,发展中国家产业转型、结构升级。

（5）以确定生态效率指标为核心的环境管理。主要体现在联合国国际会计和报告政府间专家工作组(ISAR)于 20 世纪末至 21 世纪初发布的几份报告:一是《环境成本和负债的会计与财务报告》;二是《企业环境业绩与财务业绩指标的结合——生态效率指标标准化的方法》;三是《生态效率指标编制者和使用者手册》。随着环境污染等问题成为世界各地日益突出的经济、社会与政治问题,加强环境与社会责任会计的研究十分重要。企业的投资者和利益相关者不仅关心环境成本对企业的所有者和股东投资回报的潜在影响,而且关心企业的环境业绩如何影响其财务状况,有关环境业绩的财务信息又是如何被用来评价和管理环境风险的。ISAR 的研究表明,尽管由于多种因素的影响,企业环境业绩的提高与企业利润之间的精确关系尚难确定。但是,他们的报告中也提出,在环境负面影响不断减少的情况下,企业利润增加这一事实,表明企业环境业绩与财务业绩之间具有一定的关联性。

（二）环境责任的会计计量

这种计量是应用企业会计的理论框架对环境利益开展的核算。从历史的角度考察,往往需要借助于计量方程来予以实现,即"环境收益－环境成本＝环境利益"。利用这一计量公式,客观上能够计算出作为最终收益的环境利益。或者说,在一元的社会形态中,这种企业贡献度是能够加以把握的。现在的关键问题是,必须明确存在于环境收益和环境成本中的概念及其计量边界。如果进一步从宏观上计量这些存在于社会中的企业环境利益,就会扩展企业会计核算的主体范围。从这一时期的学术界视角考察,环境责任会计应运而生。对此,有观点认为,企业应该从涉及的社会影响面计量企业的环境利益,比如开展消费者剩余等的相关计量活动,这些方面内容均属于外显性的共同概念。实际上,以企业的正或负的外部性(externalities)为框架,对比环境收益和环境成本,事实上就提出了体现环境冲击影响的环境报告。如表 9-1 所示。

表 9-1　企业环境管理水平影响财务业绩的三种关系

		财务业绩		
		提　高	无　变　化	降　低
环境管理	好	正向,Ⅰ,绿色的财富	中性,Ⅱ	反向,Ⅲ,圣人、曲高和寡
	差	反向,Ⅳ,肮脏的面包	中性,Ⅴ	正向,Ⅵ,乞丐、污染者付费

然而,若仅仅以这些观点或理论来实施环境责任会计的计量,可能还过于理想化。因为,企业的费用和环境的损害往往是交织在一起的,不具备区分的客观属性,其结果正如 Apt 公司等的几个案例那样,在实践中是难以实施的。企业将履行的环境责任数量化,其一个现实性方法是将企业的费用按利益相关者类别加以归集,即将它们视作社会责任实施(企业的努力)所预测的费用比较好。将环境责任置于会计的框架之中,其好处是可以

利用会计系统可计量这一优点,然而与此同时,在以收益计算为目的构建的财务会计系统中,那些以收益的牺牲而形成的费用是否就是履行环境责任的表现,这成为会计的一个难题,成为计量能否突破的界限。进一步讲,目前利用这种方法是不能够计量社会收益的。一般而言,环境责任的许多方面是不介入市场的行为,因此,财务指标与非财务指标的结合成为必要。即,在货币计量的同时,可以根据实物量信息或者描述性信息来说明环境责任的实施程度及内容。

(三)环境责任的客观评价

环境责任的计量在学术界也存在不同的观点。有观点认为,发达国家的跨国公司为了规避本国日益趋紧的环境管制政策,[①]纷纷将污染型企业转移到发展中国家,出现了"产业外逃"(capital flight)现象,大量污染产业外逃到环境管制政策较为宽松的发展中国家,从而使发展中国家成为承接世界污染产业转移的"污染庇护所"(pollution havens),对发展中国家的环境、经济和社会等方面造成长期的负面影响。而另一些研究则从正面肯定了跨国公司的环境效应,认为跨国公司在国际生产的转移过程中,不仅解决了发展中国家资金缺乏的燃眉之急,而且还带来了先进的环保理念、环保标准、环保技术和设备等,从而促进了发展中国家环境质量的改善。

污染生产向"污染庇护所"进行"产业外逃"现象是有一定条件的,即必须具备以下三种优势(吴彬等,2006):一是"所有权优势",又叫垄断优势,包括资产性所有权优势和交易性所有权优势,前者包括有形资产(如机器、设备等)和无形资产(商标、商誉和专利等),后者源于跨国公司的跨国性质,公司有能力在全球范围内合理分工,规避各种风险,降低交易成本获得优势,该优势来自跨国公司的规模、垄断力量、资源容量和利用方式,是公司与同区域企业进行竞争时必须具备的。二是"区位优势",是指东道国的自然资源、人力资源、经济发展水平、政策法律体系、综合设施等对外国直接投资的吸引力。三是"内部化优势",是指企业在跨国经营中,要以企业内部市场取代不安全的外部市场,降低外部市场不完全所带来的交易成本,打破贸易壁垒和政府阻挠,严格内部管理,保持技术的垄断,实施内部转移价格策略,灵活转移资金、利润,实现合理避税。

如果跨国公司在本国面临高昂的环境控制成本,就具备了通过外商直接投资实行产业转移的初始动机,但进行国际生产往往意味着增加许多潜在的成本和责任,这样,跨国公司也许会选择将污染生产外包给发展中国家的企业。污染严重的产业往往是危机重重的夕阳产业,缺乏进行国际生产转移的所有权优势,尤其这些企业不具备较强的从事国际生产所需的稳定融资能力,这样,只有当投资的折旧期限相对较短或者初始资本投资数额较小时,公司才有可能选择国际生产。企业从生产转移中获取内部化优势的案例很少,通常,污染生产存在于技术夕阳产业,不必过于担心技术优势的扩散,那么,市场交易(arms-length transaction)便成为国际化的选择,除非东道国(污染庇护所)没有能力组织污染生产,才需要污染企业通过直接投资进行国际化生产。如果公司决定进行环境质量的国际化生产,自然包括环境清洁技术和污染治理设备向国外子公司的转让、向东道国经理层提

---

① 一般认为,当环境控制成本的差异超过生产转移的成本时,这种情况就会出现。

供良好环保业绩方面的指导，或者建立统一的公司环境行为标准。

一般认为，跨国公司不会选择进行环境质量的跨境生产，而是适用双重标准，即在东道国执行与母国不同的环境标准。因为跨国公司根据东道国的环境标准调整环境质量的生产，降低环境质量要求，可以达到节约成本的目的，在环境管制政策宽松并且执行力缺乏的发展中国家更是如此。而且，在发展中国家组织环境质量的跨境生产所遇到的种种壁垒，比如基础设施不完备、技术人员缺乏、环保服务短缺、文化差异等因素，从客观上鼓励了跨国公司接受适用当地的环保标准。另外，按照产业组织学派的分析，跨国公司可以"俘获政府"，从政府那里得到包括环保方面的种种让步，在内部更有效地分配包括环保资源在内的各种资源，以实现利益最大化。进入 20 世纪 90 年代后半期，投资者在进行投资活动的过程中，需要结合社会、环境、道德问题（SEE）对被投资企业履行社会责任的情况进行考察，社会责任投资（socially responsible investment，SRI）正成为人们注目的焦点。SRI 可以理解为是企业充分"考虑了社会性的现金流以及形成该流量的投融资活动的过程"。适应国际化经营的需要，企业社会责任（CSR）必须与 SRI 市场的扩展相适应。在美国和欧洲，存在大量的社会责任投资基金，美国 2003 年的社会责任型投资基金规模高达214 兆美元。这些基金的投资对象是那些被认为符合社会责任要求的企业或者被权威机构认定为社会责任排名靠前的企业。如果企业出现环境污染、产品质量问题、侵害雇员利益等违反企业社会责任的活动时，这些基金就会抛售那些企业的股票，从而使企业的市场价值降低。

如果跨国公司选择进行环境质量的跨境生产，可以"持续地"从中获取所有权优势和内部化优势：

（1）在发展中国家进行生产的种种不确定性，可能促使跨国公司组织环境质量的跨境生产。在大部分发展中国家，目前看来环境管制较为宽松，但可以预见，随着时间的推移，发展中国家的环境管制日益趋紧。而这种未来环境控制规模和内容的不确定性，一定会促使跨国公司选择按照母国的标准生产的同时放弃"较低的"（在东道国执行的）标准，否则，未来将会因发展中国家严格环境管制付出巨大的代价，尤其是在跨国公司项目的初始投资较大的情况下。东道国消费者和政府对使用双重标准的跨国公司的反应也导致了不确定性的存在——如果跨国公司被发现明显地使用双重标准，很有可能为此付出代价。从这个角度考虑，跨国公司也很有可能选择环境质量的跨境生产。

（2）发展中国家提供的环保产品和服务不充分甚至为零，这可能促使跨国公司组织该商品和服务的内部化生产。因为发展中国的污染治理设备、专家指导、实验室支持、废物回收利用等市场存在缺陷，通过内部化生产这些设备和商品，公司能够克服上述市场缺陷。

（3）通过组织环境质量的国际化生产，跨国公司可以获得规模经济优势。现实中，使用多重环境管理标准和体系会带来巨大的信息和交易费用，跨国公司为提高效率、降低成本就有可能实施环境质量的跨境组织，并通过国际生产、管理、技术、营销和跨境培训的标准化获得一系列（比当地企业更突出的）规模优势，即"跨境规模经济"（Kogut，1985）。发展中国家的子公司的环境管理可能"相对于本国压力而言，更多地受到公司总部的影响"，因为出于实现跨国公司内部管理体系的效率最大化目标的考虑，肯定要求"各公司之间程序和业务的高度一致"(Hadlock,1994)。

（4）跨国公司生产环境质量的能力日益成为在发展中国家投资的动机。东道国消费者和政府越来越积极地从环境效应的角度区分公司及其产品,使得跨国公司的环境质量的生产通过国际化行为成为公司的所有权优势(Pearson,1985),这也是社会责任投资的必然要求。

二、环境责任视角的管理会计

（一）环境管理会计的形成与发展

环境管理会计是基于企业的可持续性和改进生态经济效率而由管理会计与环境管理相结合而发展起来的一门学科。相较于一般的非财务会计信息,环境管理会计信息更倾向于内部使用者且区分为实物与货币两类会计信息。目前主流的环境管理会计定义有以下几种,如 9-2 所示。

表 9-2　环境管理会计的概念界定

来　源	定　义
Graff et al.	环境管理会计衡量经济事项的物质流出与环境成本。一方面其跟踪物质流的投入与产出,另一方面用以评估企业资源利用效率与环境优化程度。
UN DSD EMA	环境管理会计是确认与计量生产流程中的全周期环境成本、环境保护与清洁生产的经济利益,并且披露成本与利益融合下的日常经营决策的会计信息。
Bennett and James	环境管理会计是处理、分析、利用财务与非财务信息来最优化企业财务绩效与环境绩效之间平衡关系,进而实现可持续经营的信息系统。
Schaltegger and Burritt	环境管理会计是指管理层用于实现嵌入环境因素的财务决策并承担其经济后果的决策系统。
International Federation of Accountants (IFAC)	环境管理会计是鉴定、收集、分析与环境内部决策相关的实物、货币两类信息的会计。这两类信息是:（1）能源、水和材料(含废弃物)流动、被使用及最终处理的实物信息;（2）与环境相关的成本、收益等货币信息。

基于对表 9-2 中五种环境管理会计定义的分析,我们认为一篇环境管理会计研究文献应当包含以下六个关键词,具体解释如下:①环境。它包含经济事项的社会与经济影响,反映对环境与可持续的考量。②管理。它包含管理职能研究(包括从产品生命周期的研发、生产一直到产品回收);或管理者行为的研究(包括整个管理层及产品监管、环境管理、物流等);或管理对象的研究(包括人力资源、产品、知识创新等)。③会计。它包含实物或货币会计信息供内部(管理层)或外部(投资者)使用,即环境信息披露(物质流)与环境会计信息披露(货币流)。④环境管理。它包含环境内部化,即将生产过程对环境的影响纳入管理体系之中,体现企业环境资源的循环利用;环境管理标准体系的构建等。⑤管理会计。它包含管理层以财务指标与非财务指标为核心的管理决策;研究内容具体可分为管理会计的一般性问题、管理控制系统、管理信息系统、成本会计与管理、外部导向型管理会计。⑥环境会计。它包含在企业经营各个环节(如融资决策、产品研究与开发、设备

及对外投资决策、采购决策、营销决策、预算编制与业绩考核、风险管理乃至企业组织机构的设置等)中充分考虑到相关决策可能引致的环境问题,包括其实物方面与财务方面的影响。

从环境的社会责任视角考察,环境管理会计与传统管理会计在理论与企业实践上的区别与联系主要有以下三个方面:

一是管理会计的环境成本计量。在传统管理会计中环境支出或环境业绩(如因环境损害所带来的诉讼、赔偿或罚金,为社会环境活动进行的公益支出,因采取环保措施而带来税收的优惠、融资成本的减少、市场份额的扩大等)数据无法独立确认;而在环境管理会计的理论研究中需要界定环境成本的概念与环境成本归集的方法,因环境成本的界定及其资本化方法的不同导致了环境资产确认结果上的差异,从而最终会影响到环境会计信息的质量(许家林,2006)。企业实践的关键所在是解决环境成本归集转移方式及环境资产负债的货币量化问题。前者基于外部成本内部化,后者则需要会计计量方法的环境化,显然这种方法上的改进已经从环境生态角度影响了现有的会计模式。

二是管理会计的环境绩效评价。在传统管理会计财务绩效评价观点中,改进企业环境绩效的额外成本都将不可避免地降低公司的财务绩效,即公司的环境管理虽然提高了社会或环境绩效,但由于其利用了管理资源,偏离了公司的核心领域,从而降低了盈利性。而环境管理会计则是为了同时提高企业或其他组织的环境业绩和财务业绩,为其内部与环境相关的管理提供财务信息和非财务信息的会计系统(干胜道,2004)。在企业实践中,随着社会可持续发展、环境规制及公众环保意识不断增强等多重因素的共同作用,正在构成企业施行有效环境管理会计制度的经济激励和契约激励。

三是管理会计理论与工具的更新。随着环境管理会计的发展,在环境管理会计文献中已经出现完整的从基于理论研究到案例分析的管理会计工具的引进与创新。例如,基于资源基础论的环境管理会计工具创新,从弹性边际成本法(GPK)为基础到资源消耗会计(RCA)再到物料流量成本会计(MFCA)的发展创新。从资源消耗作为部门之间的成本(价值)转移,到基于资源库(资源结集点)包含所有的资源,这些相关的成本需要面向资源进行归属计算,通过分析生产流程的资源流动规律及对经济和环境效益的影响来运用全周期物质流成本会计方法,同时以元素流分析为基础,与成本、产值和经济增加值相结合采用价值流成本分析(周志方,肖序,2010)。

(二) 管理会计环境责任的扩展

1997 年我国制定发布了《环境保护法》,1989 年进行过一次修订,第二次修订后的新《环境保护法》已于 2015 年 1 月 1 日正式实施,被称为史上最严格的环保法。传统的环境管理会计研究正在向生态效率与效果的环境保护方向转变。它要求将通用性的财务业绩指标与环境绩效指标和资源消耗指标有机结合,构建具有中国特色的环境管理会计理论与方法体系。许家林(2009)认为,目前国内学者与实务界有关环境责任的研究处于三条线的运动状态:一是从会计角度研究;二是从企业管理角度加以研究;三是从国民经济管理角度加以研究。将上述视角加以统一,形成共性的通用指标体系,不仅可以优化研究资源,还可以提高环境管理会计针对性与有效性,提高研究的价值。管理会计环境责任的扩展,需要在满足生态效率基础上对财务业绩与环境业绩指标加以整合、协调,以企业有效履行社会责任作为基本的出发点,设计出一套有利于推动企业经营活动生态效率考核的指标体系。周守华、陶春华(2012)认为,近几年的环境会计理论的研究,丰富了环境会计和报告的理论基础、拓展了环境会计相关技术和方法,并从不同视角进行了深入研究,在以下几个方面都有一定的发展。①可持续视角的发展;②外部性视角的发展;③信息披露视角的发展;④成本管理视角的发展;⑤行为科学视角的发展。

我们认为,以环境经营为导向,加强环境管理会计研究,有助于宏观与微观的衔接,会计与非会计领域的统一。环境经营是指企业在生产过程中,以提高资源利用率为核心,借助于生产流程优化、技术水平提升,以及高效的监管手段等来控制环境污染,全面推行清洁生产,以达到实现企业经济效益、环境效益和组织效益并重为目的的一系列管理活动。从大的方面讲,环境经营有助于实现企业环境负荷的最小化以及构建可持续发展的循环型社会;从小的方面讲,环境经营是企业商品经营与资本经营相互博弈的结果。通过在商品经营中实现环境的友好与可持续发展,使商品经营的内涵与外延得到了进一步的扩展,丰富和发展了商品经营的绿色理念和环境认知。另一方面,资本经营中充分考虑环境经营的因素,使资本经营更具社会责任感,更大限度地提升了企业资本经营的灵活性与能动性,且能够为企业带来更大的经济效益、环境效益和组织效益。环境经营可以理解为是一个社会对价值判断的评价标准,它要求企业在获取经济效益的同时,兼顾环境效益与组织效益。如果企业在经营活动中只考虑自身的局部利益或眼前利益,而不顾及社会利益与环境的承受能力,那么这种经营活动(无论是商品经营还是资本经营)就不能带来正向的收益,而是一种经济学上称之为"负的外部性"的结果,即造成巨大的环境压力和难以承受的环境代价。环境经营活动就是要通过环境成本的内部化等手段克服这种"市场的失灵",提高企业经营成本的真实性和有效性,引导企业积极履行社会责任,实现社会的公平与效率。在环境经营的具体行为上,"就是要将企业的价值观、经营意识由大量消耗自然资源和能源、追求经济至上,转向节约资源、循环利用,谋求环境、经济和社会效益的协调发展上。由此带来企业一系列的转变,包括由'动脉系'(大量生产、大量消费型)经营结构向'静脉系'(环境协调型)经营结构的转换;以及企业的设计、生产工艺、材料和产品、流通工艺向减少环境负荷的方向转换"(余晓泓,2003)。

第三节　管理会计的生态责任

生态责任可以分为互联网生态与环境生态的权利与义务。互联网经济生态需要强化规范:一是会计的确认、计量与报告必须跟上;二是资金流管理要自律;三是管理会计必须强化战略控制。

一、互联网经济与生态环境

(一)"互联网+"与共享经济

"互联网+"下的新经济类似生物学的新物种出现,是企业长期增长、结构变化背后的核心力量,它将给领先者带来潜在发展空间。共享经济(sharing economy),也称分享经济,是指能让商品、服务、数据(资源)及(人的)才能等具有共享渠道的经济社会体系。经济过剩带来了经济剩余资源,在企业层面体现为闲置库存和闲置产能,在个人层面则表现为闲置资金、物品和认知盈余。共享经济,恰恰是一种通过大规模盘活经济剩余而激发经济效益的经济形态。民众公平、有偿地共享一切社会资源,彼此以不同的方式付出和受益,共同享受经济红利。此种共享在发展中会更多地使用"互联网+",进而促进互联网经济的发展。共享经济的发展观念要求进行革命性的转变,要求进行制度性的变革以进一步解放生产力,推动经济的可持续发展。共享经济行业发展的时间不长,但在短时间内已经快速地渗透到了很多行业和细分市场。以消费交易对象为分类标准将共享型经济行业分为五个主要类型,涉及旅行住宿共享、物流共享、交通共享、服务共享、闲置用品共享。由于割裂了企业利润与满足社会需求之间的关系,传统的社会责任思维已不合时宜,必须强化环境生态经济观。企业的经济价值与社会价值之间是互相推动、良性循环的,共享价值或价值共享是经济共享的核心。企业将价值创造看得过于狭隘,仅仅追求泡沫中的最佳短期财务收益,却忽略消费者最根本的需求。环境生态责任提出:企业怎么能忽视消费者的健康? 忽视自然资源的消竭? 忽视供应商生存能力的下降? 忽视消费它们产品的社区经济的下滑? 企业怎可指望仅仅将生产线转移至人力成本更低的地方,就能持续保持"解决问题"的竞争力?

（二）经济生态中的共享价值

共享价值的原则体现在:企业为社会创造价值,应对社会挑战,在满足社会需求过程中创造出巨大的经济价值。必须搭建连接商业成功与社会进步的桥梁,即经济生态观。共享价值是一种达成经济成功的新方式。共享价值不是公司的次要活动,而是核心活动,它将引领下一轮商业思维变革。在一个国家的经济发展过程中,效益的追加部分实现增长时,为它追加的各种费用也必须增长,而当追加费用与追加效益数量相等时,这个国家就必须减缓或停止发展,否则会引起大范围环境恶化。中国经济的发展立足长远是对的,但要兼顾短期要求,而且有些增长动力也是发展动力;尤其是在经济下行压力加大的当下,更要稳增长、图发展并重。先发国家往往倾向维护既有格局,这会影响后发国家的转型升级,如技术壁垒、资本掠夺、游戏规则限制以及经济思想误导,等等。后发国家成功转型升级的不多,仅少数东亚国家和地区取得一些经验,但一般性意识有限,因为这里还涉及特殊的地缘政治经济等原因。

从宏观经济运行看,经济社会发展必然会要求劳动收入、薪酬水平有较快、合理的增长。劳动力成本逐步上升和提升劳动生产率,成为产业经济不能回避的现实挑战。相应地,中国的经济发展方式就面临着质的变迁要求,核心就是产业升级要求。这种变迁倾向,尤其给一些低端产业带来极大压力。从经济生态学角度看,国际劳动分工体系中,低端产业本质上是经济生态上的"被掠食种群"。低端产业主要是劳动者被掠,资本仍有一般收益水平。一方面这会造成贫富分化等问题,另一方面也为后发国家完成资本积累提供了可能。后发国家要利用好这个阶段,完成必要的资本积累和技术储备,这是未来产业升级的条件和基础。中国已经较好地完成了必要的资本积累和技术储备,为产业升级奠定了坚实基础。前30年建成独立自主的科学与工业体系,近30年不但成长为GDP大国、贸易大国、外汇储备大国,而且在空间、核电、高铁、卫星制导系统、通信和国防工业上位居世界前三名,国防和金融的独立能力超过德日(洪银兴,2017)。当然,我国的总体水平相较于发达国家还有差距,在产业结构、区域结构和收入结构等方面还存在不平衡、不协调。发达国家凭借技术、资本垄断以及对国际经济事务的控制权而掌握市场力量,攫取穷国剩余价值,甚至金融掠夺,造成所谓的"中等收入陷阱"。中国要以此为戒,真诚践行互利合作原则,德不孤,必有邻,这是经济外交成功的保证。由于大国溢出效应,国内转型升级和外向经济战略等,都会转化成全球的代谢增长与代谢竞争。中国体量决定其转型升级就是全球劳动分工体系的重构,"一带一路"、亚投行等也会带来国际经济关系和秩序结构变化。这些变迁符合全球经济发展需要,但未必符合"掠食种群",尤其是国际金融垄断资本的利益,从而也就是生存空间的代谢增长与竞争过程。国际代谢竞争的博弈可能加剧,风险上升甚至可能出现安全挑战,要加强防范。经济领域尤其要注意金融安全,资本项目放开、金融衍生品发展等要谨慎。人民币国际化是重要和必要的,但本质上是一国信用的全球认可过程,未必靠某种"高标准"形式化认定,后者往往为资本投机甚至金融掠夺开启方便之门。仁义不施而攻守之势异也,做好自我、正确应对就完全可以取得成功。

二、管理会计与互联网生态

互联网经济的发展方向是构建互联网生态。"十三五"期间,中国经济的增长将会受益于互联网和传统产业的结合。

(一)生态时代的"互联网+"管理会计

生态经济的特点就是能够让不同的物种产生跨界,不断产生价值,即打破边界才能够实现创新。同时不同物种有机协同、共生、共赢、共享。如何真正实现价值共享,是创造一个全新模式的核心起点。下一个时代是互联网生态时代,从一个垂直产业变成横向,"互联网+"、互联网生态真正产生化学反应。互联网通过和终端结合,再和内容、服务结合,有可能会创造全新的经济形态出来,会创造全新的用户价值出来。用互联网和云计算的特性进行变革,再把看似不相关的产业融为一体、跨界创新,变成全球的新模式,给全社会、全行业创造价值。全球用户价值到底在哪儿? 未来10~20年是中国互联网企业融合消费电子整合文化企业之后走向国际化。全球化市场恰恰是共享共生,不可分的。怎么样让全社会资源为用户提供价值,这是中国企业能否成功的关键因素。把原来看似不相关的产业融为一体,产生跨界创新,真正创造新价值,变成一个完整的全球化共享经济。当变革大潮来临的时候,原来的竞争优势都已经不重要了,反而可能成为一个很大的劣势。在这种情况下,不可能产生颠覆性创新。颠覆性创新恰恰都在于领域与领域之间或者企业与企业之间。它们之间是处于不同纬度之间来进行生态共享。生态经济,它能够在不同的物种间产生跨界,不断地产生全新价值,还能有机地协同、共生、共赢、共享。创造一个全新的维度,或者更高的维度,而不是跟现有的 BAT 等公司在同一个维度下竞争。此外,是否能够全球化,将证明你是否真正为全球的用户创造价值,而不仅仅是为中国用户创造价值。目前的共享还属于一种狭义的共享,更多的是信息和资源的共享。生态经济下的共享应该是全面的共享,包括能力的共享、资本的共享,最后实现价值的共享。互联网生态时代,更深层次的是生态能够产生化学效应、创造新价值。距离互联网最近的,就是智能终端,"智能+"将是管理会计生态责任建设的重要课题。

（二）社会责任与环境生态发展

环境管理往往面临许多的难题：一是界定和保持环境产权的困难。首先，人们在外部性情景中的产权具有相互性，很难区分界定产权等；其次，环境产权的排他费用特别。因为产权原因，禁止村民上山拣柴——难！二是环境外部性的复杂性。它表现为：①在采用税收、收费或押金等制度对环境外部性治理中，很难评估得出对环境外部性是否带来效应；②环境公共品的价值常常被低估，如海边（湖边）森林这种环境资源究竟价值几何；③环境污染的协同作用，如几家公司的废弃物和所排污物混在一起，化学物质可能在空气中发生化学反应，以至于使联合效果更具危害性；④环境污染的滞后性，如有毒物质可能在食物链中的食物体及人体中积累，若干年后才能显现，且没有足够的证据证明是与某一生产活动必然相关。三是环境法规的适应性弱。其一，可能多个公司均有涉及，但其中某些公司已不存在；其二，排放时不知其有危害，当时是合法的。四是环境后果的近视性。一方面，缺乏战略眼光所导致的长期恶果。如使用农药滴滴涕的好处在短期很明显，其灾难性影响却在若干年后才被认识。另一方面，人们对环境维护的盲目性。如 SASI 发生时，对周围环境喷消毒剂，冰雪天气撒盐等措施，可能产生环境二次污染。

要积极构建环境会计，环境会计包括环境财务会计与环境管理会计。目前，已颁布国际会计准则的环境会计主要有：资产弃置会计、土壤污染修复会计、排污权交易会计、碳会计（包括碳交易、碳排放等）、可再生能源会计等。环境管理会计包括的内容主要有环境成本计算、环境设备投资的管理、物料流量会计。环境管理会计通过环境管理控制和环境信息支持两大系统谋求企业的价值增值。

20 世纪中叶，社会学研究形成一股新的势力，即生态导向性、政治导向性与全球导向性。生态导向性强调生态优先，社会价值上追求社会公平与正义，政治体制上强调民主制度与分权化。社会科学的各个领域出现"绿化"态势，有学者将其概括为五点标志：①哲学的"荒野转向"。其特征：哲学观上强调可持续发展原则，将伦理关怀指向非人类世界，并将生态伦理的哲学思考与改变世界的现实结合起来。②人类学与历史学出现了"生态视角"。20 世纪 60 年代以来，生态人类学的观点取代了环境决定论与环境可能论。③经济学寻求"发展"而非"增长"。低碳经济，生态与经济的协调发展，不再过分重视 GDP 的增长。④环境社会学范式的确立。蓝天白云与人类生存环境，经济发展不以牺牲环境为代价。⑤生态政治学的产生。20 世纪 70 年代初期，绿色政治研究使环境作为一个政治问题走上了历史舞台，民主、公正、民权等成为新政治学的基本主题。环境生态的发展促进了环境管理会计的创新。以生态为导向，强调重视环境保护与生态文明建设，注重内部挖潜和成本降低等。

环境生态的发展，需要把握以下几个问题：一是生态经济学与环境管理会计学的融合。生态经济学是研究生态系统和经济系统的复合系统的结构、功能及其运动规律的学科。它是生态学与经济学相结合而形成的一门边缘学科。二是嵌入生态经济学的环境管理会计，是一种价值扩展性的发展路径创新。需要从生态价值形成、发展的规律，以及企业如何有效地扩大和增加这种生态价值等来丰富和完善环境管理会计。三是环境生态投资对企业经营绩效的影响。环境管理会计中的社会责任投资与环境生态投资的协调与沟通。四是环境管理会计中的可持续发展对生态经济学的贡献。上述研究的一个共同点是：为管理当局明智决策提供相关信息，通过可持续发展实现企业的价值增值。环境生态导向的管理会计将对传统管理会计内容进行修正,促进管理会计决策理论的扩展,完善预算管理与业绩评价机制,推动成本管理的丰富与发展(有助于更广视角应用成本方法,创新成本管理工具)等。

第四节　本 章 小 结

　　一个全球经济的无边界时代正在来临,成长中的中国企业如何获得世界市场的信任?答案之一就是积极履行企业社会责任。在全球化时代,企业之间的竞争核心已经从过去的设备、厂房以及制度等"硬件",升级为企业价值观、社会责任等"软件"。长期以来,重"硬"轻"软"的倾向已对中国企业的可持续发展带来伤害。企业必须明确责任意识,增强主动服务的核心竞争力。在股东利益与相关者利益的权衡方面,企业要树立道德责任意识,既不能只为股东服务,也不能无条件地偏向相关利益方,而是应该在成功实现对股东负责的同时,树立正确的价值观、道德观,为整个社会服务,承担更高的社会责任。围绕企业公民的责任意识,要关注 SA8000 的"社会责任标准"。据美国相关商会组织的调查,目前有 50% 以上的跨国公司和外资企业表示,将按 SA8000 标准重新与中国企业签订采购合同。需要指出的是,SA8000 的权威性不足,到目前为止在整个企业社会责任运动中的地位和作用十分有限。要树立动态包容的管理会计理念,加强各种社会责任标准的比较研究,不能将 SA8000 等同于跨国公司的社会责任。因为,夸大它的作用不仅会为某些商业机构借机进行社会责任认证提供舆论环境,还可能为某些国家建立国际贸易壁垒提供借口。同时,也会在事实上导致跨国公司真正应该承担的社会责任范围的缩小。

　　诚然,履行企业社会责任是与企业的发展相联系的。"企业效益不好,什么都是空的。"这种观点既是对企业主,对普通员工也是如此。而中国的现实情况是,员工的利益与企业的利益联系得不够紧密,即使在经济发展很快的情况下,员工也可能难以享受经济增长的福利。亦即员工的经济利益是由非经济因素来决定的,这也是要强调企业道德责任的原因之一。从战略管理的角度构建环境管理与企业社会责任相结合的管理会计体系,是企业环境经营的内在要求。管理会计以服务于企业内部管理为主要使命,真正意义上的功能是借助于管理技术与方法来加以呈现的,提供基于这些技术与方法的信息工作者的道德伦理以及基于这些信息开展决策的管理者的环境责任研究,不应该是欠缺的。有关管理会计技术与方法的研究,围绕信息技术的进步和企业环境的变化,将变得越来越重要。与此同时,围绕管理会计信息就管理会计工作者以及企业管理者的社会责任研究,将是今后的重要选题。此外,研究企业生态责任问题,与构建管理会计技术与方法一样,企业生态责任的架构必须充分考虑成本效益原则。

 案例与讨论

背景资料一

　　青岛啤酒股份有限公司是我国啤酒行业的龙头企业之一,截至 2017 年底青岛啤酒在全国 20 个省市地区拥有 65 家啤酒生产厂。在环境管理方面,青岛啤酒荣获了"首届中国绿金奖""中国社会责任百榜""国际碳金奖""最佳企业公民"等奖励,且四度蝉联"中国绿公司百强"。在企业内部,青岛啤酒几年来一直推行环境管理会计体系,并将其贯穿在企业投资、融资、产品定价和采购等诸多环节。通过不断推行和优化环境管理会计体系,青岛啤酒环境绩效显著提高,公司污染物排放达标率100%,单位COD、二氧化硫排放量环比削减率分别为9.38%和42%。青岛啤酒环境管理和环境发展能力成为啤酒企业的风向标,数字和荣誉背后是其内部环境管理机制,具体体现在以下方面:

1. 持续发展的环境伦理价值观培育。青岛啤酒信奉"好心有好报"的朴素环境观,呵护大自然,履行环保责任,让消费者享受绿色产品,并受益于绿色价值链,用大自然所赐予的大麦、水和酒花酿造好酒,并将"一切源于自然,也将回归自然"的环境伦理观渗透到公司价值链全过程,通过技术研发、产品设计、生产制造、销售渠道等多个环节全方位调整,提升企业的绿色发展能力。同时,也将环境伦理观渗透到公司每一个员工价值观念中,使得绿色环保成为员工普遍认同的道德规范和行为准则。

2. 环境管理机制和组织体系的完善。良好的环境伦理价值观内化为企业决策和行动,需要科学完善的环境管理制度和组织体系。一方面,青岛啤酒完善环境管理制度,企业以履行社会责任、防范环境风险、提升环保绩效为宗旨,持续推进精细化、标准化和规范化的环境管理机制,将水资源保护、能源管理、应对气候变化、废物资源化利用等作为公司环境管理战略重点,构建了企业各个层次环境管理制度体系。另一方面,青岛啤酒建立覆盖各层级的环境管理组织机构,首先总经理为公司环保管理的第一责任人,实行分级管理和总经理约谈、红黄牌制度,实行环境事件一票否决制度。其次,由各部门负责人组成公司环保管理领导小组,每月召开例会,会议内容包括环境管理会计信息分析、环境管理案例分析等。再次,落实环保岗位责任制,推行环保岗位标准化配置,加强人才储备,如组织污水操作人员参加公司职业技能大赛,将环保纳入技术工种竞赛范围。最后,将环保指标层层分解到现场管理各项工作中,细化环境管理考评体系,公司每年与各部门签订目标责任书,制定节能降耗指标,并将指标分解到班组,由部门组织班组进行能源消耗的数据分析,对每月目标进行评估考核。

3. 全面环境质量管理制度的建立。青岛啤酒在技术研发、产品设计、生产制造、销售渠道等各个环节全方位调整,提升绿色发展能力。第一,开展环保设计,青岛啤酒在进行产品设计时,优先考虑产品环境属性,将环境影响作为最重要参量,除考虑产品性能、质量和成本外,还考虑到产品回收和处理。第二,进行环保经营,啤酒在生成过程中有来自电力消耗、化石燃料燃烧、酿造工艺过程等的温室气体排放,青岛啤酒采取节能降耗、二氧化碳回收、温室气体核查等构建环境运营模式。第三,选择环保物流,青岛啤酒首先选用易回收再生的包装材料,其次选择环保运输,实施共同配送,再次实现环保仓储,即要求仓库布局合理,以节约运输成本并加强维护和保养。第四,重视环保回收,啤酒在生成过程中实行二氧化碳的回收利用技术,将发酵过程中的二氧化碳进行收集和处理,最终回用于啤酒灌装过程,减少温室气体的排放。

4. 环保创新技术和节能技术的应用。一方面,青岛啤酒坚守和重视节能环保新技术和新工艺创新,1994年公司创设科研开发中心,2011年成立了"啤酒生物发酵工程"国家重点实验室。同时,为鼓励全体员工环保创新积极性,在公司内部广泛开展技术革新方案活动和奖励制度。另一方面,青岛啤酒重视节能技术的应用和高能源利用效率,公司通过工艺创新、技术改造、细化节能降耗等管理,能源绩效不断提升,能耗指标大幅降低,如公司废水处理系统采用 USAB 厌氧处理工艺,该工艺在运行过程中会产生大量的沼气,公司将沼气进行回收处理,将其作为锅炉蒸汽生成的燃料,既减少了温室气体的排放,又降低了能耗成本。通过水资源保护、节能技术应用与推广、生物能源利用、降低废气排放、废物回收利用等多个环节全方位保护环境,提升公司绿色价值。

（资料来源：范英杰、李晓媚.环境管理会计的企业内部驱动研究：以青岛啤酒为例[J].商业会计,2014(8)：18-20.）

请讨论：

1. 结合上述材料,阐述你对环境责任视角的管理会计认识。

2. 从环境伦理观、环境管理体系、环境管理组织等角度,谈谈青岛啤酒实施环境管理会计内部驱动机制的启示。

背景资料二

1. 洛杉矶的企业家罗伯特·洛奇在捐钱出去的时候根本没有打赚回来的主意,但他在捐了几次款后发现,捐了款就能赚回来。因为慈善行为可以博得他人的好感(洛杉矶科学中心入口处的墙上刻着罗伯特·洛奇的名字,见者无不称赞),从而使自己有机会结识对自己有用的人。

洛奇因为捐助癌症研究,成为一家制药厂早期投资者。他当初投资的 100 万美元已经增值了 7 倍,等到这家公司上市,可盈利 3000 万美元。洛奇在总结慈善事业方面捐助与赚钱的关系时说,他花在慈善方面的每一块钱,都能够换回 1.1 美元到 2 美元.

2. 比尔·盖茨从来没有说过慈善捐款与赚钱有什么关系。2004 年,他把自己从微软公司获得的 30 亿美元全部捐了出来。从 2002 年到 2004 年,比尔·盖茨和他的夫人累计捐了 100.85 亿美元。

我们这些每天用着微软产品的人都因为他的慈善捐助而对他心存好感,每当他的新产品发布时,我们都热切地关注并积极使用。我们这么多人爱用比尔·盖茨的东西,他不发财才怪。

3. 公元前一世纪成书的古印度寓言集《五卷书》中有这样一个故事："在一个清静的地方有座庙,庙里住着个游方化缘的和尚,生活清贫而幸福。以后这个庙里香火旺盛,常有人上供好东西,和尚把这些供品卖掉后积攒了许多钱。自从有钱之后,和尚不信任任何人,无论白天黑夜都把钱藏在自己胳肢窝里,总担心被别人偷走,这使他整天感到心神不定,痛苦不堪。"这个故事原本是想说,钱并非好的东西。弄钱的时候,有痛苦;想保住已经到手的钱,也有痛苦;钱丢掉了,有痛苦;把它花掉了,也有痛苦。

佛教的宗旨是普度众生,即把众生送到彼岸的天堂。金钱实际上就是那只普度众生的船。和尚的痛苦不在于他有钱,而在于他不会用钱。如果把钱用于接济穷人,岂不阿弥陀佛了吗?

请讨论：

1. 结合上述材料,谈谈你对企业社会责任的认识。

2. 结合管理会计的价值理念,评析上述资料中的慈善、道德视角的企业社会责任。

第 10 章

管理会计的变迁管理

变迁是事物发展的一种客观规律,变迁管理是对变迁过程的引导、规范与创新。管理会计变迁是管理会计改革与发展的内要要求,它是适应企业内外部环境变化的一种自觉行动。管理会计变迁取决于两项因素,一是经济进步及全球化程度带来的成本效益,二是管理会计变迁及其博弈过程中的创新驱动。有效的管理会计变迁能够降低市场中的不确定性,抑制机会主义行为,从而降低变迁过程中的成本,带来管理会计的变迁收益。

第一节　管理会计变迁的制度博弈

从管理会计角度考察,变迁管理是由影响管理会计发展的内外部环境变化引发的一种自我调节机制。20 世纪 80 年代,因管理会计与实践的相关性消失,其中以约翰逊与卡普兰教授于 1987 年出版的《相关性消失了——管理会计的兴衰》一书为代表,学者们开始围绕管理会计展开了一系列的变迁研究(Burns and Vaivio,2001;Scapens,2006),并适应企业实践的需要,开发出了诸如作业成本/管理(ABC/ABM)、平衡计分卡(BSC),以及目标成本与利润规划(如 JIT、EVA)等管理会计工具。

一、管理会计变迁的影响因素

随着管理会计的创新深入,一些涉及管理会计的战略性问题被发现,需要在成本效益原则的基础上加以比较与管理。同时,在明确管理会计变迁的前提下,研究者需要发挥主观能动性,积极参与管理会计变迁的创新驱动及其形成规律的研究。影响管理会计变迁的前因变量与后因结果,如图 10-1 所示。

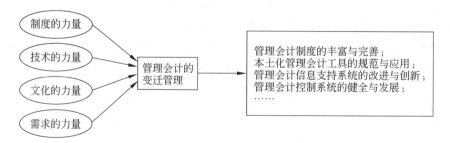

图 10-1　管理会计变迁的管理模型

图 10-1 表明,作为影响管理会计变迁最具代表性的四种力量,会随着变迁管理在管理会计制度、工具与方法体系,以及管理控制系统与信息支持系统等方面发挥积极作用。为了深化对管理会计变迁影响因素的理解,下面逐一加以阐述。

（一）制度的力量

"制度的力量"是影响管理会计变迁的重要因素。比如,随着组织模式由单一企业向企业集群方向转变,组织间管理会计正在逐步成为制度规范的重点与难点。与此同时,管理会计的规范体系正在持续地完善与发展之中,与管理会计相关的各种制度不断涌现。比如,2013年8月16日,财政部发布了《企业产品成本核算制度(试行)》,明确并强化了新形势下提高产品成本信息质量,规范成本核算行为的重要性;2014年11月,财政部颁布了《关于全面推进管理会计体系建设的指导意见》,使管理会计学科地位得到巩固与发展。同时,2014年10月,英国皇家特许管理会计师公会与美国注册会计师协会也颁布了《全球管理会计原则》。2016年6月,财政部颁布《管理会计基本指引(试行)》,2016年10月,财政部发布《会计改革与发展"十三五"规划发展纲要》,均对管理会计改革与发展提出了具体指引和明确的规范。同一时期的美国管理会计师协会(IMA)也于2016年8月正式发布了《管理会计能力素质框架》,其中对管理会计人员的能力素质提出了规范的标准和具体的要求。2017年10月,财政部印发了《管理会计应用指引第100号——战略管理》等22项管理会计应用指引。与此相关的文件制度还有许多,比如,国务院办公厅于2016年8月8日正式下发的《关于印发降低实体经济企业成本工作方案的通知》(国发〔2016〕48号);国务院办公厅于2017年8月17日正式下发的《国务院办公厅关于进一步推进物流降本增效促进实体经济发展的意见》(国办发〔2017〕73号);国务院办公厅于2017年10月13日正式下发的《国务院办公厅关于积极推进供应链创新与应用的指导意见》(国办发〔2017〕84号,以下简称"意见");2017年1月18日,国务院国资委印发《中央企业境外投资监督管理办法》,列明央企对外投资负面清单,明确投资红线和监管底线。其他的制度,如2017年8月2日由财政部印发的《国有企业境外投资财务管理办法》,国家发改委2017年11月3日发布的《企业境外投资管理办法(征求意见稿)》,2017年11月7日国家发展改革委的《政府制定价格成本监审办法》,等等。

（二）技术的力量

"技术的力量"是导致管理会计变迁的重要手段,也是管理会计工具开发与创新的驱动力量。技术的进步经常会迫使企业调整自身的管理行为,促进管理会计的变迁。传统的生产技术类型分为单件生产、小批量生产、大批量生产、分步生产,并且长期以来被视为影响组织内部会计系统的重要因素。随着作业成本法、决策成本概念框架等新的会计技术的应用,传统的会计核算与控制面临挑战。比如,采用大批量生产技术的组织主要采用正式、程式化的控制,例如采用预算系统支持日常的营运管理等。相反,非标准产品采用复杂的单件生产技术,需要采用灵活有机式的控制,例如社会控制与人员控制,以鼓励员工对不同情形的快速回应。随着适时制(JIT)、全面质量管理(TQM)等的普及,将战略与营运结合的管理控制系统,如平衡计分卡(BSC)已为广大的企业所采用。近年来,随着工业4.0和"互联网+"时代的来临,企业已经拥有比较灵活的适应市场体制的技术手段,管理会计越来越成为中国经济持续增长的助推器或控制平台。但与西方发达国家相比,中国企业的管理会计理念和商业经营模式还有很大的提升空间,隐藏着巨大的剩余价值潜能,如果能对其进行挖潜增效,将有助于解决当下的"去产能、去库存、去杠杆、降成本、补短板"这些经济难题,提高企业生产效率,加快企业自身发展。如人工智能、智能制造,"互联网＋",以及管理会计师的职业化等。新时期的管理会计注重无形要素的生产率。即围绕品牌与技术标准等的确立开展理论与方法体系的整合。同时,随着新经济的不断推进,管理会计的功能将进一步扩大,今后管理会计系统的整合会在很大程度上受制于"技术的力量"。

（三）文化的力量

"文化的力量",包括文化趋同的相关因素,如领先企业的文本经验;文化差异中的因素,如国家文化与企业文化;跨国公司的全球化因素,如全球公司的形成与发展（国家文化与企业文化的融合）等。在国家文化层面,管理会计研究最广泛使用的是 Hofstede（1984）提出的五个维度:权力距离、个人主义与集体主义、避免不确定性、男权主义与女权主义、注重短期与关注长期。迄今为止国家文化对管理控制系统的影响难以总结形成一般性的结论,主要原因有两个:第一,某一国家的个人与团体存在广泛的差异,研究所衡量的只是平均水平。特定公司员工的态度与行为与其平均水平存在很大差异。第二,组织文化对员工的态度与行为发挥了强烈影响。组织文化是与组织结构与组织规模相联系的变量。组织变革需要突破原有组织文化,为组织建立与其创新结构和创新业务流程相匹配的创新文化体系,为组织结构变革提供文化支持。组织文化与国家文化是相互联系的,组织文化蕴含着一套组织成员共同享有并影响其行为的社会规范、价值、信仰。Fish（1995）认为强势的组织文化能减少对控制机制的需要,并对管理控制系统整体设计产生影响。会计活动既受制于技术性的规定,如记账方法等,但更受价值观的支配,其中人文因素的影响极为明显。管理会计是企业文化的一种体现,从构成文化因素的前提条件看,管理会计体系的整合状况体现了大众文化与社会习俗。

（四）需求的力量

"需求的力量",包括组织的变革,国际合作,企业社会责任,母公司对附属公司的影响等。管理会计变迁中"需求"的情境,主要从企业具体的实践中加以体现。比如,近年来出现的商业新模式、新业态,以及共享与合作、零成本社会等,这种新经济形式的需求力量与传统的需求侧力量有着明显的区别。换言之,传统的以需求端发力的管理会计变迁需要从供给侧或者两者结合的视角加以着力。比如,企业需要什么样的管理会计信息以帮助其管理决策,管理会计采用什么方式或手段加以提供或实施控制,等等。这些需求的力量,通过管理会计工具或技术方法的普及与应用来增强其功能作用。比如,管理会计主体的变迁,使产业集聚区域或相关企业群的市场活力增强,围绕企业间的技术进步以及环境经营等的转型升级变得更加迫切。此外,需求的力量往往通过案例研究或实地研究等形式来加以提炼和总结。比如,为什么企业的管理会计信息不向社会公开报告?可不可以从案例入手进行管理会计学科体系的构建? 等等。事实上,我们在 1993 年实施新的会计准则之前,企业是有统一编制管理会计报告要求的,之后之所以取消管理会计信息的对外报告规范,根本原因还是竞争的因素,即为了更大限度地保护企业的商业秘密。当然,企业内部的管理会计报告如何编制、编到什么程度等,其自由裁量权由企业自己选择。面对经济社会各种"需求",能否通过变迁管理形成一套符合管理会计规律特征的理论与方法体系,需要符合两个条件:一是获得性的因素。即,能够影响和决定在管理会计体系中的影响力的因素。它是管理会计变迁管理需要遵循的基本价值观。二是合理化体系。即管理会计的变迁与发展需要在知识系统、制度创新等方面有一个共同的平台或机制。只有在满足获得性因素的前提下形成自身独有的理论与方法体系,才能满足中国情境特征管理会计的内在要求。由管理会计变迁而导入管理会计理论与方法体系之中存在许多复杂性因素。Shields 和 Young(1989)认为,成功导入理论模式需要具备"7C"。这 7C 是指"文化(culture)""控制(control)""竞赛(champion)""变迁环节(change process)""承诺(commitment)""报酬(compensation)""继续教育(continuous education)"等。围绕上述要求,以 Anderson 为首的学者进行了多次实证研究,并将管理会计变迁的影响因素进一步明确为诸如环境不确定性、市场异质性、竞争环境、经营战略、组织集权与分权、组织文化、工作特性、变迁相关的个人属性、变迁系统的技术因素等。

二、管理会计的变迁模型与制度博弈

管理会计变迁是指企业为了适应内外部环境变化,对管理会计系统进行调整、改革与创新,从而更好地实现组织目标的过程。我国管理会计变迁是与我国经济的发展环境相适应的,体现了我国经济体制改革的内在要求和客观规律。

(一)管理会计的变迁模型

会计是环境的产物,变迁是管理会计的"常态",变迁管理涉及对变迁的成因、过程及其后果的管理。管理会计变迁的模型主要有三种。

1. Kaplan(1989)的"成本管理变迁"模式

这一变迁模式的初始动因是"数据零散、错误多,同时拥有财务会计系统和作业成本管理系统",从其路径形成的情境表现看,它仍是一种以财务报告为导向的结构形式,但这一变迁进程有逐步向全面整合转变的趋势。Kaplan 尤其强调管理工具的全面整合,并将其提升到关乎成本管理变迁成败的高度。

2. Cooper(1990)的"六阶段"模型

管理会计变迁的六个阶段是:①初始阶段,即萌发管理会计变迁动机,拟定初步方案;②应用阶段,即确定管理会计变迁目标及具体方案;③调整阶段,即针对管理会计变迁中的各种例外事项作出调整;④认可阶段,即新的管理会计系统能够满足会计部门的使用;⑤常规化阶段,即新的管理会计系统不仅能够满足会计部门的使用,还能供非会计专业部门与人员使用,进而为企业创造价值;⑥范式形成阶段,即通过制度建设,形成管理会计的规范体系。Cooper 在这一模式中非常重视战略管理的重要性,该模式对近年来的管理会计变迁产生了积极的影响。

3. Anderson 和 Krumwiede 提出的"修正的六阶段论"模型

Anderson(1995)认为,管理会计具有明显的权变性特征,在不同的时期或不同的阶段,管理会计变迁的演进程度会有不同。比如,在受到管理者个体素质、技术状况、工作环境、外部不确定性等的特定情境影响下,管理会计变迁可能会在某一阶段上中止;同时,处于不同阶段的管理会计变迁也存在差异。比如,在管理会计范式前阶段,外部环境与生产技术等因素可能对变迁具有较大的影响;而到了管理会计范式确立,即常规化、整合化等的后期阶段,新的管理会计系统对决策的支持作用则成为了极为关键的影响因素。Krumwiede(1998)将企业的外部背景因素(不确定性等)与内部组织因素(各种适应性的管理会计行为)作为管理会计变迁分析的主要内容。这两种因素对管理会计变迁的影响效果是有差异的,背景因素对管理会计范式前阶段与范式确立阶段的全过程都有影响;而组织因素仅对范式确立后的"调整"与"整合"产生影响。经过修正的这种新的六阶段论观点更加强调管理会计变迁的灵活性与可操作性,体现了管理会计权变性的内在要求。

变迁管理理论认为,变迁带来的管理理念、经营模式以及文化价值与技术创新等内容,需要通过规范、引导等才能使其进入制度化的层面,并成为管理会计体系的新常态。管理会计的变迁实践表明,管理会计的形成与发展是特定阶段的产物,是服务于企业实践的管理工具,无论是基于何种动因形成的管理会计变迁模型,都离不开企业的情境特征。变迁管理的实质就是要增进管理会计控制系统的功能价值,强化管理会计信息支持系统的积极作用。

(二)管理会计的制度变迁与博弈

从理论上讲,管理会计本身就是一种制度。管理会计从会计学科中独立出来,其变迁的制度特征是一种"结构性变迁",它有别于财务会计学科本身所形成的理论与方法变迁,是一种非自然进程的转变。管理会计变迁较之财务会计变迁表现出更为复杂的属性,因此,其摩擦成本等的代价也要高得多。

1. 管理会计的制度特征

诺斯(1990)认为,制度是由社会"游戏规则"对人类行为强加的限制,即"制度是为决定人们的相互关系而人为设定的一些限制"。这是一个很宽泛的定义,这些规则涉及社会、政治及经济行为,它由社会认可的非正式约束、国家规定的正式约束和实施机制三部分所构成。非正式约束是人们在长期交往中无意识形成的,具有持久的生命力,并构成世代相传的文化的一部分。它主要包括价值信念、伦理规范、道德观念、风俗习性、意识形态等因素。在非正式约束中,意识形态处于核心地位。正式约束是指人们有意识创造的一系列政策法规,它包括政治规则、经济规则和契约,以及由这一系列的规则构成的一种等级结构。实施机制是制度构成中的关键一环。离开了实施机制,任何制度尤其是正式规则就形同虚设,"有法不依"比"无法可依"更坏。检验一个国家的制度实施机制是否有效主要看违约成本的高低。强有力的实施机制将使违约成本极高,从而使任何违约行为都变得不划算,即违约成本大于违约收益,从而使"理性人"选择守约。

随着人类征服自然、改造自然能力的增强,会计的内涵正变得越来越宽广,会计学科内部的变迁,以及管理会计学科的发展都是会计制度建设的内在反映或现实追求。管理会计与管理学、经济学、数学及社会学、心理学等有密切的联系,管理会计工作既涉及企业的内部管理制度,又必须考虑国家的经济体制变化,管理会计必须面向社会,从微观向中观、宏观延伸。不能再像从前那样"就会计论会计"。各国的实践表明,制度会形成一个体系,在该体系中,每一项制度都与其他制度相辅相成,形成一个连贯的制度体系。在许多时候,进行制度替代都是很危险的,因为它会扰乱制度间的这种连贯性。当制度之间在很大程度上可以互补时,只在某些方向上进行零碎的制度变迁是不可能成功的。因此,管理会计变迁必须加强与会计学科体系与企业实践的紧密结合。一方面,各项管理会计制度的颁布与实施,必须服务于企业主体的现实需求;另一方面,加强与其他学科理论与方法的衔接。管理会计变迁的目的就是要最大限度地实现管理会计制度的积极效应,发挥管理会计帮助企业管理当局明智决策,创造企业价值并实现价值增值,以及维持可持续性成功的作用。

2. 管理会计变迁的博弈分析

管理会计变迁所面临的一个主要难题,就是如何理顺管理会计变迁的制度因素,如管理会计指引与指南的执行质量、管理会计人员的素质、企业文化及价值观等。理论上,我们可以测算不同制度的作用及其制度子系统的共同影响,如我们现在采用的 EVA 制度对管理会计收益与净资产产生的影响等,但在实践中解决这一问题并非易事。有人认为通过因素分析法处理独立变量,是进行管理会计实证研究的一种好方法。即制度变量的识别对于制度体系的进一步概念化大有裨益。难点在于如何识别管理会计标准与其他制度之间的安排和相互关系,这就需要在管理会计计量方面有相当的技能和创新,并据此寻求适当的方法。然而,管理会计具有很强的"专用性"特征,不同行业与企业之间在工具、方法的应用效果上存在较大的差异,由此评价管理会计的效率与效益面临较大的风险。

一般认为,制度既是有效的,即被看成是某种科斯谈判的结果,同时它也是能适应现有的社会和经济环境的。管理会计的制度变迁告诉我们,一项新制度的推行,必然会使一部分人受益,而另一部分人受损。从制度成本角度分析,一部分利益受损的经济个体(如企业)等可能会利用新制度中存在的不完善进行"谋利"活动。管理会计制度的应用,尤其是管理会计工具和方法的选择随意性较强,其实施效果的可比性往往不具实际意义。一种制度的变迁往往不是彻底的放弃,而是"扬弃",其中必有部分仍将发挥作用,这时人们会怀疑,新制度到底有没有必要全盘接受,并试图用一些老的方式来融合新制度的优点,比如,不愿意主动拥抱"互联网+",不重视对互联网金融业态中的"支付宝"等货币支付手段的应用等。这种货币支付手段应该说就是一种创新,它是在吸纳了传统货币支付方法优点的基础上出现的新事物,但是放眼全球,这种新事物也可能只是历史长河中的昙花一现。它表明,旧的货币制度的支付惯性与影响会阻碍新的支付制度的推广,并使"支付宝"等工具原有的作用变得弱化,结果反而增加了企业的成本(比如,从传统的货币支付转向"支付宝"之类的电子支付,可能不久之后由于安全等原因又回到传统的货币支付为主,这种来回转变会增加企业的成本)。

制度不可能穷尽所要规范的一切现象。换言之,制度不可能是完美的,否则就不会有制度变迁了。制度的变迁有一个成本效益原则。制度的漏洞,与完善它之间存在一个成本博弈的问题。必须结合利益视角设计规则。这个世界上根本就不存在完美的规则,任何法规制度你只要想钻空子,就一定可以找到空子可钻。中国人一直有"上有政策,下有对策"的传统,这就是为什么中国向来不缺法律、法规、条例、规章、制度,缺的只是执行。由于脑子转得快,一些项目还没开始合作,每个中国人就已经把今后出现的各种可能,以及各种可能情况下的应对策略想好了。因此,遵守规则和诚信之间的关系很具有一些哲理性。规则是约束人们行为的,是社会对应行为的抽象反映。抽象的行为规则会有一些符号特征,就如马路上的红绿灯。当规则适用于社会现象的时候,如果现实是虚假的或者是扭曲的,规则的意义就不复存在了。从这个意义上讲,法治国家的前提条件是诚信社会。没有诚信社会,法治国家就是水中月、镜中花。从管理会计制度建设来说,迫使企业遵守规则的最有效手段就是应用利益机制,使其损失大于其对收益的期待。管理会计的变迁管理,就是要给遵守规则的组织和个人带来好处,使规则的遵守成为企业中的组织和个人自觉的行动。比如,管理会计制度的建设就是给企业提供充分的自由和发展空间,企业遵守规则,同时也在制度的范围内获得自身的最大利益。一个企业最可怕的是形成一个破坏规则的链条,在这个链条的作用下,破坏规则的行为得到最大限度的承认和保护。例如,经营者凭借虚假信息报告获得升迁,前提是管理会计人员没有尽到应有责任,产生一种所谓的"遵守规则是利益驱动,不遵守规则也是利益驱动"的观念。管理会计的变迁管理必须摒除这种理念,净化管理会计的规则氛围。

第二节 管理会计的变迁成本

"成本"是人们最为熟悉的概念之一,它的内涵十分丰富,外延极为广泛。通常,我们所说的成本,主要是从管理学(会计学)的角度而言的。这里的成本是广义的成本概念,是基于制度经济学的视角对经济制度和管理会计制度变迁的思考。

一、制度博弈视角的管理会计变迁成本

(一)管理会计变迁成本的经济学意义

经济学,尤其是新制度经济学分析制度变迁时,所应用的一般逻辑是进行"成本效益"的比较。即为了获得更大的收益或减少某些成本,社会致力于制度创新;当新体制所能提供的边际收益等于变革旧体制所付出的边际成本时,体制变迁就会暂时停止,制度结构就达到了某种"均衡";当新的条件产生时,才会又发生新制度的"需求"和"供给"。收益与成本比较的理论是经济学中最基本、最基础的分析工具。我国的改革一定程度上接受了关于"经济人"的理论,试图依据社会成员和企业对自身经济利益的追求来推进经济发展。正如科斯所说:"只有得大于失的行为才是人们所追求的。"[①]但必须重视的是,"经济人"对经济发展的推动效果及其作用的增大是与约束制度的健全与完善密切相关的。若缺乏有效的约束制度,"经济人"的作用极易走向反面。这一点可以以当年英国运送犯人到澳洲的故事为例来进行说明。期初,从英国本土运送犯人到澳洲,是按犯人上船的人头数支付船家报酬的,开始一段时间,运送者与犯人相安无事,但时隔不久,问题出现了,来自澳洲的有关接受犯人数量的报告,经常性地出现与英国本土运送数不一致的现象,而且数量差距越来越大,其中原因很多,也不排除船家故意将一些犯人弄死或抛入大海的可能。对于船家来说,中途减少犯人对其收益最大(不用支付伙食费用等开支了)。这种情况引起了国际社会的反应,也使英国本土感到不安。这时,国会上有人提出了各种方案,如增加警力,加强运送途中的管理等,但这样需要增加很大的成本,并且还存在警察被船家收买的机会成本。这时,一些经济学家从制度约束的角度提出了自己的看法,最后采纳的建议

---

① 参阅科斯.社会成本问题[M]//财产权利与制度变迁——产权学派与新制度经济学派译文集.上海:上海三联书店、上海人民出版社,1994.

是：改进给付方式。即由原先英国本土上船支付人头改为到达澳洲后支付人头费。至此，达到了一个暂时的"博弈均衡"。由此可见，市场经济导向只有与相应的制度约束有机结合，才能达到制度变迁和改革的最终成功。

（二）管理会计变迁成本：制度趋利性的内在原因

"成本/收益"分析是经济学的基本工具。当既有的制度安排导致经济运行收益下降甚至为负的状态时，制度变迁成本就可能形成了，这种变迁成本是由趋利的动因产生的。即制度变迁的核心是成本约束制度，特别是企业本身的成本约束制度的构建和完善。而管理会计变迁会影响资产的结构配置和产权关系，以及由此带来的收益多少。管理会计的制度变迁必须针对具体情况确定变迁的顺序及管理的重点。"制度提供了人类相互影响的框架，它们的建立构成一个社会，或更确切地说一种经济秩序的合作和竞争关系——制度框架约束着人们的选择集——它旨在约束追求主体福利或效用最大化利益的个人行为。"[①]制度的精粹就在于它是一种约束，以规范人们的行为；在于形成一种合理的组织，使人们有序地在其中活动；在于形成一种选择集，使人们的经济活动选择符合社会对效率和增长的要求。

从会计制度的规范角度考察，当各国会计准则存在的差异给跨国公司带来巨大的利益牺牲时，各国投资者就会要求会计制度发生变迁，即要求跨国公司必须提供以同一（或趋同）会计基础编报的会计信息，以便于全球投资者对各公司信息的比较和理解。但是，制度变迁不仅仅是利益原因造成的，必须重视制度变迁中的成本。管理会计制度变迁的成本高低，需要进行择时性研究。比如，是在企业景气时进行管理会计变迁，还是企业衰退时进行变迁。前者的变迁对利益各方均有好处，后者的变迁则会产生较大的变迁成本。目前，从社会稳定和国有企业性质角度出发，针对后者的变迁，具体的做法是：即使对某一方可能产生损害，由于一方（如中央政府）承担了这一损失，也不会引起利益冲突。这一方式一直沿用至今，如地方政府的"腾笼换鸟"，2006 年河北钢铁产业结构的调整就是采用政府给予财政补贴的方式。这种做法即所谓的"帕累托改进"。改革大体分两步走，先有经济绩效的总体改进，后有对改革成本承担者的及时补偿。有学者举例说，一个单位有100 人，现在有一个决策，如果决策通过的话，可以为这 100 个人中的某一个特殊的人带来 300 元的收益，而给另外 99 个人每人带来 1 元钱的损失。如果这个决策以民主投票的方式进行表决，结果一定是以 99 票反对 1 票赞成而无法通过。但是从总福利改进的角度看，决策通过会给单位增加 300 元的福利，带来 99 元的损失，所以改革是允许的，净收益是 201 元。这个时候政府就来协调，怎么协调呢？改革的受益者给受损者补偿，做这第一个承诺就可以。改革如果继续进行下去，受益者从增加的 300 元中拿出 198 元，给其他99 个人每人补偿 2 元钱。如果这样的话，改革一定会得到 100% 的支持。这实际上难以一一办到，如此就会产生矛盾，需要加以协调。对此，存在两种观点：一种观点认为，经济体制改革说到底是一种利益关系的变革，改革的最大难题是存在于"体制摩擦"背后的"利益摩擦"。因此，对管理会计变迁的思考，应着眼于如何妥善解决改革过程中发生的各种

---

① 诺思.经济史中的结构与变迁[M].上海：上海三联书店,1994：第 225 页.

利益矛盾。另一种观点认为，制度变迁是一个包含着具有不同利益和不同相对力量的行为主体之间相互作用的政治过程。制度变迁的方向、速度、形式、广度、深度和时间路径（the time-rath）完全取决于行为主体之间的利益一致程度和力量对比关系，任何一组均衡的实际制度安排和权利界定（包括重新安排和界定）总是更有利于在力量上占支配地位的行为主体集合，力量对比关系超过一定阈值，必定导致制度安排和权利界定的变化，从而对制度变迁的方向、速度、形式、广度和时间路径直接产生影响。

二、制度创新视角的管理会计变迁成本

制度变迁的前提是产生了外部收益，即组织活动的成本或收益由外部承担，外部收益内在化，就产生了制度变迁。然而，获得包括外部收益在内的更多价值，企业必须致力于制度创新。

（一）管理会计制度创新产生的变迁成本

新制度经济学分析制度变迁的一般演绎逻辑是：为了获得更多的收入或减少某些成本，社会致力于制度创新；当新体制所能提供的边际收益等于变革旧体制所付出的边际成本时，体制变迁就会暂时停止，制度结构就到了某种"均衡"；当新的条件产生时，才会又发生新制度的"需求"和"供给"。从历史发展的角度来看，制度变迁的轨迹是，从制度均衡到制度不均衡，再到制度均衡这样一个不断发展的过程。实施管理会计制度创新，首先需要从理论基础上寻根，主要是经济学和管理学。经济学和管理学不太一样，有的人应用经济学的理论，有的人应用管理学的理论，来解释相同或不同的问题，这样在解释的过程中容易产生盲人摸象的意境。为了降低管理会计制度变迁的成本，必须促进制度的创新。基于管理会计的演进视角，必须强化管理会计理论基础的创新。首先，要将经济学和管理学的基本理论有机融合在一起，也就是围绕市场竞争将两者结合在一起。其次，要扩展已有的理论基础。从微观角度讲，可从以下几个方面入手：

（1）风险管理会计理论。主要包括以下内容：观望理论、遗憾理论、模糊理论，以及风险投资理论和资产选择组合理论。

（2）交易成本与产权理论。这类理论对资产运作制度创新研究很有价值。比如，国有企业的债转股，国有企业拍卖、破产、重组、兼并等。交易成本理论是由科斯提出的，它讲的是之所以能够存在企业，是因为企业能为社会减轻负担，降低社会成本。所以，他认为企业是契约（合同）的集合体，包括企业职工跟企业达成协议，企业跟国家达成协议等。国有资产改造中可运用交易成本理论，如对下岗职工的安置等采取相应的政策安排。产权理论是指产权改革，如控股比重多大，国有股是退出市场还是积极参与市场，非国有企业是否进入资本市场。从管理会计角度讲，它是对企业资本经营的丰富，产权理论对管理会计制度的建设、管理工具的创新等均具有一定的指导作用，因此，这种理论有助于形成创新的管理会计思想。

（3）不确定性理论。它是芝加哥学派创立者弗兰克·奈特提出的。他在 1921 年出版了一本名为《风险不确定性和利润》的著作，由此提出了不确定性分析。主要是通过对经济行为的分析，形成一些决策理论，如风险条件下的决策理论，财务中的概率理论，风险财务理论等。

（4）信息经济学。主要阐述信息不对称,尤指上下不对称。上层博弈不过下层,因为下层是具体的操作层面,信息充分且及时。比如,针对车间问题的讨价还价,厂部的人还不如车间里的人能说。也就是在厂部与车间的谈判中,往往车间里的人占上风。信息经济学对管理会计控制系统的创新影响很大。信息经济学的核心是委托代理理论,即委托者和代理者之间如何合理地进行安排,所有者如何有效地调动经营者的积极性等,它对于当前的环境经营改革,以及管理会计制度创新具有重要的理论价值。

（5）博弈理论。该理论有助于加深经济学的分析。一般的博弈论著作里比较多地引用囚犯理论,是讲两个囚犯被逮住了,被关在两个房间里审讯,一个囚犯被告知另一个人已交代了,另一个人也被告知对方已交代了,如果两人都守口如瓶,则对他们来说是共赢,利益最大;但由于两人都很紧张,生怕对方先说出了事实真相,对自己不利,所以当有人告之,对方已交代了,这一方就会迫不及待地交代。这是一种不合作博弈,对双方都不利。现在经济学开始重视合作博弈了,比如在竞争学中,一些经济家提出不要过度竞争,需要"竞合"。总之,管理会计变迁就是寻求这种博弈均衡,在企业实践中兼顾各方利益,正确处理各种财务关系。

（二）管理会计制度约束带来的变迁成本

制度约束就是要从成本与效益的比较中寻求制度变迁的成本动机。成本与收益比较的理论是经济学中最基本、最基础的分析工具。早在亚当·斯密关于经济人的学说中已得到深刻运用,但斯密只是用来阐明个人在微观层次上对利益追求的运作机理。而在新制度经济学中,成本与收益比较理论被提升到一个新的层次,并被赋予新的含义,如管理会计制度的变迁可以从经济制度、社会形态和企业微观动机等多个方面加以分析和论证。这无疑是经济理论发展进化上的一次演进。事实上,管理会计理论基础的引进过程中就注意到了这个问题。比如,管理会计变迁往往重视对超产权理论的应用,就是考虑到其内涵的成本约束理念。超产权理论形成于1994年,其初衷是竞争理论与产权理论的整合,就是将管理学中的竞争思想引到经济学上来,也就是在产权理论中引入竞争。即通过建立经理人市场,完善经理人评价制度等市场手段,使经营者产生压力,以减少道德风险的发生。这种市场化手段的成本约束,为管理会计的变迁管理提供了理论支撑。长期以来,由于国有企业的特殊性,其在融资、投资等活动中占有绝对的优势(如银行贷款利息明显低于民营企业,投资领域等明显宽于民营企业等),其获利能力也占尽天时地利。垄断性的国有企业想获得更多的利润,只需要在成本或价格上进行略微的调整即可获得几亿或几十亿的收入,从而大大增加其利润总额(冯巧根,2015)。这种现象的存在,使得国有企业对成本的重视程度不高,并且还有人为希望增加成本等的现象发生。即,虽然国有企业的成本增大也会影响企业的收益,但它不会影响某些个人的收益,并且现实中往往出现一种悖论:成本的增大成了个人收益增加的源泉。近年来曝光的国有企业腐败事件充分说明了这一点,某些人以企业巨额的成本支出乃至亏损为代价来博得个人收益的增加。换言之,为了获得自己10元的好处宁愿牺牲国家100元乃至更大的利益,管理会计制度变迁就是要通过制度约束来杜绝这一现象的发生。首当其冲的是要增强制度运行中的协调机制。在管理会计变迁的实践中,往往很难使相关性极强的若干制度同时启动、共同运行。这时,制度系统便不得不在摩擦状态中运行,而这会增加制度的运行成本与协调成本。各种"寻租"现象就会增多，并且公司法规、税收制度、金融制度等之间就容易产生摩擦。

第三节　管理会计的变迁收益

从制度经济学分析，管理会计变迁是企业发展过程中均衡其各方面利弊后的选择，相关因素的变化最终引起制度安排的变迁。企业情境特征的差异性增加了管理会计变迁过程中挖掘内在规律的难度，而多样化的制度变迁模式对实现有效率的经济增长和发展是有益的。

一、制度效率视角的管理会计变迁收益

在科技革命突飞猛进的今天，加快制度创新，推动产业结构的调整，已成为管理会计变迁的重要诱因之一。通过变迁管理提高管理会计制度的效率，有助于企业在新经济时代把握各种新的机遇和挑战。

（一）制度比较中的管理会计变迁收益

管理会计变迁是一种不以人的意志为转移的客观必然。管理会计制度变迁的方向也是不确定的。不然的话，制度变迁就成为一件很自然的事，将没有社会对制度选择的激烈争论和实际制度变迁过程中的巨大动荡和艰难曲折了。若只要进行制度变迁，就能推动社会的进步和发展。如果真是那样的话，也太容易了。中国管理会计制度的变迁同样存在这一问题。由于我国推进管理会计制度体系建设的时间比较短，社会各个方面对管理会计制度变迁，尤其是对管理会计基本指引和应用指引的实施可能对企业的影响估计不充分，在管理会计制度变迁的过程中可能会受到一定的抵制，即应用的主动性与积极性不高。

从制度经济学视角考察，由于人们对新制度的准备不足，会导致两种行为取向：一是进入市场困难；二是进入市场过度。即由于对制度认识的不充分，人们在不熟悉的规则中从事市场经营活动，盲目地追求主体的收益最大化。这两种行为取向都有碍于市场经济的正常运行，要么使市场机制不能充分发挥作用，要么使市场程序遭到破坏。管理会计制度变迁也是如此，管理会计本身存在的"专用性"属性，会使同样的管理会计工具或方法产生出不同的效果，区别仅仅是：在具体条件下实施哪种管理会计工具方法体系的运行成本更低。因此，开展制度比较，尤其是对新制度的学习与理解，才能使企业能够积极主动地把握管理会计变迁的时机，不断调整组织结构，优化执行性行为，使管理会计制度变迁达到组织活动中有效率，技术活动中有效益。事实上，现行的一些制度并不能从它们所满足的需要中直接推出。以风险管理制度为例，借助于相关理论，根据不同的经济环境安排不同的最优风险管理对策，是获得管理会计变迁收益的重要途径。比如，如果企业厌恶风险，缺乏创新精神，那么风险管理制度就不宜对这类企业提出过高的标准。反之，如果企业偏好风险，容易冒险，那么风险管理制度就应该对企业进行严格的规范。

（二）制度协调中的管理会计变迁收益

传统的管理会计体系尚未形成一套完整的市场经济条件下的制度体系，所以单纯就

管理会计制度本身而言,由过去的渐进式变迁一下子转化为激进式的变迁,其风险相对会小。但是,原有的制度体系仍然存在制度惯性(依赖),会对管理会计变迁产生影响。因此,有必要结合当前的新经济特征开展管理会计变迁中的制度协调研究。换言之,在管理会计的变迁过程中,需要强化制度变迁中内部体系之间的协调与沟通。如前所说,制度会形成一个连贯的体系,在该体系中,每一项制度都与其他制度相辅相成。在许多时候,进行制度替代都是很危险的,因为它会扰乱制度间的这种连贯性。当制度之间在很大程度上可以互补时,只在某些方向上进行零碎的制度变迁是不可能成功的。管理会计制度与企业内部不同的制度之间存在一定的互补性和替代性,它要求管理会计变迁过程中增强制度的包容性,以提高制度体系内管理会计与其他经济制度之间互相作用的效果。管理会计作为一种以价值管理为核心的管理活动,随着全球化经济的形成,企业、政府和公众对公开、真实、准确的会计信息,有着更为强烈的需求,特别是需要及时提供更多内容和更新形式的会计信息、咨询服务。管理会计在经营管理、投资风险管理和发展战略管理中发挥着越来越大的作用。通过制度协调会带来一系列制度收益,如制度激励(调动各方面积极性)所形成的增收节支额;约束不良行为以及制度实施而减少的损失(如国有资产流失的减少)等的机会收益。制度选择的标准就是要使"制度收益＞制度成本"。

二、制度效益视角的管理会计变迁收益

管理会计制度变迁能够带来正面的效益,具体包括:①有利于企业规范化运作,提高管理会计制度的针对性和有效性,使管理者能够在可依据的制度范围内提高生产效率与效益;②根据研究发现,一般企业在实施管理会计变迁的制度比较与协调过程中,会促进相关制度的优化,其创造的价值会更高(Chen,Gul 和 Su,1999),从而有助于降低企业成本,如部分税收负担等,促进企业的对外投资;③伴随着管理会计制度的相关性增强,大量外资和跨国公司会进一步涌向中国,并带来先进的技术和管理经验,政府会获得长远利益。

(一)制度健全带来的管理会计变迁收益

制度健全与否会影响管理会计变迁的方向,它作为微观层面的基础性制度容易受到宏观政策制度的影响,比如环境保护政策对管理会计变迁产生的冲击等。因此,加强宏观、中观与微观制度的协调、沟通,并增强企业层面主动应用管理会计制度的积极性,是制度效益发挥作用的内在要求。现实中的情境是,管理会计变迁容易偏离原有的运行轨迹。作为宏观的政府想尽快全面推进管理会计制度体系,然而微观市场主体的企业(如上市公司等)在应用管理会计指引或指南时,或者积极性不高,或者应用时经常出现问题,制度效益不仅不明显,可能还出现负的制度效益,此时,管理会计变迁的制度预期就有可能改变方向。

改变管理会计制度变迁方向的主要后果有经济与法律后果。就经济后果而言,郭道扬教授提出"从古至今,任何一项会计制度的颁行都具有经济后果性,社会越是向它的更高一级阶段发展,会计制度所体现出来的经济后果性便越大。至现代社会,统一会计制度的经济后果性,对国家经济与公司经济都形成了至关重要的影响,并且在经济全球化发展态势下,这种重要影响又日益突出地体现在各主权国家之间"。历史事实表明,人类一有

会计制度,这种制度的经济后果性便同时显示出来,只是到市场经济发展阶段这种后果性才显得更为突出、体现更为充分,它产生的具体影响也更大而已。然而,市场经济条件下的经济后果往往是与法律后果相联系的。从法律后果观察,管理会计制度变迁不仅体现了国家宏观与微观经济政策特性,也直接影响到市场经济中利益相关者之间的经济权益博弈,进而影响到整个公司经济健康而有序的发展。所以,我国在全面推进管理会计制度体系时,必须从原则性和科学性综合视角考虑社会经济发展的总体利益,既要体现公司利益,也要充分调动企业经营管理者的积极性。总之,任何一个主权国家的对外经济交往都必须从会计制度的经济后果性出发,考虑交往的公平、公正与合理性问题。要通过"协调"做到利益共享,权益双赢,以促进全球经济的和谐、有序发展。当今,普遍存在的某些经济发达国家的贸易保护主义政策,或者单边主义政策,并据此对其他国家或地区进行经济制裁,或者对他国进行制度性经济掠夺或侵害便是在事实上与"趋同"的目标相左的,那些一味高喊"趋同"的人,对"趋同"并不一定有正确的认识。这是机会主义思想的体现。

（二）制度生态带来的管理会计变迁收益

制度变迁产生收益大于成本的结果是建立在收益与成本紧密联系的基础之上的。制度生态要求管理会计变迁注重理论基础建设,强化理论与方法体系的统一。以激励与约束机制的应用为例:激励导向的管理会计变迁,是建立在节约成本或提高成本利用效率以实现收益增长的动机和所采取的实际变革措施的基础之上的。如果脱离这一基础,管理会计的制度变迁可能会呈现反向的趋势。以机会成本为例,机会成本的存在是社会选择多样性的必然表现。以管理会计决策活动为例,就相对的或比较意义上的机会成本而言,它的存在表明社会还没有找到最佳的制度设置,还有较现行工具更好的方法选择或制度设置路径的情境存在。因此,机会成本的存在至少是一种信号,表明制度设置还没有达到最佳状态。约束导向的管理会计变迁,要求企业管理会计制度的实施具有一定的强制性,如环境管理会计制度的实施就具有这种特征。

诚然,现实的社会经济制度无法达到最佳设置,也无法彻底消除制度的机会成本,我们也无法知道什么是最佳的制度设置,而只能通过目前的制度设置中所反映出来的缺陷,了解其不足。管理会计变迁需要结合产业政策和宏观金融、财税政策等作出不断的调整,需要针对不同的问题提出创新性的解决办法,如果一味就其机会主义的存在而停滞不前的话,可能制度变迁的成本会更高。只要能够在制度变迁中形成一种更好的制度设置,机会成本将是不断趋减的态势。许多实证研究表明,每一次制度的变迁都会或多或少地减少人为操纵等会计行为。换言之,在管理会计制度变迁中,机会成本的消退表明管理会计制度体系的进步,标志着管理会计制度更加规范和合理。从企业的角度讲,市场的存在同样是其经济活动中的机会成本存在的条件。因为市场提供了多种选择的途径,但合理的管理会计激励与约束制度使得企业选择一种收益最大、成本最小的活动途径,使机会成本最大化地消退。构建制度生态,就是要在制度利用过程中使成本效率最高,降低实践活动中管理会计工具的差异性或者多种方法选择带来的相关性消失现象。这一点在当前国际贸易摩擦中表现得最明显,并不是因为管理会计变迁了,会计准则国际化了,以关税壁垒为导向的贸易保护主义或者反倾销起诉等就没有了,事实上这种贸易摩擦在欧洲或其他国家也是客观存在的。并且,它不能单纯地认为通过制度变迁过程就能一劳永逸。机会成本的消退是永无止境的、不断逼近的过程。

第四节 本 章 小 结

管理会计变迁除了受制度因素的影响外,技术、文化与需求也是不可忽视的重要因素。在管理会计变迁的制度博弈中,成本与效益比较是一个重要原则。即在总产出一定或不可能再投入成本来增加产出,从而增加收益的条件下,还有一个可以增加收益的途径,就是节省成本或提高成本利用效率。成本的节省直接表现为收益的增加,这是一种积极的内部转化,或者说是一种激励导向的管理会计变迁。同样,在低效率利用成本的状况中,投入成本虽然可以体现为产出的增长,但这并不是真正的收益增长,而只是成本的堆积,是总收益的减少。由于各种条件的限制,企业追求利润的成本动因被人为扭曲,一些企业没有从内部挖潜上下功夫,而是极力地推托成本,力求成本的外部化。从宏观上讲,社会期待管理会计变迁产生成本的降低,与此同时获得经济与社会的多重效益。但现实中,它们往往在成本与效益上脱节,从而导致建立在微观企业基础上的管理会计制度变迁及政策安排出现偏差。管理会计变迁的成本与收益分析,就是要弱化成本外部化倾向,避免企业低层次的规模扩张,注重在内部控制与成本挖潜上下功夫。否则,管理会计制度变迁的结果使经济运行更加低效率。当成本与收益之间的关系在实践中存在缺陷时,成本与收益比较理论的运用就缺乏可信度,建立在其上的制度变迁分析理论就具有片面性,并产生一定程度上的误导。

从经济学角度讲,成本和收益在一定条件下可以相互转化,即成本转化为收益,收益转化成本。正确的成本与收益比较理论应该是由其微观传导到宏观层次的。而在中国,由于缺乏坚实的微观层次基础,在由宏观层次推导到微观层面时就会出现严重变形,最终导致整个演绎的失败和这一理论在实践中的失灵。这也是宏观层面国务院、财政部等的政策制度有时不见效的原因所在。经济活动、交易过程的市场化同时也是通过某种制度安排,使得市场活动范围和程序清晰、明了,不至于使人混沌,茫然不知所以。在既定的市场框架内,选择途径公正、平等,不是对某些主体开放而对另一些主体封闭;交易过程平滑、通畅,不至于出现过多的非经济和非正常障碍;责任要求公开、统一,不因某些因素存在而使得一部分主体可以逃避和推托成本。"如果没有信任的基础,没有对于对错的共同理解,那么,交换关系中的贸易和社会公共关系中的互惠类型将会变得非常地不稳定。这样的社会就不能得到发展。"[①]构建制度生态,需要强化管理会计"协调""沟通"与"趋同"的辩证认识。在经济全球化发展环境下,国与国之间,或各区域化经济集团之间才是经济权益的相关者,它们之间所发生的经济权益博弈也才是根本性的。国家是经济权益的主体,个别公司的经济行为必须以保障与维护国际经济权益为最高原则。由于会计的特性和地位、作用,国与国之间的经济权益博弈最终都必然具体体现到会计方面,博弈的最终结果也必然由会计显示出来。所以,加强管理会计变迁研究,突出协调、沟通与发展的重要性,不仅有助于避免主观热情的盲目冲动,也有助于一些脱离现实的良好愿望支配的超

---

① 詹姆斯·M.布坎南.自由、市场与国家——80年代的政治经济学[M].上海:上海三联书店,1989:第342页.

前主义观念。总之,管理会计必须强化变迁管理,且在未来相当长的一个历史阶段,管理会计变迁与发展的协调观可能会占据支配地位。

 案例与讨论

背景资料

众所周知,"中国制造"的产品很便宜。有闹钟功能的收音机只需要几十元钱就能在超市买到。从牛仔裤到餐锅再到钻床,如今所有这些东西都在中国的生产线上生产,它们之所以廉价,是因为中国工人报酬不高。不过,全球化仍然让人纳闷:为什么有些进入中国的西方货,价格也比在原产国便宜呢?

有人把这种现象称之为"白啤酒现象"。德国巴伐利亚人肯定会觉得奇怪,在北京的酒吧,一杯德国白啤酒的价格居然比在慕尼黑还便宜,25元人民币就能买到半升。而在慕尼黑,一般人只能在大学生酒吧里喝到这么便宜的啤酒。可这种啤酒是产自巴伐利亚的原汁原味的白啤酒,它要跨越半个地球,才能抵达中国。既然如此,一杯白啤酒的价格为什么会比在慕尼黑还便宜呢?

当然,北京的工资水平和饮食开销要比德国低。在北京,一个干得不错的女服务员每月挣2000元至3000元人民币。这里的餐馆和酒吧的租金也相对低一些,另外,北京的老板要比其德国同行更会精打细算,但单单这些因素都不足以解释"白啤酒现象"。

这得从经济上找原因,那就是中国的经济繁荣。由于世界上大多数消费品都产自中国,所以每年都有数百万艘集装箱船从世界各地开往中国。每年有2000万只集装箱奔波于世界各大洋,其中1/4装的是中国制造产品。

货轮从上海到荷兰鹿特丹、德国不来梅或汉堡需要29天,那么从中国运出产品的货轮必须将集装箱发回中国,而它们返回中国时搭载的货要少得多,其运费也低得多。一只标准集装箱到中国的运费大约是4000元人民币,据一位德国船主透露:"将一船啤酒从不来梅运到中国,其运费不会高于从慕尼黑到汉堡。"全球化就意味着有来有往,这当中没有不公平之处。因而,德国人买到价廉物美的中国闹钟收音机,中国人喝到了便宜地道的德国白啤酒。

（资料来源:摘自《读者》2007年第8期。）

请讨论:

1. 围绕上述资料,结合管理会计变迁的制度博弈讨论国际贸易中价格变化的客观规律。

2. 从管理会计变迁的成本效益视角,分析贸易保护主义的危害性。

第 11 章

管理会计的绩效管理

绩效管理作为管理会计的一项重要工具,在企业研发、生产、销售、服务等环节发挥着重要作用。传统的绩效管理侧重于供、产、销等环节的业绩评价,并以人力资源为核心强调绩效管理的科学性与有效性。从管理会计视角入手,以成本和收益为导向开展绩效管理的探索,不仅能够丰富管理会计学的理论内涵,提高管理会计方法应用的有效性,还能够为管理会计工具的开发与创新提供新的动机与活力,并为进一步提高企业管理水平提供理论与方法的支持。

第一节　绩效管理的前提及影响因素

绩效管理的丰富与完善离不开支撑其发展的理论基础,绩效管理不仅应与中国企业管理的情境特征相符合,还要体现全球管理对理论与方法创新的需求。企业绩效的好与不好,有时是相对的。然而,即便是相同的绩效,有的人可能感到很满足,而有的人可能感到不满足。绩效的好坏受主观与客观多因素的影响,考察一个员工绩效应从多方面进行观察和评估,并且需要具有动态性的思维。绩效管理必须依据环境和内外部条件的变化随机作出反应,灵活地采取相应的、适当的控制措施或方法,不存在一成不变的、普遍适用的、所谓"最好的"绩效管理理论和方法,也不存在普遍不适用的"不好的"绩效管理理论和方法。所以,心理学理论和权变论等是绩效管理的重要理论基础。

一、绩效管理的前提

从管理会计视角考察,绩效管理的前提是财务信息必须是可靠的,只有可靠的财务信息才能用来作为绩效管理的基础。企业面对的市场是成熟或趋于成熟的,经营者投机取巧,搞包装、采取短期化行为等会被投资者识破,资本市场上的股票价格也会公正地对此作出反映。同时,企业是持续经营,能够对收益确定、资产估价、历史信息的预测价值等问题具有客观映像。此外,股东是理性的,董事会本着保护自身和广大社会公众投资者的利益,理性地作出相关的决策,并客观地评价经营者的业绩。绩效管理系统必须遵循科学性、权威性、公正性和全面性等原则,并适时地进行变迁管理。

(一)绩效管理的内涵与特征

绩效管理是指公司目标与指标、部门目标与指标、岗位目标与指标的设定、分解、执行的全过程管理。绩效管理内含着企业最根本的管理思想,即要兼顾企业的管理立场和员工个人立场。无论是国内还是国外,有很多企业都有自己的一套绩效管理体系,其中,以平衡计分卡或者类似的体系为基础构建的绩效管理体系成为现阶段的主流。Bermadin

(1958)认为,绩效应该定义为结果,就是"完成所分配的工作"。这是因为,工作结果与组织战略目标、顾客满意度及所投资金的关系最密切。这种观点主要适用于一线操作技能性人员。Compbell(1979)认为,绩效是行为,应该与结果区分,因为结果会受系统因素的影响。French(1985)将绩效评估目的分为评价性目的和发展性目的。评价目的达到的结果,一是给予员工绩效回馈,让员工了解主管对其工作表现的评价与业绩的肯定;二是成为增加薪资及提级晋升的依据;三是协助主管挽留人才和解雇人员的参考。发展性目的则在于:一是指导员工改进绩效;二是让员工明确其职业生涯规划,让员工对组织产生承诺;三是增强绩效的可视性,以此激励员工;四是强化上下级的关系;五是诊断个人与组织的关系。

（二）绩效管理系统的变迁管理

作为管理会计的一个重要组成部分,企业的绩效管理系统(performance measurement systems,PMS)通常需要根据企业经营环境改变而做出相应的转变。对一个企业来说,应用 PMS 是一项富有挑战性的工作。比如,Waal(2007)的研究发现,60％企业的 PMS 的应用与预期不符。原因之一在于每一种 PMS 对不同的企业而言没有绝对的应用性,毕竟大多数企业在决策文化、不确定环境因素下的运作模式、企业规模、组织文化、价值观等方面存在较大的差异(Chenhall 和 Euske, 2007;Verbeeten 和 Boons, 2009)。然而,如果企业充分考虑绩效管理应用的前因变量,就可以有效避免 PMS 的负作用。尽管这将使企业面临巨大的压力,好在财政部已经颁布了我国管理会计制度体系建设的"基本指引"和"应用指引"。同时,作为一项有效的绩效管理工具,平衡计分卡等也已经为广大的企业应用,并且在应用的过程中已经将环境目标和评价标准等融入企业绩效管理的实践之中,大大节省了相关的成本费用(Hubbard,2009;Wilkinson 和 Dale,1999)。影响 PMS 变迁的有三种前因变量,即激励因素(motivators)、触发因素(catalysts)和促进因素(facilitators)。激励因素是指引起变迁的宏观因素,如行业竞争、公司组织机构的变化及生产技术的升级。触发因素即直接引发变迁的因素,包括财务状况恶化、市场份额下降等。促进因素为变迁提供必要的条件,如会计人员、计算机设备等。Cobb 等学者(1995)发展了 Innes 和 Mitchell 的模型,强调在变迁过程中,动力(momentum)和领导(leaders)这两个因素发挥着不可替代的作用。另外,变迁过程中还存在一定的阻碍因素(barriers),如员工的态度和学习能力等。Kasurinen(2002)进一步将 Cobb et al.(1995)提出的阻碍因素分解为混淆因素(confusers)、挫败因素(frustrators)和延迟因素(delayers)等。其中,混淆因素加剧了组织未来的不确定性因素,如对于绩效管理系统的定位,挫败因素试图阻止变迁的进程,Kasurinen 在他的案例研究中发现原有公司的报告系统和组织文化对平衡计分卡的应用产生阻碍作用;延迟因素是技术方面的原因,如缺乏战略规划和信息系统等。绩效管理系统变迁必须结合绩效管理的要素和具体特征作出正确的价值判断,即针对绩效管理的目标、对象、指标、标准和报告五要素进行有效的变迁管理。

（三）绩效管理的整体评价

整体评价是一种基于市场战略的管理绩效评价,市场战略是有规律可循的,企业应从市场的战略细分中寻求效益。市场效益理论表明,整体评价的要素主要有稀缺与质量、机会成本、利润、效用,以及创新等。从这些要素构成考察,在"稀缺与质量"要素中,技术是个关键因素;但必须认识到,技术和市场之间并不具有必然联系。亦即,有好技术未必有好市场,新技术未必带来真实的利润。因此,企业在进行绩效管理的整体评价时,不能过分计量技术因素,要从市场效益的视角,综合地评判企业的绩效情况(刘力等,1999)。在"机会成本"要素中,往往与"利润和效用"相联系,因为没有利润的机会,或者没有效用的机会,是难以产生经济效果的。在"创新"要素中,效益是直观的,即创新的目的就是要获取潜在的利润或收益。从市场效益评价的角度看,创新实质上就是要建立一种创造性的"效益评价系统",以谋求最佳"组合效应"带来的经济效益(Sadar,2011)。企业家可以通过管理创新创造出购买力,创造出市场。在绩效管理中,按照效益理论的原则和要求,管理会计工作需要遵循两个总的指导原则,一个是科学性,另一个是实用性。就科学性而言,理论指导实践,绩效管理系统的形成必须体现管理会计文化价值观的内在要求,突出明晰而深厚的理论基础。这方面包含的理论主要有顾客价值与顾客满意理论、企业市场定位理论、关系营销理论,以及整合营销传播理论等。就实用性而言,绩效管理要具备客观性和可操作性,关键在于能否获得广泛而有说服力的计量数据,具体由管理会计的信息支持系统加以辅助,同时通过典型个案等的佐证增强其在现实中的有效性与可行性等。目前,应用较为普及的绩效评价指标主要有:

(1)市场增加值(MVA)。它是指公司所有者权益的市场价值和投资者原提供给公司的权益资本的差额。即"市场增加值=所有者权益的市价-原投入权益资本"。

(2)经济增加值(EVA)。它是指给定年度内的市场增加值。即"经济增加值=营业利润-资本成本"。

(3)自由现金流量(FCF)。它是指公司股东和债权人在一个营业期(如一年)内从企业投入的资产中共同获得的现金净流量。其公式为"FCF = 利息+运营现金流-投资=利息+净利润-运营资本增量-净投资"。此外,除了上述盈利指标外,企业的绩效管理还需要对产品创新与开发能力、质量管理、品牌管理、供应链与销售管理及服务与客户管理等指标进行综合评价。

二、绩效管理的影响因素

绩效管理的重要性是毋庸置疑的。如果将影响绩效管理的因素从管理会计角度加以考察的话,可以分为影响绩效管理的管理会计外部因素,以及影响绩效管理的管理会计自身发展的因素。

(一)影响绩效管理的外部因素

改革开放以来,中国制造业高速发展,其产值甚至超越美国,成为享誉全球的制造业第一大国。近年来,中国制造业公司的发展开始面临诸多挑战。首先,随着反全球化思潮的日益加深,"黑天鹅事件"的频发对全球化经济合作的进程产生了阻碍,全球化的模式面临地缘政治和地缘经济的重新平衡。其次,国内人口红利的优势逐渐消失促使外来资本将生产工厂转向非洲、美洲等区域劳动力成本较低的国家。最后,2008年国际金融危机后"再工业化"战略的提出掀起了以新一代信息技术为基础的新工业革命,发达国家的先发优势增强了它们在全球竞争中的价值链高端位置,中国制造业与发达国家的技术差距可能进一步拉大。

从理论上概括,可以归结为如下几个方面:一是政治因素,主要考虑税收政策的变化、环境保护,以及就业、出口等法律制度;二是经济因素,主要是利率、汇率、物价等因素;三是社会和文化因素,社会对公司的认可程度、美誉度,社会提供的各种劳动力及劳动者的文化素质,员工对职业的态度、社会责任等;四是技术因素,企业是否具有自身的核心技术能力等。从企业角度考察,还涉及组织结构、市场营销状况、管理与经营者激励,以及企业战略分析。比如,市场化程度的高低、一个地区的失业率的多少、贫富差距的大小,以及该地区的富裕程度(财政赤字有无)等。

目前,政府宏观绩效管理机制很难在企业报酬激励上发挥作用,主要原因在于:①信息不对称;②国有企业的政策性亏损因素仍然存在;③缺乏有效的退出机制等。从现有的研究文献考察,在研究企业高管人员报酬与企业业绩之间的关系时,如果仅仅考虑高管人员的报酬与净资产收益率之间的关系,可能会得出错误的结论,因为高管报酬的高低并不仅仅依赖于净资产收益率,而可能取决于其他更主要的因素。从客观的评价指标来看,高管人员业绩评价的财务指标主要有:①净利润;②利润总额;③净资产收益率;④主营业务收入;⑤应收账款(周转率、回收额);⑥其他,如每股收益、每股现金流量、资产负债率等。非财务指标主要有:①顾客满意度;②员工满意度;③市场占有率;④新产品开发;⑤安全生产等。目前一些常用的方法主要有:预算(经营计划)、以前年度的业绩、董事会相机确定(董事会根据各种情况,如是否要考虑电力紧张、原材料上涨等因素)、同行业企业比较、基于公司资本成本的业绩标准(如 EVA)等。在具体评价时,应当在经审计的财务指标的基础上,调整某些会计指标的计算内容,剔除不可控因素。因为有的经营者可能会操纵利润,如通过少提折旧、减少研发费用、减少员工的培训支出等来提高短期盈利;也有一些不可控因素需要在考核中加以剔除,如前面讲到停电、原材料大幅度涨价等,这些因素导致的收益下降,不能说明高管人员不努力工作或者经营能力差。

(二)影响绩效管理的内部因素

长期以来,我国管理会计实践呈现以下特点:一是在管理会计中应用最多的方法是预算管理、目标成本管理等;二是管理会计工具上完美的方法,如成本控制的差异分析等,由于在理论模型设计上过于简化(如单一产品、单一工资),与实践脱节;三是在业绩评价工具中,某些先进的指标体系,多半是出于形式上的需要,企业本身并没有采用新的指标体系的原动力;四是阻碍管理会计工具在企业中应用的最主要因素是企业管理当局重视不够。

从理论上讲,上述现象的存在是绩效管理系统的评价机制滞后造成的。人们普遍认为以财务会计指标为核心的业绩评价可能会诱导经理做出近视的、短期的决策,而不能明确地把短期运行和长期的战略联系起来。这种评价体系更适合于比较稳定的、复杂度较低的环境,而不适合于今天许多组织所面对的剧烈变化和激烈竞争的环境。传统的绩效管理体系可能会不支持基于知识的战略,因为基于知识的战略强调加强人力资本的安排,这样的信息可能超出传统会计系统的范围;传统绩效管理体系也不能很好地支持基于质量、灵活性和缩短制造时间的战略。比如,没有有关缺陷和现场失败的及时和具体的信息,质量改善几乎是不可能的。传统生产系统趋向于根据机器和生产功能来布局,设计、生产、销售、储存等环节相互隔离,每一环节的运行由于反复处理大批量的类似物品而变得很专业化,产品检测通常是在生产的最后阶段由质量控制部门操作的。相比之下,新制造技术更注重产品和顾客而不是大量生产。必须通过非财务指标的计量和评价,向一线工人提供生产力和质量信息,从而使他们获得理解和改进生产所必需的反馈。

总之,这些因素的存在是驱使管理会计绩效管理系统变迁的重要动因。然而,我国管理会计实践中也存在一些特殊的因素。比如,管理会计活动容易受会计利润的困扰,企业的社会责任意识淡薄。近年来发生的一个普遍现象就是生态破坏和环境损失严重,并危及企业的可持续发展。再有就是公司治理结构不健全,轻视企业控制权的合理安排,主要表现为企业外部利益相关者监督机制形同虚设,企业发展缺乏长期眼光与战略导向。同时,国有资产流失现象严重,管理会计控制系统和信息支持系统的协调配合不紧密。加之,管理会计价值观的普及面窄,尤其缺乏企业的伦理价值理念等。一些企业在这方面已进行了创新尝试,以阿里巴巴为例,电商的快速发展使阿里巴巴内部变得浮躁、急功近利,并且陷入恶性竞争,为达标不计后果。因此,价值观对阿里巴巴来说非常重要。阿里巴巴第九届全球网商大会在杭州召开,这次大会上公布了阿里巴巴集团的绩效管理体系。在这一体系中,业绩和价值观被列为两大考核指标。围绕这两个指标可以构成一个坐标轴,并由此作出员工绩效的评估。在阿里内部,只有业绩优秀且价值观符合公司要求的员工才能成为大家认可的明星员工。总之,从管理会计自身入手加强绩效管理系统的变迁管理变得更加重要,当前的现实选择是围绕管理会计中的收入、成本等要素开展全面绩效管理的研究和应用。

第二节　管理会计视角的绩效管理模式

2014 年财政部颁布了《全面推进管理会计体系建设的指导意见》(办公厅,2014),其中的绩效管理是我国管理会计体系建设中的一项重要内容。管理会计视角的绩效管理模式是指将成本与收益导向嵌入企业目标与其他相关目标的绩效管理之中,在为顾客创造价值的基础上协调企业与各利益相关者之间的关系,谋求企业及其合作方的利益平衡。这种模式对于当前"互联网+"条件下的企业集聚发展,以及实现经济社会的创新驱动具有积极的意义。

从管理会计角度考察,全面绩效管理中核心的关键要素是成本与收益,因为控制住了成本,企业的收益就有了保证。从成本管理入手,企业以采购业务环节为起点,通过作业分析与流程改造,提升企业绩效管理效率;从收益管理入手,借助于管理会计利润表、精益生产管理和生产作业管理视角等,进一步对企业的全面绩效管理做出分析与论证。

一、成本管理视角的绩效管理

随着经济全球化的推进,全球制造业的要素结构发生了新的变化。从成本管理入手,积极挖掘企业的内部潜力将成为经济新常态下企业绩效管理的一项重要内容之一。

（一）成本绩效管理的重要性

成本管理是企业管理中重要的一环,成本管理的水平能反映整个企业的生产经营管理水平。对公司来说,在开展绩效管理的同时,必须加快引进更加系统化、科学化的成本管理模式,抛弃原有的传统成本管理模式已成为共识。改进和优化生产系统的成本管理体系,是强化绩效管理的基础。将成本管理与绩效评价指标相结合,可以将公司的成本分解为五个组成部分,即营销成本、生产与采购成本、市场费用成本、物流储运成本、管理成本,并对每项成本确定责任人,从而大大提升了成本绩效的管理与控制。

1. 营销成本

作为"营销成本",具体的指标有退货、价格折扣、赠品、卖场物流成本、堆放成本、宣传品、展览货架、陈列费、销售增长奖金等,这项销售渠道方面的成本由销售经理负责,并定期与其签订责任状。

2. 生产与采购成本

作为"生产与采购成本",具体包括标准成本(包括料、工、费等)、材料耗用差异、材料采购价格差异、标准费用制造差异等指标,该项成本由采购部与生产部经理负责,并定期签订责任状。

3. 市场费用成本

作为"市场费用成本",其具体指标包括媒体广告费用、其他广告费用、促销品、其他促销支出等,这项成本由市场部经理负责,并定期与其签订责任状。

4. 物流储运成本

作为"物流储运成本",具体包括分销运输成本、分销仓储成本等指标,这项成本由物流部经理负责,并定期与其签订责任状。

5. 管理成本

作为"管理成本",其指标众多,具体包括市场服务成本、销售区域成本、销售办公费用、财务费用、人力资源费用、IT、坏账、供应链管理费用、本地管理费用和总部管理费用等,这项成本由IT、运作、财务经理负责,并定期与其签订责任状。同时,发动全体员工投身于成本绩效的管理潮流之中,对每个部门或个人因参与全面成本管理提升管理绩效活动的,按一定比例将成本节约额奖励给组织或个人。

（二）供产销环节的成本绩效管理

从我国管理会计视角考察,企业实践中一般按经营环节进行成本控制,即基于采购供应、生产制造和营运销售等环节开展成本管理控制与评价,这种成本绩效管理是企业,尤其是制造业绩效管理的"常态"。

1. 从采购成本入手强化绩效管理

就一般的制造业而言,企业的成本主要包括采购与生产成本、营销成本、市场费用成本、物流储运成本、管理成本等。加强成本管理,首先需要对每项成本确定责任人,这是提升成本绩效管理与控制的基础。就采购成本管理而言,企业的采购业务流程必须规范和严谨,每项采购任务应该由多部门加以配合,同时加强监督与控制。但是,过多的审批手续也容易导致企业采购业务流程的冗长,造成零部件的采购周期过长,影响采购的效率,也不利于提高企业资源的利用效果。必须优化企业的采购流程,重新审视采购过程中的增值与非增值作业,简化作业流程,实现财务与业务一体化,通过线上线下的采购运作,改进和优化企业的实体价值流与虚拟价值流,通过价值链的绩效管理减少其中的非增值作业,努力实现企业的经济效益与组织效益(傅元略,2004)。

2. 从生产成本入手提高绩效管理水平

生产成本是企业成本管理中的重要一环,它不仅影响企业的成本管理水平,还对整个企业的经营管理能力产生重大影响。明确责任也是生产成本管理的一项基本要求,生产环节发生的成本主要包括标准成本(包括料、工、费等)、材料耗用差异、材料采购价格差异、标准费用制造差异等成本项目,该项成本控制由采购部与生产部经理负责,并定期签订责任状。当前,面对以移动互联网为代表的新技术革命的冲击,企业必须主动转变传统的经营方式,积极响应政府的号召。一方面加快产品的转型,另一方面向产业的高端领域升级。同时,围绕"中国制造2025"规划的要求,加强生产流程与经营设备的改造与换代。在此基础上,围绕全面绩效管理积极引进或创新更加系统化、科学化的成本管理模式,抛弃原有的传统成本管理模式。随着生产自动化程度的提高,智能控制系统和机器人的广泛应用,我国劳动力原有的成本优势已经难以发挥经济稳增长的贡献效果。我国企业也很难再承接到由价值链高端攀升过程中转移过来的国际产业,跨国公司技术溢出效应导向下的成本管理模式在产业链低端被锁定(冯巧根,2015)。因此,加快对生产系统的改造与升级步伐,强化和创新成本管理模式是经济新常态下全面绩效管理的一项重要使命。

3. 从营销成本入手强化绩效管理

营销成本是由退货、价格折扣、赠品、卖场物流成本、堆放成本、宣传品、展览货架、陈列费、销售增长奖金等组成的成本项目。首先,必须明确成本管理的责任主体。譬如,销售渠道成本须由销售经理负责,并定期与其签订责任状;体现在媒体广告费用、其他广告费用、促销品、其他促销支出等上面的市场费用成本则由市场部经理负责,并定期与其签订责任状。对于互联网新经济下的网络营销成本,要充分重视管理会计信息支持系统的作用,努力将信息资源管理与管理会计控制系统相结合,充分利用现在的信息通信技术使传统的行业和互联网结合起来,扩展绩效管理的功能结构,创造一个基于互联网的全面绩效管理新常态。我国海尔集团的绩效评价系统就是借助于管理会计的信息支持系统,积极构建实时的价值创造与价值分享的绩效管理体系,鼓励员工自主创新,并努力实现价值增值的管理会计目标(彭家钧,2015)。

此外,在其他各类的管理成本控制中,也需要明确责任。譬如,以分销运输成本、分销仓储成本等为内容的物流储运成本的管理应由物流部经理负责,并定期与其签订责任状;对于体现在市场服务成本、销售区域成本、销售办公费用、财务费用、人力资源费用、IT、坏账、供应链管理费用、本地管理费用和总部管理费用等的各类管理成本,必须在明确责任主体归属的前提下分别与IT、运作、财务经理等进行责任界定,并定期与他们签订责任状。同时,强化全员成本管理,并结合每个部门、班组及个人按其成本控制的产出业绩情况,运用一定的比例将成本节约额奖励给相关的责任主体,以增强各责任单位或个人的成本管理积极性(王化成等,2004)。企业实践中的成本管理表格很多,表11-1展示的是某公司成本绩效考核的一份管理量表。

表 11-1　全员成本管理的量表设计

成本小组	成本改善项目	2014 年度目标	实际完成	直接影响成本	避免损耗	备注
材料组	生产材料消耗节约 原料及包装材料 消耗节约 进口材料国产化 ……	0.03％ 30 万元 0.5 元/台 40 条	0.025％ 40 万元 0.4 元/台 30 条	 10 万元 50 万元 30 万元	60 万元	
方法组	提高生产效率 产品一次合格率 质量成本节约 ……	140/人/月 98％ 3％	150/人/月 98.4％ 2.5％	1200 万元 1500 万元	160 万元	
设备组	天然气节约 设备停工时间节约 ……	0.3m³/台 4000PPM	0.26m³/台 3000PPM	76 万元 35 万元		
环境组	仓库 运输费 能源节约 安全管理评价 ……	14 万方 30％ 5.86 元/台 5 起	12 万方 20％ 5 元/台 3 起	630 万元 430 万元 40 万元		仓储面积 下线直发率 单台能耗
人员组	加班费 ……	500 万元	450 万元	50 万元		
合计				4051 万元	220 万元	

二、收益管理视角的绩效管理

从收益管理视角考察企业绩效管理的实施效果，是管理会计开展全面绩效管理的独特之处。这方面的应用情况因企业的不同而存在差异。本文选择从三个侧面来阐述企业收益视角的绩效管理，即管理会计利润表视角、精益生产管理视角和生产作业管理视角等。

（一）管理会计利润表视角的绩效管理

某企业在 4 年前推行小经营主体的实践，以下是一份下属公司的产销量数据资料，如表 11-2 所示。

表 11-2　企业下属某公司的有关资料

项　　目	2016 年	2017 年	2018 年
产量	85 000	80 000	60 000
销量	70 000	75 000	80 000

表 11-3 是根据这三年的产销量编制的利润表。

表 11-3　企业下属某公司 2016—2018 年的简化利润表　　　　单位：元

项　目	2016 年	2017 年	2018 年
营业收入	1 750 000	1 875 000	2 000 000
减：营业成本：			
期初存货成本	80 000	320 000	400 000
本期生产成本：			
变动生产成本（单位成本 9 元/件）	765 000	720 000	540 000
固定制造费用	560 000	560 000	560 000
本期生产成本合计	1 325 000	1 280 000	1 100 000
减：期末存货成本	320 000	400 000	80 000
本期营业成本	1 085 000	1 200 000	1 420 000
减：销售费用和管理费用（其中：单位产品的变动销售和管理费用为 6 元，其余的是固定销售和管理费用）	620 000	650 000	680 000
营业利润	45 000	25 000	−100 000

　　2019 年企业董事会拟对下属的这家公司进行聘期考核，然而，若将这份利润表作为董事会资料上会讨论，其后果必然是该公司经营班子下台。表 11-3 显示，这三年的"利润表"中的利润数据是逐年递减的。该企业下属的这家公司（小经营主体）的总经理对这三年的利润感到非常困惑，他认为，在任职的这三年里，经营班子重视销售，努力改进产品质量，加强广告、促销与技术服务，提高产品竞争能力，公司的销售量一直稳步增长，为什么利润反而越来越少？2018 年企业完成了 200 万元的销售额，反而亏损了 10 万元，这究竟是什么原因？通过全面绩效管理活动的推广，该总经理明白了其中的道理，同时企业也没有以这份报表来考核总经理，而是重新按绩效管理的要求编制了一份管理会计的利润表，见表 11-4。

表 11-4　企业下属某公司的管理会计利润表　　　　单位：元

项　目	2016 年	2017 年	2018 年
营业收入	1 750 000	1 875 000	2 000 000
变动成本：			
变动生产成本	630 000	675 000	720 000
变动销售及管理费用	420 000	450 000	480 000
变动成本合计	1 050 000	1 125 000	1 200 000
固定成本：			
固定制造费用	560 000	560 000	560 000
固定销售及管理费用	200 000	200 000	200 000

续表

项　　目	2016 年	2017 年	2018 年
固定成本合计	760 000	760 000	760 000
营业利润	－60 000	－10 000	40 000

表 11-4 显示,这份调整后的利润表中的每年利润是逐年递增的。它表明,企业管理层的经营是有成效的。全面绩效管理不仅纠正了过去依据错误的数据来判断领导业绩的传统做法,还从科学的角度为公司任用真正有才干的经营团队提供了数据资料。这种将管理会计的知识应用于企业之中并产生效果的经验,值得其他企业借鉴与推广应用。

(二)精益生产管理视角的绩效管理

精益生产可以概括为"一个基础,七个支撑"和"追求七个零的终极目标"。一个基础是指以 5S 为管理手段的良好现场基础。所谓"5S"是:(1)整理(Seiri/Sort);(2)整顿(Seiton/Set in order);(3)清扫(Seisou/ Shine);(4)清洁(Seisou/ Standardization);(5)素养(Shitsuke/ Sustain)。七个支撑是指:(1)生产的快速转换与维护体系;(2)精益品质保证和防错自动化体系;(3)柔性化生产体系;(4)均衡化和同步化体系;(5)现场作业 IE 研究体系;(6)生产设计和高效物流体系;(7)产品开发设计体系。七个极限目标是指零切换调整、零库存、零浪费、零不良生产、零装备故障、零生产停滞、零安全事故等。精益生产方式下的绩效管理注重的是每一个价值流(单元)的利润产生情况,这与传统的利润表关心每一个指标的收益情况存在很大的不同。但这不是说,精益生产方式下每一项个体的指标变得不重要了,而是在精益生产方式下更注重团队的作用,强调价值流的价值创造作用。

企业将精益生产管理应用于全面绩效的管理活动之中,能够产生明显的正效应。一是精益生产管理可以降低交易成本。譬如,在可视化控制下,公司的存货水平通过顾客的"拉动"变得很低,这样 MRP、ERP 等计算机存货追踪系统就不再需要。随着与供应商关系的改善和供应商对"拉动"系统的接受,供货和付账过程将变得更加简化。二是减少了会计核算的工作量。随着"拉动"系统和可视化管理系统的应用,传统以生产指令单形式对人工时间、材料发出、废料、在产品成本和生产差异的核算与相应的追踪控制等得到了简化,由此体现的一系列核算工作变得不再重要。总之,精益生产管理最大的优势就在于,它借助于管理会计信息支持系统,通过运用经营与资源能力数据,使精益生产的经济效果得以很好地展现,促进了企业的持续改进和组织效率的提高。基于精益生产的绩效管理一般采用编制精益利润表等的方式加以展示,表 11-5 将其与传统利润表的差异作了列示。

从表 11-5 中可以看出,精益生产中的收益管理就是要强调"五少一多"的思想,即"时间少、空间少、资金少、人力少、瑕疵少,以及顾客价值多"。精益利润表中的"房屋占用费"是按占用面积分配给各价值流的,但随着价值流占用面积的降低,该价值流的这部分费用就会减少,以此鼓励各价值流降低房屋占用;"未分配的房屋占用费"在报表最后部分被单独列示,以提醒高层注意对这部分空间的利用。另外,"存货变动"以独立的形式披露出来,目的是鼓励各价值流努力降低存货水平,减少浪费。

表 11-5　传统利润表与精益利润表对比　　　　　　　单位：万元

传统利润表	精益利润表				
		价值流			总计
销售收入		价值流 1	价值流 2	价值流 3	
商品销售成本					
期初产成品	销售收入	15 000	12 000	13 500	40 500
产成品成本	采购成本	9 522	7 645	8 450	25 617
可供销售产品成本	人工成本	415	435	490	1 340
期末产成品	修理和补给费	35	32	43	110
毛利	维护费	22	25	32	79
其他营业成本	配置费	58	38	47	143
净营业利润	房屋占用费	80	55	68	203
销售和管理费	存货变动	−1 090	−770	−670	2 330
净利润	价值流利润	3 800	3 000	3 700	10 500
销售回报率	价值流销售回报率	25％	25％	27％	26％
	未分配房屋占用费	105			
	公司间接费用	5 480			
	总利润	4 915			
	总销售回报率	12％			

（三）生产作业管理视角的绩效管理

这方面的绩效管理，从收益管理的角度考察，主要是引入生产线利润表等管理方式，并将管理会计中的作业成本管理等应用于全面绩效管理之中。生产线利润表的作用在于全面衡量各条生产线的绩效情况，为企业业绩评价提供科学的依据。详见表 11-6。

表 11-6　产品生产线利润表　　　　　　　单位：万元

项　　目	合　计	其　　中	
		生产线 A	生产线 B
净销售收入		15 000	12 000
减变动销售成本		9 050	7 250
边际利润贡献		5 950	4 750
减非变动销售成本		800	650
毛利		5 150	4 100
减广告费		500	400
销售佣金 其他直接市场销售费用		1 450	1 160

续表

项　　目	合　计	其　中	
		生产线 A	生产线 B
直接利润贡献		3 200	2 540
减间接费用		820	656
新产品开发费用 *			
营业利润		2 380	1 884
减按现时重置价值计算的折旧调整额		64	54
投入营运资金利息		350	280
加：新产品开发费用 *			
减：公司其他收益及费用调整额		220	176
经济利润		1 746	1 374

　　* 新产品开发费用因不属于总部决策行为，产品生产线无法控制，故不向各产品生产线分配。为保持与会计报表的一致性，该项目作为一增一减反映，相抵后余额仍为 0。

　　此外，全面绩效管理还融入作业成本管理，挖掘企业的增值作业与非增值作业，并提升企业对结构性动因与执行性动因的认识。以某公司应用作业成本法对成本管理进行绩效管理的做法来加以说明（冯巧根，2009），该公司通过标准成本与作业成本法的计算，形成了表 11-7 的核算结果。

表 11-7　企业下属某公司分别按 TCA 与 ABCM 编制的利润表

	标准成本计算（TCA）		作业成本管理（ABCM）	
	根据工作情况的成本分配计算		作业成本计算	
	科目（括号内为分配基准）	金额（万元）	科目（括号内为作业动因）	金额（万元）
销售收入	销售额	10 000	销售额	10 000
	销售成本	7 520	销售成本	7 520
	按顾客别的总收益	2 480	按顾客别的总收益	2 480
与顾客关联的经营费用	薪水（销售额）	550	订货办理费（订货数）	300
	附加工资（销售额）	580	仓储费（发货金额）	600
	折旧（销售额）	250	订货费（订货种类数）	300
			包装、品种费（订货种类数）	100
	临时工资、电气费		装货费（重量）	200
	以及电话费（销售额）	700	送货费（顾客所在地）	500
	修理费（销售额）	100	顾客配送费（装卸数）	200
	燃料费（销售额）	200	投诉处理费（订货种类数）	380
	顾客关联费合计	2 380	顾客关联费合计	2 580
利润	按顾客别的贡献毛益	100	按顾客别的贡献毛益	−100

表 11-7 表明,传统标准成本计算的利润表显示,该公司有利润 100 万元;然而,根据作业成本法编制的利润表,则亏损 100 万元。这种用作业成本法编制的利润表充分反映了增值与非增值作业的情况,它所体现的"作业消耗资源,产品消耗作业"的规则,对于优化企业的绩效管理具有积极的现实意义。换言之,结合按作业成本法编制的利润表,该公司可以进一步对业绩不良的原因加以分析,并努力采取改进措施。针对表 11-7 的情况,具体的策略是:(1)通过作业成本法的计算结果可以发现,该公司首要的问题是库存维护费用过高。其对策是采用零库存的管理方式,并使这种方式在库存管理中得到彻底贯彻,这也是全面绩效管理的当务之急;(2)订货费、包装与品种费以及投诉处理费等也稍微偏高,这与订货次数多有一定的联系,今后在推销方面应加强改进,减少订货次数是值得考虑的对策之一;(3)装货费,特别是运输费过大。这是因为顾客地理位置较远,而商品又是大吨位的物资,其结果就使运输费增加。在有红字顾客毛益的情况下,对顾客提出增加运费的诉求是合理的。当实际费用发生数较大时,这种请求是一种正当的行为,即物流服务也应当商品化。换言之,即使因为实际费用的增加导致有关交易的停止,这也不见得是坏事。这种"减亏增益"现象,在当今微利时代是一项重要的企业策略。总之,以收益为导向进行全面绩效管理是管理会计应用的创新举措,它对我国当前探索建立具有中国特色的管理会计理论与方法体系具有重要的参考价值和积极的现实意义。

第三节　本 章 小 结

21 世纪的竞争是企业经营模式之间的竞争。企业经营模式的转变,要求绩效管理全面化、科学化,并适时作出相应的调整。建立与健全绩效管理体系已成为企业在激烈的市场竞争中存活下来的基本要求,并日益为企业最高层所认识。在企业管理实践中,扩大销售实现利润和控制成本是企业家最关注的两件大事。从成本与利润视角评价企业绩效管理的现状与前景,是管理会计研究最佳的路径选择之一。绩效管理的应用不能局限于狭义的以收益或薪酬为主要内容的绩效管理,而是应该将这种绩效管理置身于企业整体的环境之中。亦即管理会计视角的绩效管理注重成本与收益要素的考核与评价。在其他条件不变的情况下,成本得到了控制,利润自然就会得到提升;收益管理是绩效管理的重要基础。本章构建了以成本和收益管理为核心的绩效管理模式,即该模式强调生产流程的优化,作业活动的精简,以精益生产为基础突出管理会计控制系统的功能作用,同时借助于管理会计信息支持系统增强收益管理的有效性等。这种模式在我国具有一定的代表性与典型性,可为不同行业的企业提供借鉴或参考。

绩效管理是企业管理者与员工为了达成共同的企业目标,通过全面参与绩效计划制订、绩效辅导沟通、绩效考核评价、绩效结果应用、绩效目标提升等环节而实施的管理活动。基于财务报告的绩效管理视角需要进一步扩展与创新,精益生产方式视角的绩效管理有助于团队的合作及其功效的发挥,突出了价值流在管理会计中的价值创造作用。引入生产线利润表,以及管理会计中的作业成本管理等进行绩效管理,其作用在于能够全面衡量各条生产线的利润状况,为全面绩效管理提供了科学的依据。近年来,国内外管理界对绩效管理的研究日益重视,各种创新成果不断涌现。通过本章对绩效管理的研究,提高了人们对管理会计绩效的认识,纠正了过去依据错误的数据来判断领导业绩的传统做法,并从科学的角度为任用真正有才干的经营团队提供了数据资料。这种将管理会计的知识应用于企业之中并产生效果的经验,值得其他企业借鉴。

 案例与讨论

背景资料一

伯奇造纸公司拥有南方、汤姆逊、北方三个分部。它们之间的业务关系是南方分部生产纸箱内外衬板和瓦楞纸供汤姆逊分部加工后制成纸箱交给北方分部销售。总部把这三个分部都定为利润中心,因此各分部经理自然十分关心本部门利润指标。几年来,伯奇公司根据各分部的利润和投资效益来评价经营绩效。

公司高管认为,在过去的几年中,分权化体系运行良好,公司的利润明显上升,竞争地位逐渐加强。然而,由于种种原因,分部经理在制订转移价格上相互之间产生了分歧。南方分部现在生产任务不足,库存积压,但其售价没有明显的降低,每千只按市价定价 280 元,其直接成本约为销价 60%,汤姆逊分部每千只纸箱直接成本 400 元,并以 480 元的转移价格卖给北方分部。产品也有外部供货商,如西方造纸公司愿意以每千只纸箱 430 元的市场竞争价格卖给北方分部;如从伊丽公司进货,每千只纸箱订价 432 元,伊丽公司还可从南方分部以每千只 90 元购买衬板,然后再由汤姆逊分部按每千只 30 元的价格印上图案,而汤姆逊的实际费用开支约为 25 元。

这里需要指出的是,南方分部以 280 元的转移价格(和市价一致)卖给汤姆逊分部不存在什么问题。矛盾的焦点集中在汤姆逊分部与北方分部。公司总部为了解决汤姆逊分部与北方分部的矛盾。需要对以下几个方案作出抉择:

(1) 自己生产;

(2) 从西方公司购买;

(3) 从伊丽公司购买。

请讨论:

结合本章绩效管理的影响因素,计算并说明不同情境下的备选方案与决策建议。

背景资料二

传化集团是浙江省的一家民营企业,创业于 1986 年。经过数年发展,到 2004 年,传化集团的销售额已经接近 10 亿元。旗下的洗衣粉、洗涤剂、印染助剂等产品也扩大到八大系列 200 多个品种,在国内同类产品中市场占有率约为 10%。2004 年,传化股份在深交所中小板块正式挂牌上市,总股本 8000 万股,募集资金约 1.98 亿元。2005 年 8 月,传化集团以每股 3.5453 元的价格,购入浙江另一家化工上市公司新安股份 6788.1 万股股权,传化也由此持有 29.77% 的股份,成为第一大股东和实际控制人。此时,传化集团拥有了两家化工类上市公司。

在企业登上新台阶之后,如何激励高管层成为传化集团积极探索的一个课题。2007 年上半年,即在传化入股新安股份后不到两年,传化集团就宣布拿出 2227 万股股票,对新安股份的管理团队进行股权激励,这部分相当于传化集团购入股份的 1/3,而其激励的价格(1.595 元/股)更具诱惑力,这个价格等于将传化集团入股新安股份时的 3.5453 元/股的价格,按成本价打对折卖给新安股份的管理团队。新安股份董事长王伟获授 801 万股,以每股 70 元计算(该股 2007 年最高到过 90 元/股),他的身价接近 6 亿元,同时还有 6 位高管身价过亿元,8 位高管的平均持股市值则达到了约 1.9 亿元。

除了在新安股份进行股权激励外,该集团还在另一家上市公司传化股份试行另一种现金激励方式。他们的具体思路是:通过对高管派发现金,并让高管的现金奖励分享传化的业绩增长。举例说,如果一个员工获授 20 万元现金奖励,奖励期为 4 年,在此期间传化股份的资产回报率达到 20%,那么,公司高管 4 年中每年就可以获得 4 万元的红利,并在 4 年后取走获得的 20 万元奖励。

请讨论:

1. 根据管理会计的绩效管理理论,结合上述案例思考,该公司还可以采用哪些方式对高管实施激励?

2. 结合股权激励的特征,谈谈管理会计绩效管理的内涵与外延。

第 12 章

管理会计的前景展望

管理会计是环境的产物,受社会经济发展的影响而不断地变迁与发展。中国管理会计的发展历程可以概括为三个阶段,从 20 世纪初的成本控制、预算管理为特征的传统管理会计阶段,以及 20 世纪中期以预测和决策为主的管理会计发展阶段,再到 80 年代后以权变性思想为主导,重视环境、生态保护、可持续发展等为基本特征的管理会计阶段。随着国际经济环境的变化,以及国内经济的改革、调整,企业需要在环境不确定性的背景下,依据管理会计目标、原则和要素实施精益化管理。未来的管理会计发展将在"互联网+""智能+",以及网络安全、人工智能、区块链、非财务信息报告等方面提出创新要求。

第一节　管理会计的发展历程与特征

一、管理会计的发展历程

总结改革开放 40 年的管理会计,其形成与发展大致分为三个阶段,即执行性管理会计阶段、决策性管理会计阶段与权变性管理会计阶段。在这一演进过程中,为中国特色管理会计理论与方法体系的构建提供了一个适宜的分析架构。

(一) 以控制为主要特征的管理会计发展阶段(1978 年年底到 1989 年年底)

1978 年 12 月,党的十一届三中全会提出我国的工作重点转移到社会主义现代化建设上来,①从此企业的成本管理和预算管理回到了科学管理阶段,并不断向前推进。这一时期,中国的物质资料相当匮乏,市场在很长一段时间内保持在卖方市场的状态。加之,国家在物资、外汇、金融等各领域进行全面改革并取得实质性进展。同时,围绕经营机制转换在全国范围的国有企业中普遍推广承包制企业,企业产品的销路顺畅,管理会计的重点是如何获取优势资源,快速提高企业生产能力。这一时期的管理会计制度建设是与经济体制改革紧密相连的,主题是对企业放权让利,以权利换取效率,其改革范围包括从利润留成、盈亏包干,到企业承包经营责任制,乃至企业的股份制改造和现代企业制度试点。这一阶段的管理会计具有"一元观"的情境特征,如构建成本管理制度,围绕经济责任制,加强责任会计的建设等。管理会计的目的是强化管理控制系

---

① 始于 1978 年年底的中国经济体制改革大体经历了三个阶段:(1)1978 年年底至 1984 年 10 月,这一时期经济体制改革的重点是改革微观经济体制,对国营企业(1993 年后称"国有企业")放权让利;(2)1984 年 10 月至 1991 年年底,这一时期的重点是改革资源配置制度,开始重视市场体制建设;(3)1992 年以后,这一时期的重点是明确社会主义市场经济的目标,转换企业经营机制,构建社会主义市场经济的微观基础。

统建设,因为该时期产品"供不应求",只要控制了成本,就等于实现了利润。这一阶段的制度背景如表 12-1 所示。

表 12-1　管理会计以控制为主要阶段特征的制度背景

发展阶段	时间划分(年)	主要特征	制 度 环 境
以控制为主要特征的管理会计发展阶段	1978—1989	成本管理、预算控制	1979 年,中央提出国民经济"调整、改革、整顿、提高"的八字方针;1980 年,国家经委发布《全面经济核算暂行条例》;1984 年,《中共中央关于经济体制改革的决定》;1984 年 3 月,国务院发布《国营企业成本管理条例》;1986 年 12 月,财政部发布《国营工业企业成本核算办法》,等等。

（二）以工具整合与创新为特征的管理会计发展阶段（1990 年至 21 世纪初）

进入 20 世纪 90 年代,尤其是党的十四大提出建立社会主义市场经济体制目标之后,管理会计制度的市场化特征在企业中得到了显著的发挥。体现企业市场化特征的典型案例是"邯钢经验",即实行"模拟市场核算,实行成本否决"的成本管理机制。此时,管理会计的职能作用发生了变化,即仅向组织提供管理控制信息已经难以满足生产经营的需要,传统的"一元观"必须向"二元观"转变。管理会计需要在搞好管理控制的同时,为企业资源利用、营销服务等提供信息支持,增强企业的经营管理能力。这一阶段,中国经济已经从短缺经济走向了过剩经济,卖方市场向买方市场过渡。到了 90 年代后期,中国进入了全面的市场竞争阶段,开始从"过剩经济"快速走向"饱和经济"。"饱和经济"最典型的特征是产能过剩,产能过剩的结果就是价格战。消费者开始有了选择权,对产品有了差异化需求。传统的管理会计工具或方法也面临挑战。以往从全球价值链低端采用低价获得国际范围内竞争优势的方式正在被锁定,企业必须有更精细化的成本管理与预算管理才能为企业管理当局提供决策支持。此时,除了作业成本法与超越预算、战略预算等的整合与创新外,平衡计分卡与经济增加值(EVA)等工具也在业绩评价等方面得到广泛应用。比如,2010 年国务院国资委要求国有大中型企业全面推行及实施 EVA,并积极探索年薪、期股、期权等新型的激励机制在企业中的应用。随着全球经济一体化的推进,尤其以 2001 年中国加入 WTO 为标志,中国本土市场的规则发生了变化,并日趋与世界接轨。这一时期,适应全球价值链发展的需要,我国产业结构上呈现出企业集群组织及网络组织,产业经济在不同地区具有"块状""星系"等特征。同时,制造业的粗放式经营也使生态环境与资源禀赋、区域经济发展状况之间产生极大的不平衡,环境管理面临巨大的压力。传统的以单一企业为主体设计的管理会计工具必须加快整合与创新,需要结合管理会计研究假设的边界管理,嵌入不同组织特征的管理会计权变因素,以使其更符合企业管理实践的需求,呈现出的是企业或组织间关系发展的情境特征。这一时期,总结和提炼中国本土企业的管理会计经验,探索具有中国特色的管理会计理论与方法体系成为一项重要课题。这一阶段的制度背景如表 12-2 所示。

表 12-2　管理会计以工具整合和创新为主要阶段特征的制度背景

发展阶段	时间划分	主要特征	制度环境
以工具整合与创新为特征的管理会计发展阶段	1990 年至 21 世纪初	突出管理会计"二元观"，探索中国特色的管理会计理论与方法体系	1992 年 10 月,党的十四大提出建立社会主义市场经济体制的目标,要求完善市场环境,转换企业经营机制;1993 年 7 月 1 日,财政部发布"两则"——《企业会计准则》和《企业财务通则》;1993 年 11 月,党的十四届三中全会通过《关于社会主义市场经济体制若干问题的决定》,将"国营企业"改称"国有企业";1999 年,国家经贸委发布《关于国有大中型企业建立现代企业制度,加强企业管理的规范意见》;2002 年 4 月,财政部发布《关于企业实行预算管理的指导意见》;2006 年 7 月,财政部成立中国企业内部控制标准委员会,标志着我国内部控制制度有了组织方面的保证;2007 年 1 月 1 日,新的《企业会计准则》与《企业财务通则》在我国上市公司率先实施;2008 年 6 月,国资委、财政部联合向中央企业下发《关于规范国有控股上市公司实施股权激励有关问题的补充通知》(征求意见稿),它为国有企业加强管理会计的激励机制建设提供了制度依据;2009 年 12 月,国资委颁布《中央企业负责人经营业绩考核暂行办法》,要求全面实施 EVA 考核。财政部印发的《会计行业中长期人才发展规划(2010—2020)》,预计到 2020 年,高级、中级、初级会计人员比例从 2015 年的 5∶35∶60 变成 10∶40∶50。

（三）以"互联网＋"和"全面推进"为特征的管理会计发展阶段（21 世纪初至今）

进入 21 世纪以来,以"互联网＋"为代表的管理创新促进了管理会计的发展,不仅使管理会计中的管理控制水平得到提高,而且使嵌入现代移动通信支持的管理会计信息支持系统得到快速发展。基于互联网技术的创新驱动使管理会计能够借助于智能化手段来实现其自身的管理功能,或者说,"互联网＋"催生了智能化管理会计的形成,促进了权变性管理能力的提高。这些能力包括:①企业对内外部环境变化的适应能力;②保持或获取企业竞争优势的能力;③及时发现新领域或随环境变化制定战略管理的能力;④将企业嵌入更大系统且实现可持续性成功的能力等。智能制造下的技术创新对管理会计,尤其是成本管理带来深刻的影响,并在广泛领域对管理范式产生影响。智能制造与"互联网＋"的结合是创新驱动的战略选择。以数字经济为代表的新经济对管理会计的影响可以分为三个阶段:一是吸收数字客户,强化智能化的管理会计体系;二是建立数字化企业,通过社交、移动、分析、云计算技术来改变企业的价值管理模式;三是数字运算,即将自动化手段与人工智能相结合来辅助企业的成本核算与内部控制。智能制造的技术创新将推动企业的研究与开发费用稳定增长,为企业可持续的发展提供技术上的保证,使企业盈利的有效性大大提升。即通过"互联网＋"重塑整个产业链、供应链和价值链,使其焕发出新活力。2014 年开始,我国管理会计进入了"全面推进"的发展阶段,并预示着中国管理会计的情境具有了权变性的特征,具体表现在:①始终以顾客价值创造经营（customer value added management，CVAM）为核心;②积极发挥管理控制系统的合理性和先进性；③努力提高信息支持系统的科学性与有效性；④不断提升企业价值增值的核心竞争力等。"互联网＋"与"全面推进"时期的管理会计具有如下特征：一是从强调管理会计的预测、决策功能向权变性功能转变，推动管理会计的组织结构转型；二是从指挥控制员工转变为鼓励员工自主创造；三是从参与战略执行转变为事业合作伙伴，融入网式与链式价值管理新战略，构建经营活动新机制等。总之，这一时期的管理会计注重服务于平台企业，并且更好地分配全球价值链中各种资源，为解决产能过剩，创造全球共享价值贡献力量。有关该阶段的制度背景如表12-3所示。

表12-3　管理会计以"互联网＋"和"全面推进"为主要阶段特征的制度背景

发展阶段	时间划分	主要特征	制度环境
以"互联网＋"和"全面推进"为特征的管理会计发展阶段	21世纪初至今	突出管理会计的智能化特征，强调"链式"管理会计向"网式"管理会计转变，以及全面推进管理会计体系建设。	2012年，我国首次提出了"互联网＋"概念，2015年正式写入政府工作报告；2015年7月，《国务院关于积极推进"互联网＋"行动的指导意见》正式发布；2015年8月，国务院发布《促进大数据发展行动纲要》；2015年9月，国务院印发《关于加快构建大众创业万众创新支撑平台的指导意见》；2014年11月，财政部发布《全面推进管理会计体系建设的指导意见》；2016年6月22日，财政部印发了《管理会计基本指引》；2016年10月，财政部发布《会计改革与发展"十三五"规划纲要》；2017年10月，财政部印发了《管理会计应用指引第100号——战略管理》等22项管理会计应用指引；2016年8月，国务院发布《关于印发降低实体经济企业成本工作方案的通知》；等等。

综上所述，在40年的管理会计变迁过程中，我国管理会计从早期的以强化成本控制与预算管理控制为主的管理控制系统"一元观"，向管理控制系统与信息支持系统融合的"二元观"转变，体现了现代科技进步的内在要求，展示了管理会计发展强大的生命力。管理会计通过管理控制系统与信息支持系统的共同作用，使传统以计划预测、责任控制为主导的管理会计向战略与决策领域演进的管理会计转变。

二、管理会计发展的制度特征

从经济学角度分析，我国管理会计制度变迁基本上是一种渐进性的变迁。制度变迁有两种路径，一种是渐进式，另一种是激进式。[①] 从上述管理会计制度的演进状态分析，我国的管理会计制度变迁是先在旧制度的边缘衍生出一些新的制度安排，如20世纪80年代初，在《全面经济核算暂行条例》的指导下开始引进国外的责任会计。这一时期，许多企业围绕经济责任制的要求，实施了具有中国特色的责任会计体系，如在内部核算过程中设置了厂内银行、结算中心等(乔彦军，1997)。即试图通过构建中国特色的管理会计制度体系来逐渐缩小旧制度的空间，进而达到企业市场化要求的管理会计制度变迁目标。这种渐进式的制度变迁有以下主要特征：

---

① 最优的制度变迁路径往往是渐进式的。如果初始改革前景不容乐观，渐进主义还可以为早期的逆转提供选择机会。

（一）从局部到整体

从制度变迁的角度分析，我国管理会计制度的推进是从局部向整体演变的。20 世纪80 年代中期，根据《中共中央关于经济体制改革的决定》，国家有关部委在全国推广 18 种现代管理方法，其中的本量利分析、价值工程、目标成本管理等都是管理会计应用的具体方法或工具。我国管理会计体系的形成正是从这些局部方法的应用起步的。长期以来，成本控制是我国管理会计制度规范的主要内容，进入 21 世纪以后重点转向了预算管理等更为广泛的领域，从而使管理会计具有了预测、决策与控制的整体功能。在这些制度演变过程中，1993 年 7 月 1 日实施的《企业会计准则》和《企业财务通则》对管理会计制度变迁的影响最为直接，"两则"既对企业成本开支范围作了新的规定，尤其是明确了期间费用的概念，①也使得成本报表转变为了企业内部报表。② 相应地，成本管理制度由国家交由企业根据相关法规自行确定。同时，企业开始转变观念，以市场为导向来构建企业的管理会计制度。

（二）具有很强的"路径依赖"

"路径依赖"是指制度的惯性依赖。事实上，路径依赖有不同的方向：一种情况是某种初始制度选定后，其报酬递增促进经济的发展，其他相关制度安排向同样的方向配合，形成合力，导致有利于经济增长的进一步制度变迁，这是一种良性循环的路径依赖。另一种情况是某种制度演变的轨迹形成后，初始制度的报酬递增消退，开始阻碍生产活动，与此制度相关的既得利益者则尽力维护，从而使社会陷入制度的无效性，进入"锁定"状态，这是恶性的路径依赖。良性的路径依赖与恶性的路径依赖之间存在着多种均衡，制度演进的轨迹不是唯一的，人们可以创造一些制度安排，以维持良性的路径依赖，避免进入"锁定"状态（徐大同，2003）。责任会计制度在我国的应用实践表明，从经济核算制向责任会计（或称中国特色的责任会计制度）的转变是一种好的路径依赖。即我国在推进责任会计制度，进而向责任预算，以及企业社会责任方向发展的过程中，认真规划了宏观与微观两个方面的经济、社会与环境发展的关系问题，制定出了一套符合中国国情的企业责任会计制度体系，推动了管理会计制度变迁进入良性的路径依赖。

（三）重视与其他经济制度的协调

这一点管理会计比财务会计更明显，从管理会计制度演变来看，我国管理会计制度的变迁与国家经济体制的转变是紧密相关的。比如，与 1980 年的《全面经济核算暂行条例》以及 1984 年的《中共中央关于经济体制改革的决定》相适应，国务院发布了《国营企业成

---

① 《企业会计准则》第七章对成本开支范围作了如下一些原则性的规定："企业为生产商品和提供劳务等发生的各项直接支出，包括直接工资、直接材料、商品进价以及其他直接支出，直接计入生产经营成本。企业为生产商品和提供劳务而发生的各项间接费用，分配计入生产经营成本。""企业发生的销售（货）费用、管理费用和财务费用，直接计入当期损益。""企业的下列支出，不得列入成本、费用：为购置和建造固定资产、购入无形资产和其他资产的支出；对外投资的支出；被没收的财物；各项罚款、赞助、捐赠支出；在公积金、公益金中开支的支出；以及国家规定不得列入成本、费用的其他支出。"

② 由于受当时各方面因素的影响，国家为了避免对企业不应有的干扰，也为了促进企业商业秘密的保护，只规定国有企业可根据自身情况确定成本报表的编制与否，国家不再统一要求国有企业编制成本报表。

本管理条例》，财政部发布了《国营工业企业成本核算办法》。与党的十四大提出的建立社会主义市场经济体制目标的要求相适应，财政部发布并实施了《企业会计准则》与《企业财务通则》。[①] 同时，制度变迁要与内部体系相适应。制度体系内部不同制度之间具有互补性和替代性。一般来说，制度会形成一个体系，在该体系中，每一项制度都与其他制度相辅相成，形成一个连贯的制度体系。在许多时候，单独实施制度变迁是有较大风险的，因为它会扰乱制度间的这种连贯性。当制度之间在很大程度上可以互补时，只在某些方向上进行零碎的制度变迁是不可能成功的。这一点在我国的管理会计制度变迁中也得到了体现。比如，尽管1984年的《中共中央关于经济体制改革的决定》要求企业建立现代企业制度，企业管理会计制度应该走向企业化和市场化。然而，考虑到制度的连贯性，国家还是统一制定并颁布了《国营企业成本管理条例》与《国营工业企业成本核算办法》两项管理会计制度。换言之，在制度实际变迁中，往往很难使相关性极强的若干制度同时启动、共同运行。这时，制度系统便不得不在摩擦状态中运行，而这会增加制度运行的风险成本。市场经济导向只有与相应的制度约束有机结合，才能达到制度变迁和改革的最终成功。

（四）具有明显的政府导向性

党的十一届三中全会之后，国家将工作重点转向经济建设，政府在管理会计应用中扮演的引导和推广角色更加明显。以预算管理为例，自2002年财政部发布《关于企业实行财务预算管理的指导意见》之后，我国大中型制造企业的预算实施比例相当高，[②]并进一步扩展到商业、服务业等各类非制造业企业。除了财政部等国家部委外，各级政府也投入到了引导和推广管理会计经验与方法的潮流之中。20世纪80年代末的责任会计制度就是这方面的一个典型，当时的河北省政府为了配合财政部门的规范要求，颁发了《河北省国营企业责任会计实施方案（试行）》，并组织编写了《实用责任会计》一书，并于1990年夏在秦皇岛举行了多期有全省各地市主要企业会计人员及有关学校教师参加的责任会计培训班，各地市也相继进行了责任会计培训，从而有效地促进了责任会计在全省的推行。进入90年代，随着"学邯钢、抓管理"热潮的兴起，邯钢经验迅速推向全国，时任国务院副总理的吴邦国在1996年的全国企业管理工作会议上提出企业应向邯钢学习，当时的河北省省长叶连松也在《人民日报》1998年4月4日第4版发表了题为《邯钢经验告诉了我们什么》的文章，进一步引导全国企业学习邯钢经验（冯巧根，2003）。

（五）制度转变过程中的企业自发性

在国家宏观制度的引导下，企业自身也掀起了制度变革与创新的热潮。比如，五矿集团和中化集团围绕预算制度变革，积极地将经济增加值（EVA）与平衡计分卡（BSC）等方

---

① 在制度变迁的这一区域，制度变迁的系统操作是必要的，即创造必要的环境与辅助条件使某些微观经济制度得以实施。

② 譬如，2005年8月，"中国石化股份有限公司全面预算管理与生产经营管理信息系统"上线，并且使用至今。这方面比较有代表性的研究成果还有：（1）《管理会计应用与发展典型案例研究》课题组：《我国集团公司预算体系的新模式——中原石油勘探局案例研究》，载《会计研究》2001年第8期；（2）上海财经大学课题组：《从战略角度设计全面预算管理模式——上海宝钢集团第一钢铁公司案例》，载《上海企业》2003年第5期。

法与传统的预算管理进行整合,增强了全面预算的管理功能(高晨、汤谷良,2007)。[①] 再譬如,上海宝钢集团公司针对其连续化、自动化和大规模生产的特点,采用了"预算→执行→改进"三步走的标准成本管理制度,使之成为其自行开发的"整体产销经营管理"信息系统的主要组成部分。同时,作业成本法(ABC/ABM)也在中国的一些企业得到了应用(欧佩玉等,2000;朱云等,2000;林斌等,2001)。此外,德国的一些成本会计方法,如弹性边际成本法(GPK)和资源消耗成本会计(RCA)等也在我国的一些企业内部成本控制制度中得到一定的体现。此外,以供应链为主体的企业群成本核算与管理制度也开始得到规范与应用(冯巧根,2005)。所有这一切均表明,我国企业在国际化的制造环境下具有创新管理会计制度的内在需求和动力。

(六)强化环境经营与管理会计的结合

企业是自然契约与社会契约的集合体,管理会计范围的扩大就是要将环境经营融入商品经营与资本经营的企业实践中去,进而丰富和发展管理会计的价值内涵与外延。清洁生产与可持续发展将绿色设计、绿色技术和工艺、绿色生产、绿色管理、绿色供应链、绿色就业贯穿于产品全生命周期中,实现环境影响最小、资源能源利用率最高,既能获得经济效益,又能获得生态效益和社会效益。为了保证企业的可持续发展,必须适应生态经济效率提升的要求,将管理会计与环境管理相结合,并在新时代的现代经济体系下注重管理会计的质量和效率。其中,生态型管理会计就是环境经营与管理会计融合的产物,它采用多元化的计量手段和属性,强化企业的环境保护,注重管理会计的质量与效率。同时,突出强调绿色作业管理和全面绿色质量管理,注重与生态环境的适应性,并以自然资源保护和可持续发展为基本特征。当前,生态型管理会计仍然停留在传统管理会计工具和方法的应用上,比如,将边际贡献引入生态环境成本,使产品成本计算和生态环境评价有机结合,提高外部环境生态成本核算的有效性和可操作性。再如,将本量利引入生态补偿,在业务预算方面同时增加生态成本预算的内容,单独设置生态环境预算,并在企业预算和经营计划实现之前进行预算监管和控制。必须加快生态型管理会计的创新步伐,主动将企业生态环保责任提升到战略管理层面,通过环境经营的普及与推广,倡导企业清洁生产的理念,这是对传统会计核算体系的创新,旨在普及缓解经济发展和环保之间矛盾的发展理念。同时,围绕供给侧结构改革以及"互联网＋"的环境特征,创新环境管理会计的理论与方法体系。

第二节　管理会计的发展趋势

适应未来科学技术革命的发展趋势,管理会计要在"互联网＋"的基础上,推动云计算、大数据等技术手段在企业中的应用,提高管理会计决策的科学性、合理性和有效性。

[①]　五矿集团公司是以金属和矿产品的国际贸易为主,实行跨国经营的国有大型企业集团。2006 年的营业额为189 亿美元。2000 年开始推行预算管理并运用平衡计分卡(BSC)进行业绩评价。中化集团公司是我国主要的石化公司(国有企业)之一,是重要的化工产品营销服务商。2006 年营业额为 214 亿美元。该公司 1999 年开始构建以全面预算管理为核心的集团内控体系,随后将平衡计分卡的理念引入业绩评价系统之中。两家公司认为,引入"BSC"等先进的管理会计工具,对企业来讲最重要的是"理念",这种理念上的促进表现在两个方面:其一,对战略的重视;其二,强调了财务与非财务绩效指标间的平衡性与逻辑性。

要结合商业模式和经营业态等的变化趋势,完善管理会计的理论与方法体系,提高管理会计从业人员的综合素质,放宽传统管理会计的边界,扩大管理会计的适用范围,全面提升管理会计的功能价值。

一、管理会计的演进规律

我国的管理会计正处于制度化的关键时期,随着中国经济模式从高速增长向高质量发展转变,企业面临的国内外环境将更具不确定性。对管理会计在提升企业素质和竞争力中的经验与做法进行归纳和整理,并将其推广至全球管理会计的知识体系之中,是增强我国管理会计国际话语权,加快中国特色管理会计制度建设的重要课题。随着新时代现代化经济体系的构建,未来管理会计的演进将呈现出如下的发展趋势。

(一)管理会计主体拓展:从单一企业向企业间管理会计发展

目前,企业集群已经成为带动我国区域经济发展的一支重要力量。对企业集群而言,要长远、可持续地发展,必须积极开展企业集群的管理会计研究。从单一企业的管理控制系统与信息支持系统向企业集群区域的管理会计工具应用转变,是管理会计主体转向企业间管理会计领域的内在要求。企业集群发展是产业集聚的历史演进过程,它的重要动力是产业升级和结构调整。从演进规律角度考察,管理会计主体拓展的相关性具体包括:

(1)产业集聚实践与组织间理论的结合,促进了管理会计对象、手段与方法的变迁。管理会计视角的产业集聚主要是围绕企业集群来选择管理会计战略,并服务于区域经济发展。其中,最重要的内容就是企业集群的成本管理,包括企业集群的成本管理组织、成本管理工具以及成本管理制度等。这项研究是企业间管理会计中战略选择的一项重要课题。企业集群是一种有效实现区域经济中企业扬长避短的途径,是一种合作的同盟关系,属于"非零和博弈"。产业集聚的实践使企业间的合作博弈产生的利益远远大于不合作所得到的利益。

(2)管理会计主体的拓展加速了新模式、新业态下的管理会计创新。管理会计主体的拓展使企业间的转换成本降低,新模式、新业态为管理会计控制系统提供了取长补短的便捷之路。同时,企业间管理会计使组织间频繁接触和交往成为可能,一家企业的知识创新可以很快地外溢到其他企业,由于空间上的相邻性,企业之间可以相互模仿和学习,学习成本较低。

(3)从注重单一企业的管理会计,到关注组织的未来发展,再到战略视角的企业间联盟与生态,实现组织间资本共享。未来,随着众包、众筹等方式嵌入管理会计的活动之中,创造共享价值的管理理念将会进一步推动企业之间的协作,增强企业间的交流、沟通和服务,推动创新主体的主动协作,以产业技术联盟(如互联网企业集群、云产业集群等)为代表的网式组织将会成为企业管理控制的一项重要内容。企业组织间资本共享是指企业通过电子商务平台,将其多余的人力、机器设备、厂房建筑和无形资产等资源的使用权进行让渡,并从中获取收益(杨七中、冯巧根,2017)。组织间资本共享可以将不同企业组织间的同质性技能、设备和闲置厂房等资源的使用权进行自由让渡,发挥资本利用效率,获得资本剩余价值,为经济增长提供新动力。

(4)管理会计主体的转变,促进了环境成本管理的创新与发展。传统的以牺牲环境发展区域经济的老路已经行不通了。从产业集聚到企业集群的转变是产业发展的内在规律，无论是现有的企业集群，还是正在形成的企业集群（如各种特色的产业小镇等），其发展过程中的一个共同特征便是引导集群区域实施产业的绿色转型。管理会计主体拓展就是为了更好地适应产业结构绿色转型的需要，它凸显出生态环境在管理会计活动中的重要性。管理会计主体拓展启示我们，建设富强、民主文明、和谐美丽的社会主义现代化强国，必须积极推进区域经济的发展，完善管理会计的"管理控制"与"信息支持"的动力机制。

（二）管理会计功能增强：从静态思维向动态思维转变

管理会计动态思维中的"立体管理"整合了宏观、中观与微观管理会计的内在特征与外在要求。我国管理会计发展具有后发优势，其重要原因之一就是政府推动与市场自发的有机融合。在管理会计的实践中，尽管企业的经营必须让市场在资源配置中起决定性作用；然而，面对不确定的外部环境，如美欧等国基于贸易保护主义发起的贸易争端等会使企业经营决策出现市场失灵现象，政府通过积极的应对策略可以帮助企业寻求具有针对性的弥补手段，同时中观与微观政策与措施的配合也至关重要。换言之，宏观的政策效应与中观的产业政策需要转化为微观企业的核心竞争力，借助于动态的立体思维创新管理会计工具，提高管理控制系统与信息支持系统的功能作用。

管理会计从静态向动态思维的转变，不仅可以实现市场与政府在比较优势上的功能互补，也有助于管理会计控制系统在促进企业的持续、健康发展方面发挥积极作用，同时为信息支持系统提供组织创新的技术动力。政府层面的宏观政策往往是借助于财政、税收、金融等杠杆来体现的，它不仅对管理会计控制系统具有影响效果，还能够在中观的产业转型升级以及产业集聚区域的信息支持系统中发挥积极作用，使管理会计在宏观、中观的政策效果上发挥长效机制。与此同时，微观企业的管理会计活动需要在提高企业资金周转效率、挖掘内部潜力的同时，加快创新的技术投入，并在智能制造的配合下，使技术资源在提升企业生产效率上发挥关键效果。并且，通过帮助各级政府认识经济政策的边界和实施功效，避免政策或资金支持的靶向失误，减少资源浪费和要素损失。这种将宏观、中观与微观的政策措施有机融合的管理会计演进规律表明，动态思维视角的管理会计不仅能够加快自身的创新驱动，还能够为企业经营与投资决策提供全面、完整、系统、及时和有效的信息支持；同时，也能够使管理会计控制系统为宏观层面的政策制度的实施提供转化的动力。

管理会计的动态思维表明，传统的商业模式和经营流程正在或已经发生颠覆，新商业模式、新业态在给管理会计机制注入新动力与活力的同时，管理会计的理论与方法体系也在加速创新。管理会计工作者必须针对国内外的经营环境，围绕公司发展战略及价值驱动因素，主动参与到企业经营方案、价值指标管理等的规划、设计等活动中去，通过科学管理和组织变迁等揭示管理会计的行为本质与规律，最大限度地发挥管理会计控制系统和信息支持系统的内在功效，努力实现"价值增值"的管理目标。

（三）管理会计边界延伸：从差异化管理向要素融合方向转变

从本质上讲，实体经济与虚拟经济都是国民经济中不可或缺的组成部分。经济发展过程中出现的脱实向虚现象是市场经济下企业逐利的客观追求，传统的差异化管理已难以适应外部环境不确定性变化的客观要求。延伸管理会计边界，将传统的差异化管理通过重要的生产要素组合寻求突破性的管理控制手段,进而推进信息支持系统的功效是未来管理会计发展的重要课题之一。为了使虚拟经济更好地与实体经济相结合,可以从成本与收入要素的组合入手实施创新。

首先,是成本要素创新。从"成本"要素上扩展管理会计边界就是要重新定义成本的内涵与外延,积极为实体经济企业降低成本提供管理控制与信息支持手段。降低成本对实体经济企业来说,不只是加减效应,更是乘除效应,是能够起到事半功倍效果的重要途径。新技术、新产品、新业态、新模式给企业带来挑战的同时,迫切需要企业更有效率地使用越来越稀缺的资源,并融入新变化的企业成本管理活动中去,扩展管理会计的边界。从宏观角度考察,国内企业的成本管理在受国际金融危机及激烈的市场竞争等因素影响的同时,正在经受劳动力成本上升、科技创新动力持续性不强,以及收益提升面临"瓶颈"等的制约。2016 年 8月,国务院颁布的《降低实体经济企业成本工作方案》(国发〔2016〕48 号,以下简称"方案")表明,政府对生产要素的管理及制度创新,对于促进实体经济企业降低成本,更好地满足市场需求,实现经济在"质量、效益"基础上的可持续发展具有积极的现实意义。

其次,收入要素创新。通过提高全要素生产效率,使原有的产业结构得到转型升级,需要引导资本市场为实体经济服务,或者实现实体经济与虚拟经济的融合,其中最直接的方式是鼓励和支持实体经济进入资本市场,更多地实现股权融资,获取股权收益。当前,在劳动生产率与土地利用效率一时难以提高的情况下,企业的收入要素创新需要与资本要素有机组合。从宏观上讲,今后很长一段时间,成本要素与收入要素的组合是管理会计结构调整与行为优化的保障,财政、税收与金融政策将会向这一要素组合进行倾斜。从微观上讲,国际贸易形势的波动与变化会使产能过剩矛盾加剧,加之资源与环境约束的增强,生态环境保护仍将会淘汰一批落后产能的企业,企业的资本回报率可能持续下降。对此,收入要素导向的利益创新需要结合企业的自身能力或竞争优势,促进各项会计要素效率的提升,努力增强企业发展的动力、提升企业价值创造力和价值增值能力。总之,在"互联网＋"和智能制造等为特征的新经济时代,延伸管理会计边界,从差异化管理向要素融合方向发展,有助于我国企业参与到发达国家全球公司的水平分工中去,并以我为主在全球范围内整合资源,构建全球价值链。

(四)管理会计范围扩大:从服务于商品经营、资本经营向环境经营转变

环境经营以提高资源利用效率为目标,将环境保护意识融入组织之中,通过清洁生产等方式优化组织的价值链、供应链等管理流程,通过减少或杜绝污染排放等环境行为实现企业的可持续发展(冯圆,2016)。企业实践表明,环境经营可以独立运作,也可以与商品经营、资本经营相互融合;同时,环境经营可以在一家企业中推行,也可以在整个产业集聚区域里推广及应用。我国企业开展环境经营最具代表性的是"有效益的环境成本管理(EoCM)"工具,[①]该工具最早应用于"长三角"地区,它是我国政府从德国引进,并且主要

---

① EoCM 是一种着眼于优化成本管理和提高经济效益的清洁生产管理工具。其基本原理是:围绕企业中的"非产品产出"(NPO)进行估算,找出"非产品产出"中的不合理因素,并提出具有针对性的解决方法和具体的改进措施,以此来增加企业的"产品产出"。其目的是在降低企业生产成本的同时,降低能源、原材料消耗及废弃物的产出。这一清洁生产管理工具在德国及欧盟国家运行时间已经超过 20 年,相较于其他环境管理工具,"EoCM"较适合于中小企业。

应用于中小企业的一种环境管理的技术方法。以江苏省为例,2004 年开始在扬州地区围绕清洁生产培训,引入、推广和普及德国的"EoCM"工具。经过十多年的运行,这种以排污成本管理为主要内容的环境成本管理工具,已见成效且朝着环境经营的方向推进(冯圆,2014)。注重生态平衡,加强环境保护,努力实现"经济、环境与社会"的协调发展是环境经营的内在要求。面对生态文明建设的环境形势,企业或政府要发掘环境无形要素的价值,努力倡导环境经营及其具体行动,进一步遏制环境恶化对社会经济产生的影响。近年来,组织改造与协同发展正在与"互联网＋"紧密结合,将环境经营的组织行为与 IT 技术相互融合,进一步促进了环境成本管理的创新。亦即现代移动通信技术的发展能够为环境成本管理创新提供技术保证,环境经营则有助于实现企业环境意识走向环境增值。

二、管理会计的未来展望

经济活动的多元化推动着内部管理活动的多元化,外部环境的多样性与复杂性要求管理会计必须适应现代企业管理的需求,促进企业管理的高效率与高质量。会计人员的转型,商业模式的创新,网络安全的管理,以及人工智能的应用和非财务信息的揭示等将成为新时代现代经济体系建设的重要课题。

(一)加快管理会计能力框架建设,提高会计人员素质

国外对管理会计职业化发展的研究起步较早,研究较为成熟,以美国管理会计师协会(IMA)、英国皇家特许管理会计师公会(CIMA)这两大职业协会研究为主,已经形成了以美国注册管理会计师资格认证(CMA)、英国皇家特许管理会计师资格认证(CIMA)、全球特许管理会计师资格认证(CGMA)为代表的管理会计师资格认证体系。需要关注的是,2014 年以来,IMA 和 CIMA 在管理会计职业道德建设、能力框架建设等方面取得了一系列新的研究成果,比如,CIMA 于 2014 年、IMA 于 2017 都先后发布了各自的管理会计能力框架,这是迄今为止,处于世界水平的两个最高管理会计能力框架,无疑会对全球的管理会计师能力提升起到积极的作用。我国的管理会计能力框架也正在构建之中,合理借鉴 IMA 和 CIMA 的成功经验,是加快我国管理会计能力框架建设的重要途径。比如,构建我国的管理会计能力框架时应将"职业道德能力"纳入管理会计人员核心能力的"专业能力"中去,更好地发挥管理会计作用,树立起管理会计师的良好职业形象。要着力提高管理会计人员素质,尽快培养本土化高水平的管理会计人才,促进会计人员转型,提升管理会计在企业明智决策中的地位与作用,推动我国企业的持续性成功。换言之,人才已成为一种储备和战略资源并渗透到各种激烈的市场竞争之中,在全面进入知识经济的新时代之后,管理会计需要借助最活跃的人力资源要素谋求新的发展。管理会计能力框架建设能够为管理会计理论创新和工具创新提供人力支持。在新时代的现代经济体系下,管理会计人员素质的提高要与人才选拔相结合。当前,对管理会计人才队伍建设的重视程度不足,各级各类会计考试和人才选拔无法权衡管理会计和财务会计人才队伍建设的均衡性。今后,必须结合管理会计能力框架,集中对管理会计人才进行选拔和培养。同时,积极创新管理会计人才培养模式,以培养全面发展的管理会计人才为根本,对管理会计从业者的专业知识提出更高要求,如需要具备企业管理、金融、国际经济与贸易等专业知识,增强管理会计人员的知识宽度和广度。以管理会计人才队伍的创新为企业提供高

水平的管理会计服务,进而实现管理会计职能的全面落实。

(二)不断丰富"互联网＋"的管理会计价值内涵

实践表明,"互联网＋"在带给企业新的商业模式、新的业态的同时,也给管理会计控制系统和信息支持系统建设提供了创新空间和发展机遇。一方面,管理会计应用大数据、云计算以及物联网新技术实现技术创新,进而实现控制系统升级;另一方面,伴随企业经营模式的巨变,以往的"资产—价值—收益"的盈利增长路径面临挑战。"互联网＋"正在使企业的价值创造和价值增值方式发生改变。必须持续推进"互联网＋"条件下的管理会计价值管理功能,积极利用管理会计信息系统的云计算和大数据,保证管理会计的前瞻性,提高数据的可靠性和相关性,降低管理会计控制系统的风险。同时,通过管理会计的信息支持系统优化内部信息传递的动态思维和整体控制意识,提高信息反馈的及时性和灵活性,促进管理会计价值创造能力的不断提升。总之,在一个更加开放的互联网信息时代,管理会计工作者应树立正确的价值管理理念,适应"互联网＋"对管理会计的挑战与机遇,突破传统管理会计价值创造的经营模式,形成"共享、跨界融合、合作共赢"的新模式,培养借助大数据和云技术进行分析的客观思维,并形成持续学习的意识,通过管理会计理论和方法的创新提高专业化水平,提升管理会计人员的综合业务能力。

随着"互联网＋"内容的丰富与发展,以数字自由贸易区(DFTZ)、移动支付、ET 城市大脑等为代表的新领域正在为管理会计提出新机遇,管理会计控制系统建设要注重信息支持系统的配套提升,实现两大转变:一是从低价值向高价值转变。具体有三条路径,即独深、独特、独高。"独深"是指精益求精,努力将每件事做深、做好,在管理会计中推行精益成本管理,推广精益理念和方法;"独特"是指培养核心竞争力,从管理会计角度来讲,就是要培养具有核心竞争力和自身优势的产品生产线或企业文化;"独高"是指努力向产业高端转型,以创造更大价值。二是从"小服务"到"大服务"转变。"大服务"是相对传统服务而言的。传统服务分为第一、第二、第三产业,而"大服务"是指服务于第一、第二、第三产业的一种大产业,包括采购、营销、物流服务等,简称六产业("1＋2＋3"产业)。就当前来说,"互联网＋"不仅正在全面应用到第三产业,而且正在向第一和第二产业渗透。因此,对于企业来说,基于"互联网＋"来优化企业间关系管理,实施物流、价值流、信息流等集于一身的供应链管理将成为企业价值创造与价值增值的重要途径。

(三)增强网络安全管理会计工具的开发与应用

2017 年 5 月,CIMA 发布了《网络安全工具:网络安全风险、反应和补救策略》(简称"网络安全工具")的管理会计新工具。该工具能够提高企业防范和应对网络安全风险的意识和能力。对管理会计来说,信息共享是决策的基础,而网络安全是信息共享的前提,是网络会计信息系统安全运行及相关管理会计指引有效实施的保障。作为管理会计工具,CIMA 的"网络安全工具"是针对互联网新经济的技术情境,开发出的应对网络风险的安全指南,能够进一步增强管理会计信息的可靠性。该管理会计工具主要包括引言、网络安全及其基础、网络安全应用、网络安全的高级主题、中小企业网络安全的"简明要点"、附录(网络安全保险及网络安全风险管理报告框架、补充读物和材料)等部分,从不同角度提出了系统的、确保网络安全的应用指南。在 CIMA 的"网络安全工具"的"引言"部分提出,网络风险已经成为当今全球经济安全的风口,近年来大众媒体充斥着网络攻击的报道,其内容涉及主要客户记录的失窃及健康保险记录的篡改,以及形形色色的政治事件。面对网络入侵风险的挑战,管理会计必须迎难而上,加强制度供给,提供操作指引。同时,做好电子数据的保密工作,通过技术防范设置牢固的信息安全防御网,确保网络数据信息及时进行加密,并采取适当保护措施,防止破坏性的行为,如非法入侵和恶意篡改。这些信息维护和安全管理必须得到有效的执行,并应用完善的制度手段,防止违规行为的发生。

在"互联网+"的技术情境下,我国已有越来越多的公司通过建立网络"财务共享中心"或"管理会计信息中心"使网络计算机与手机嵌入其中,网络安全不仅是信息管理部门的职责,也是公司整体的责任,必须强化企业领导责任意识,加强管理会计风险管理工具的开发与应用。政府有关部门要加快网络安全管理会计工具的开发与应用,通过"应用指引"提高企业的网络安全意识和风险控制能力,积极预防公司内、外的网络攻击,提高管理会计信息支持系统的及时性与充分性,为管理会计的控制系统创造良好的网络安全条件。CIMA 的网络安全风险管理报告框架覆盖了网络安全的方方面面,有助于我国企业借鉴,制度制定者应加强规范的指引,促进企业积极地开展网络安全管理的计划、实施、报告及评价。

（四）提高人工智能条件下的管理会计功能

将管理会计和人工智能结合,能够打造高效、安全的管理会计应用环境。人工智能是研究、开发用于模拟、延伸和扩展人的智能的理论、方法、技术及应用系统的一门新的技术科学。该领域的研究包括机器人、语言识别、图像识别、自然语言处理和专家系统等。2017 年 7 月 20 日,国务院印发了《新一代人工智能发展规划》。《规划》提出了面向 2030 年我国新一代人工智能发展的指导思想、战略目标、重点任务和保障措施,为我国人工智能的进一步加速发展奠定了重要基础。人工智能研究的一个主要目标是使机器能够胜任一些通常需要人类智能才能完成的复杂工作。但不同的时代、不同的人对这种"复杂工作"的理解是不同的。对于人的思维模拟可以从两条途径进行,一是结构模拟,仿照人脑的结构机制,制造出"类人脑"的机器;二是功能模拟,暂时撇开人脑的内部结构,而从其功能过程进行模拟。所谓智能,就是人脑比较过去、预测未来的能力。大脑是一个庞大的记忆系统,它储存着在某种程度上反映世界真实结构的经验,能够记忆事件的前后顺序及其相互关系,并依据记忆做出预测。形成智能、感觉、创造力及知觉等基础的,就是大脑的记忆—预测系统。

人工智能将颠覆各个行业的生产方式,新经济的平台型公司发展空间巨大。2016 年 3 月,谷歌人工智能"阿尔法围棋"与韩国棋手李世石进行了较量,最终"阿尔法围棋"战胜李世石,取得胜利。人工智能按照实力的大小可分为三类:一是弱人工智能,它是在特定领域等同或者超过人类智能或效率的机器智能;二是强人工智能,它是各方面都能和人类比肩的人工智能;三是超人工智能,它在包括科学创新、通识和社交技能等领域超越人类的人工智能。从世界各国智能制造的发展状况看,即便是弱人工智能时代的智能制造也具有很强的智能化能力,它可以在人类烦琐或难以深入的领域从事相关工作。近年来,国际四大会计师事务所之一的德勤已经在探索机器人从事审计及管理咨询等方面的业务工作。人工智能已为管理会计的改革与创新提出了一项新的研究课题。随着人工智能和智能机器人的发展,需要用未来的眼光开展现代管理会计的研究,如预算管理与成本控制等。管理会计与人工智能的结合,能够提高管理会计处理系统多样性和复杂性的能力;在充分认识管理对象异质性的基础上合理配置智能化管理工具,是提高管理会计"管理控制"和"信息支持"系统功能作用的前提。人工智能作为制造情境中的一场生产模式与思维模式变革,即从自动化到智能化,将随着智能设备,如工业机器人的普及,在越来越多的企业中得到应用,劳动者与管理者的界限将变得越来越模糊,人机交互以及机器人之间的对话变得越来越普遍,重复性的体力劳动和脑力劳动逐渐被人工智能设备所替代,人在其中的角色也由服务者、操作者转变为规划者、协调者、评估者、决策者。作为经济发展的重要工具,人工智能能够促进增值服务能力的提升,使商业模式实现持续创新,为管理会计拓展成长空间。

(五)将区块链技术融入管理会计的理论与方法之中

区块链是随着比特币等数字加密货币的日益普及而逐渐兴起的一种全新的技术方法,它凭借去中心化、可靠数据、高度匿名以及不可篡改的特性,不仅突破了时间和空间限制,加速了金融产品创新,而且在一定程度上削弱了信息不对称,提高了管理会计的运行效率。区块链因其在分布式账簿中的独特优势而受到会计界的高度关注,德勤等"四大"会计师事务所已纷纷建立研发团队推进场景应用的实验及技术平台开发。面对区块链可能对电子支付、数字货币以及征信等金融领域的颠覆和重塑,管理会计要主动把握区块链下金融新业态的特征,寻求管理会计介入的窗口,提高管理会计控制系统和信息支持系统的效率与效益。换言之,区块链在信息采集、信息整合和信息分析等方面能够促进管理会计信息支持系统功能的发挥,同时基于区块链技术构建的管理会计信息支持系统,可以在降低交易成本、提高交易安全性的基础上保障数据信息安全可靠,为企业组织之间构建融资信任机制发挥重要的保障作用。此外,区块链数据不可逆性和难以篡改的特性有助于企业集群履行守信行为,加强区域内部控制。即区块链技术具有的全面、精确的数据源,及时的资产管理,智能化的经济监控为管理会计控制系统的完善与发展提供了新的理论与方法支撑。

当前,区块链技术的应用还处于初级阶段,面临着技术业务优化、法律监管、资源消耗等诸多方面的发展挑战,正是由于区块链技术对传统经济交易和支付结算模式等的颠覆性和破坏性的创新革命,使得区块链技术成为当前应用和投资前景最为广阔的技术领域,未来区块链技术将在管理会计获得更广泛的应用。管理会计工作者要积极利用这种挑战带来的机遇,通过管理会计工具的主动对接,实现管理会计理论与方法的创新。区块链与共享经济具有内在联系,共享经济作为互联网时代重要的产物,其本质是依靠互联网技术,尤其是大数据技术将社会闲置资源重新利用,进而创造出新的市场价值。区块链技术的去中心化和信任机制将为共享经济提供天然的发展土壤。通过区块链技术与大数据技术的融合可以颠覆传统共享经济商业模式,进行模式与发展创新,为共享经济发展提供全新机遇,管理会计中的组织间资本共享工具将在内涵与外延上有一个更大的发展。以往的难题在区块链技术下可能会变得容易。例如,信息不对称问题一直是困扰金融机构支持实体经济发展的核心难题。传统金融模式一直没有找到有效解决信息不对称问题的办法，区块链技术能够从根本上解决产业链金融活动中商业银行和中小微企业之间存在的"信息不对称"问题，进而促进商业银行对产业链金融下小微业务经营的积极性，从而实现支持实体经济发展的初衷，这对管理会计信息支持系统的完善与发展也具有积极的意义。

（六）丰富非财务信息报告的形式与内容

非财务信息包括有关公司价值评估方面的信息，企业人才、技术、创新能力等方面的信息，以及对债权人、职工、消费者、供应商、政府、社区和公众等方面责任的履行情况信息。这些非财务信息有助于企业开展深层次的分析与评价，并在某种程度上比财务信息具有更大的价值。以企业社会责任信息的揭示为例。1989 年，挪威的 Norsk Hydro 公司发布了全世界第一份企业环境报告。十多年来，国际上越来越多的企业或其他组织自愿、定期地在财务报告之外单独发布了环境报告、企业责任报告、社会责任报告、企业公民报告、三重底线（triple bottom line）报告、可持续发展报告等非财务报告。2000 年以前，非财务报告以环境报告为主，以后逐步转向可持续发展报告（sustainability report）。近来，非财务报告与公司治理、企业社会责任等热点问题结合趋势明显。由于财务报告为无形资产的确认、计量设置了较高的"门槛"，仅仅依据财务报告评估企业的财务业绩，难以了解企业的真实价值。可持续发展报告通过提供重要的非财务信息，有助于识别各种无形资产，如企业声誉、创新能力、对社会福利的贡献等，补充和强化传统的财务报告。企业可持续发展包括经济、环境和社会三个方面，且三者互相联系、相互补充。我国在谈到可持续发展时，特别强调环境问题，但不能因此忽视了另外两个方面。而且，三个方面应当协调解决，达到共赢。换言之，和谐社会应当包括人与自然环境的和谐、个人与社会的和谐，包括物质和谐与精神和谐。要注重企业自愿性信息的披露。企业自愿性行动可以避免隐瞒实情、虚报瞒报、"上有政策、下有对策"等问题，而信息公开披露可以促进公众参与和公众监督，还可以培育和提升公众的社会责任意识。企业社会责任信息的披露要适应相关国际组织的发展趋势。在全球化过程中，国内企业在改革开放背景下形成的一些思维定式与发达国家的环境并不完全相符，这些思维定式也许是国内企业在中国市场上取胜的法宝，但是在进入发达国家市场的过程中，却可能成为企业进一步获得成功的绊脚石。在社会责任信息的披露上，可以先单独进行企业社会责任的报告，然后逐渐融入会计报告体系中去。这也是财务会计与管理会计融合的一种内在要求。现有的会计准则中已专设了一项生物资产会计准则，但对于学校、工厂等建立的绿地却没有相应的考核体系。每个组织在绿化方面的投入金额是巨大的，有的高达亿元以上。对于这些树木、盆景和花草为代表的生态资产的后期管理如何评价与报告，是十分重要的，我们认为可以先将其纳入企业社会责任的信息中加以揭示。

第三节　本章小结

实践表明，一国管理会计发展取决于两项因素：一是经济的进步及全球化程度；二是制度的创新。改革开放 40 年来，管理会计在我国得到了迅速的发展。改革初期，我国积极探索建设有中国本土特色的管理会计制度体系，具体包括：(1)各项基础管理工作（如根据生产工艺和工序核定的各种定额消耗指标）；(2)制定严格全面的管理规章制度；

（3）形成群众当家理财的班组经济核算；（4）建立完善的内部责任制。20世纪80年代以后，在政府和学术界的推动下，我国开始引进西方管理会计，管理会计的创新观念逐步渗透到企业经营管理的各个领域，不少企业积极探索应用国外的管理会计工具或方法，与企业制度加以整合与拓展，为企业管理部门进行决策和有效管理提供了有用信息，在现代化的企业管理工作中发挥着一定的作用。但与国外管理会计在企业中的应用相比，我国管理会计在企业实践中的应用仍存在较大的差距。从我国目前的实践来看，尽管管理会计有一定的实践基础，但管理会计在企业战略规划、决策、控制和评价中的作用尚未得到充分发挥。政府部门承担了会计制度创新的责任，并在管理会计的快速发展中发挥着决定性作用，然而企业的积极性和应用潜能尚未得到充分挖掘。今后管理会计制度的创新及发展，一方面，要继续发挥政府部门在制度制定中的主导作用，通过政策引导使管理会计规范发展；另一方面，国家应注重引导企业加强自身的管理会计制度建设及创新，鼓励企业根据自身需要和特点建设有特色的管理会计制度，从宏观和微观两个层面打造有中国特色的管理会计制度体系。

当前，受全球经济的影响，我国经济进入增速减缓、产能过剩、结构调整的时期，企业进入转型升级、转变发展模式的重要阶段，同时信息技术突飞猛进、网络经济不断得到壮大，管理会计面临着强烈的冲击。面对全球化经营的新环境，企业应在全面推进管理会计体系建设的过程中，加强对中国情境特征管理会计的理解与认识。只有在这个前提下，才能寻求中国管理会计有效的工具和方法体系，促进管理会计的创新驱动。管理会计在中国经过了40年的发展，在互联网时代背景下，管理会计环境发生变化，对管理会计提出更新更高的要求，同时也带来了发展契机，企业管理会计要从管理理念、管理会计内容以及企业组织框架等方面进行创新，不断丰富和完善管理会计，为企业成长助力。

 案例与讨论

背景资料

我国目前已经涌现出少数成功建立管理会计信息化体系的企业，比较典型的如海尔、华润、神华等大型的企业集团。以海尔为例。海尔所广为人知的涵盖"事前算赢"的全面预算管理体系、人单合一双赢模式、以自主经营体和管理会计报告为核心的管理会计体系，不仅是一套完善的管理会计体系，还是一套全员、全面和全流程的信息化体系。海尔管理会计信息系统结构关系如图12-1所示。

在信息化不发达的时代，企业内部按照市场竞争机制来运作会比较困难，按照经济学大师科斯的说法就是，"交易成本太高了"。但是在信息化手段日益发达的今天，这个问题就能够得到有效的解决。海尔"人单合一"的一个支撑体系就是信息化。高效的信息化平台使得海尔日清的闭环优化和使员工素质不断提高的SBU（strategy business unit，战略业务单元）提升机制都能够得到有效的实现。2006年，海尔提出"人单合一信息化日清"，其具体内涵是通过信息化手段对每日的经营绩效进行日清，动态显示出每天的工作预算、实际及差距，做出纠偏计划，保证目标的完成。日清表的任务主要是关闭业务执行中的差距，把关闭差距的工作形成每天的预算，持续改进绩效。日清表上接战略损益表，下接人

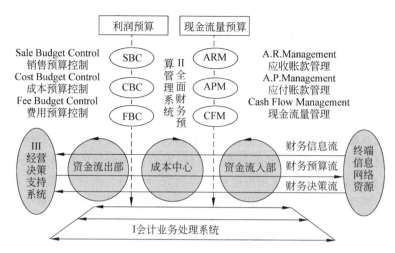

图 12-1　海尔管理会计信息系统结构关系

单酬表。

全面预算管理体系是海尔管理会计信息化体系的核心。海尔的全面预算管理体系称为"事前算赢"的全面预算管理体系，包括了年度预算、场景分析、滚动预测等内容。通过这套全面预算管理体系海尔可以贯通销售、生产、采购、费用等各个业务环节的预算/预测体系，事先预见到行动计划的经营成果，并据此对行动计划进行有效调整，以达成战略目标，关闭差距。

管理会计报告信息化体系是海尔以自主经营体为核心的人单合一双赢模式的支撑。通过在系统中编制战略损益表、日清表和人单酬表，将每日的运营情况及时进行核算和分析，海尔可以获得三个层级经营体的经营情况，可以实现集团各级管理层对其所需的经营状况及经营成果相关数据的全面的在线查询与获取。

（资料来源：彭家钧.海尔财务信息化系统的构建与运行[J].财务与会计，2015，15：18-21.）

请讨论：

1. 结合上述材料，阐述管理会计控制系统的结构性特征及其与企业战略之间的关系。

2. 从管理会计的权变性和"互联网＋"等理论出发，结合海尔公司的成功实践，谈谈管理会计信息支持系统的功能价值。

参 考 文 献

中文部分：

[1] 阿兰·斯密德. 制度与行为经济学[M].北京：中国人民大学出版社,2002.

[2] 蔡志兴.人工智能及其应用[M].北京：清华大学出版社,1996.

[3] 财政部.财政部关于全面推进管理会计体系建设的指导意见[N].2014.

[4] 财政部.管理会计基本指引[N].2016.

[5] 财政部.管理会计应用指引[N].2017.

[6] 池国华,邹威.基于 EVA 的价值管理会计整合框架.会计研究[J].2015,12：38-44.

[7] 戴维·P.道尔. 战略成本控制[M].刘俊勇等译.北京：中国人民大学出版社,2013.

[8] 戴璐,支晓强. 企业引进管理会计方法的排斥效应、后续变革与影响因素[J].南开管理评论,2015,2：103-114.

[9] 渡边岳夫.管理会计与行为动机[J].商学论丛（日本中央大学）,2003,第 45 卷第 1、2 号（11 月）：61-87.

[10] 稻盛和夫. 阿米巴经营[M].北京：中国大百科全书出版社,2009.

[11] 冈野浩.日本管理会计的框架——成本企画的国际比较[J].会计（日）,2000,3：23-28.

[12] 高晨,汤谷良. 管理控制工具的整合模式：理论分析与中国企业的创新[J].会计研究,2007,4：68-75.

[13] 傅元略.中国特色的管理会计理论问题探讨[J].财务与会计,2015,12：14-16.

[14] 傅元略.价值管理的新方法：基于价值流的战略管理会计[J].会计研究,2004,6：25-28.

[15] 冯圆.成本管理的概念扩展与创新实践 [J].浙江理工大学学报,2014,6：9-15.

[16] 冯圆. 实体经济企业降成本的路径选择与行为优化研究[J].会计研究,2018,1：9-15.

[17] 冯巧根.管理会计的发展动态与评述[J].会计之友,2011,20：8-13.

[18] 冯巧根. 高级管理会计[M].南京：南京大学出版社,2009.

[19] 冯仑.赚钱以外的功夫[J].读者,2015,7：61-62.

[20] 汉森,莫文,罗伯特.管理会计学[M].第六版.陈良华等译.北京：中国人民大学出版社,2005.

[21] 胡玉明等.中国管理会计理论与实践：1978 年至 2008 年[J].会计研究,2008,9：3-9.

[22] 胡玉明.中国管理会计的理论与实践：过去、现在与未来[J].新会计,2015,1：1-8.

[23] 胡燕,王志军. SBU 损益制在海尔集团的运行实践[J].财务与会计,2006,1：16-18.

[24] 黄群慧,贺俊."第三次工业革命"与中国经济发展战略调整——技术经济范式转变的视角[J].中国工业经济,2013,1：5-8.

[25] 黄世忠.移动互联网时代财务与会计的变革与创新[J].财务与会计,2015, 21：6-9.

[26] 洪银兴.产业化创新及其驱动产业结构转向中高端的机制研究[J].经济理论与经济管理,2015,11：5-14.

[27] 哈默.领导企业变革[M].曲昭光等译.北京：人民邮电出版社,2002.

[28] 亨利·切萨布鲁夫,维姆·范哈弗贝克.开放式创新：创新方法论之新语境[M].上海：复旦大学出版社,2016.

[29] 楼继伟.加快发展中国特色管理会计 促进我国经济转型升级[J].财务与会计,2014,10：4-10.

[30] 李铁,何召滨. 对管理会计实施导向的认识[J].财务与会计,2015,22：13-14.

[31] 李心合.丧失相关性的会计与会计的持续性改革[J].会计研究,2012,10：3-10.

[32] 刘运国.管理会计在珠江三角洲企业管理中的应用及其启示[J].广东商学院学报,1999,2：69-73.

[33] 刘圻.企业价值管理创新模式研究——基于自发秩序与程序理性的视角[J].会计研究,2010,8：36-41.

[34] 刘霞辉.供给侧的宏观经济管理——中国视角[J].经济学动态,2013,10：9-19.

[35] 刘方龙,吴能全.探索京瓷"阿米巴"经营之谜——基于企业内部虚拟产权的案例研究[J].中国工业经济,2014,2：135-147.

[36] 刘志彪.在新一轮高水平对外开放中实施创新驱动战略[J].南京大学学报(哲学·人文科学·社会科学),2015,2：17-24.

[37] 刘世锦.发展实体经济要优先推进降成本的供给侧改革[J].河北经贸大学学报,2017,6：1-4.

[38] 罗宾斯,贾奇.组织行为学[M].北京：中国人民大学出版社,2008.

[39] 林斌,刘运国等.作业成本法在我国铁路运储企业应用的案例研究[J].会计研究,2001,2：31-39.

[40] 贾康,苏京春.探析"供给侧"经济学派所经历的两轮"否定之否定"——对"供给侧"学派的评价、学理启示及立足于中国的研讨展望[J].财政研究,2014,8：2-16.

[41] 近藤隆史·吉田荣介.基于制度变迁的成本企画导入及变迁过程的案例研究[J].会计(日),2005,6：32-39.

[42] 杰里米·里夫金.第三次工业革命[M].北京：中信出版社,2012.

[43] 杰里米·里夫金.零成本社会[M].北京：中信出版社,2014.

[44] 康芒斯.制度经济学(上、下册)[M].上海：商务印书馆,1987.

[45] 科斯.社会成本问题,见《财产权利与制度变迁——产权学派与新制度经济学派译文集》[M].上海：上海三联书店、上海人民出版社,1994.

[46] 柯大纲.基于时间竞争(TBC)的管理会计理论与方法[J].上海立信会计学院学报,2008,1：7-13.

[47] 迈克尔·詹森.现代产业革命、推出和内部控制体制失灵,载唐纳德.H.邱主编：公司财务和治理机制[M].北京：中国人民大学出版社,2004.

[48] 牧户孝郎.管理会计的新地平[J].企业会计(日),2005,7：23-26.

[49] 马克斯·韦伯.社会科学方法论[M].北京：中国人民大学出版社,1999.

[50] 马影,王越.价值星系视角下的战略成本管理[J].财务与会计,2015,7：19-21.

[51] 诺思.经济史中的结构与变迁[M].上海：上海三联书店,1994.

[52] 王军.振奋精神、潜心研究 大力推进会计理论研究的繁荣与发展[J].会计研究,2005,7：1-3.

[53] 王斌,高晨.论管理会计工具的整合系统[J].会计研究,2004,4：59-64.

[54] 王斌.跨职能团队的管理控制问题：一个理论思考.会计研究[J].2011,7：38-44.

[55] 王斌,顾惠忠.内嵌于组织管理活动的管理会计：边界、信息特征及研究未来.会计研究[J].2014,1：13-20.

[56] 汪一凡.中国式管理会计刍议[J].财会学习,2014,8：1-1.

[57] 魏江,邬爱其,彭雪蓉.中国战略管理研究：情境问题与理论前沿[J].管理世界,2014,12：167-171.

[58] 欧佩玉、王平心.作业成本法及其在我国先进制造业的应用[J].会计研究,2000,2：46-51.

[59] 潘飞,文东华.实证管理会计研究现状及中国未来的研究方向——基于价值管理视角[J].会计研究,2006,2：81-86.

[60] 潘飞等.中国企业管理会计研究框架——以价值为基础和战略为导向[J].会计研究,2010,10：3-12.

[61] 彭家钧.海尔财务信息化系统的构建与运行[J].财务与会计,2015,15：18-20.

[62] 乔彦军.为什么国有企业在应用管理会计上乏力[J].会计研究,1997,4：33-36.

[63] 齐默尔曼.决策与控制会计[M].大连：东北财经大学出版社,2000.

[64] 任佩瑜,张新华,徐静.企业顾客满意(CS)绩效评价模型设计及应用[J].四川大学学报(哲学社会科学版),2003,2：51-55.

[65] 热若尔·罗兰.理解制度变迁：迅捷变革的制度与缓慢演进的制度[M].南大商学评论,南京大学出版社(总第5辑),2005.

[66] 斯蒂格利茨.让全球化造福全球[M].北京：中国人民大学出版社,2011.

[67] 上总康行,李璟娜,冯巧根.京瓷的大家族主义经营与管理会计——稻盛经营管理方式和单位时间核算制度[J].上海立信会计学院学报,2010,1：3-12.

[68] 田中雅康.最新业绩评价会计：多元化、多方位的视角[M].东京：中央经济社,2006.

[69] 田高良,赵宏祥,李君艳.清单管理嵌入管理会计体系探索[J].会计研究,2015,4：55-61.

[70] 汤谷良,穆林娟,彭家钧.SBU：战略执行与管理控制系统在中国的实践与创新——基于海尔集团SBU制度的描述性案例研究[J].会计研究,2010,5：47-53.

[71] 汤谷良,栾志乾.企业如何有效导入管理会计系统[J].财务与会计,2015,1：13-15.

[72] 唐纳德,迈克尔.公司创新与创业[M].李波等译.北京：机械工业出版社,2013.

[73] 托马斯·S.贝特曼.管理学：全球竞争中的领导与合作[M].第9版.北京：清华大学出版社,2010.

[74] 吴少平.论在企业营销中加强成本控制[J].会计之友,2005,1：35-36.

[75] 吴成良.SBU模式在商业银行组织结构创新中的应用研究[J].国际金融研究,2005,2：37-41.

[76] 小菅正伸.预算管理无用论与BB模式[J].商业论究(日),2003,5：1-15.

[77] 谢志华.会计利润与经营者业绩评价：缺陷与改进[J].会计之友,2016,1：8-13.

[78] 谢志华.所有者与经营者的信息对称：底线标准[J].财务与会计,2016,1：72-75.

[79] 希尔,琼斯,周长辉.战略管理[M].北京：中国市场出版社,2007.

[80] 西泽修.以顾客价值创造经营为目的的管理会计[J].企业会计(日),2000,6：23-29.

[81] 西村明,大下丈平.管理会计的国际展望[M].福冈：九州大学出版会(日),2003.

[82] 熊焰韧,苏文兵,张朝宓.管理会计实践发展与展望[M].北京：中国财政经济出版社,2013.

[83] 熊彼特.经济发展理论[M].北京：北京出版社,2008.

[84] 徐向阳.虚拟产权与企业家激励[J].中国工业经济,2005,12：101-107.

[85] 徐淑英,张志学.管理问题与理论建立：开展中国本土管理研究的策略[J].南大商学论坛,2005(7)：3-10.

[86] 约翰逊,卡普兰.管理会计兴衰史(相关性的遗失)[M].北京：清华大学出版社,2004.

[87] 易学君.企业文化的"阴"与"阳"[J].哈佛商业评论(中文版),2008,1：70-82.

[88] 杨继军,范从来."中国制造"对全球经济"大稳健"的影响[J].中国社会科学,2015,10：92-113.

[89] 永山达也,山本晋五.东日本大地震的教训[J].企业会计(日),2012,4：11-17.

[90] 余绪缨.现代管理会计是一门有助于提高经济效益的科学[J].会计研究,1983,6：51-54.

[91] 余绪缨.半个世纪以来管理会计形成与发展的历史回顾及其新世纪发展的展望[J].财会通讯,2001,1：3-7.

[92] 余绪缨.管理特性的转变历程与知识经济条件下管理会计的人文化趋向[J].财会通讯,2001,10：3-7.

[93] 余晓泓.日本企业的环境经营[J].中国人口·资源与环境,2003,5：107-111.

[94] 于增彪,袁光华,刘桂英,邢如其.关于集团公司预算管理系统的框架研究[J].会计研究,2005,8：22-29.

[95]　张家伦.企业价值评估与创造[M].上海：立信会计出版社,2005.

[96]　张朝宓,熊焰韧.当代管理会计研究[M].北京：北京大学出版社,2006.

[97]　张蕊,饶斌等.作业成本法在卷烟制造业成本核算中的应用研究[J].会计研究,2006,7：59-65.

[98]　张林.西方管理会计变更研究综述[J].财会通讯,2008,10：32-35.

[99]　赵旭东.心理与行为的社会基础——认识与文化的视角[J].社会心理研究,2008,1：6-14.

[100]　张明明.管理会计在中国应用与发展的思考[J].浙江财税与会计,2006,2：16-18.

[101]　张维迎.博弈论与信息经济学[M].上海：格致出版社、上海三联书店、上海人民出版社,2013.

[102]　张林,丁鑫,谷风.“互联网＋”时代会计改革与发展[J].会计研究,2015,8：93-95.

[103]　张新民,祝继高.会计学本科专业核心课程建设：突围之路[J].会计研究,2015,8：80-85.

[104]　张先治,晏超.基于会计本质的管理会计定位与变革[J].财务与会计,2015,3：9-11.

[105]　张玉明,陈前前.企业文化与中小上市公司成长的实证研究[J].会计研究,2015,3：20-25.

[106]　张振川.现代企业风险价值管理问题探讨[J].会计研究,2004,3：55-58.

[107]　赵剑波.管理意象引领战略变革：海尔“人单合一”双赢模式案例研究[J].南京大学学报（哲社版）,2014,4：78-85.

[108]　赵鸣骥.“十三五”时期会计改革任务与会计理论研究[J].会计研究,2016,10：3-8.

[109]　周守华,陶春华.环境会计：理论综述与启示[J].会计研究,2012,2：3-10.

[110]　周天勇.传统经济模式的增长困局[N].学习时报,2013-9-9.

[111]　朱云,陈工孟.作业成本法在香港应用的调查分析[J].会计研究,2000,8：60-64.

[112]　朱七光,何米娜.企业环境成本的演进逻辑及伦理学本质探析[J].上海立信会计学院学报,2006,6：12-18.

英文部分：

[1]　Ahrens,T..Talking Accounting：An Ethnography of Management Knowledge in British and Germany Brewers[J].Accounting Organizations and Society,1997,vd.22,no.7.

[2]　Arrfelt,M,Wiseman,R,McNamara,G,& Hult.Examining a key corporate role：The influence of capital allocation competency on business unit performance[J].Strategic Management Journal,2015,36,7,pp.1017-1034.

[3]　Anderson S W.A..Framework for Assessing Cost Management System Changes：the Case of Activity Based Costing Implementation at General Motors,1986-1993[J].Journal of Management Accounting Research,1995,7(1),pp.1-51.

[4]　Blahová,M,& Zelený.Effective strategic action：Exploring synergy sources of European and Asian management systems[J].Human Systems Management,2013,32,3,pp.155-170.

[5]　Burns J..The Dynamics of Accounting Change：Inter-play between New Practices,Routines Institutions,Power,and Politics[J].Accounting Auditing and Accountability Journal,2000,13(5),pp.566-596.

[6]　Blahová.Bata and Amoeba：Successful Management Systems to Maximize Corporate Performance[M].Proceedings Of The European Conference On Management,Leadership & Governance,2012,pp.39-49.

[7]　Birkett,W.P..Management Accounting and Knowledge Management[N].Management Accounting,1995 November.

[8]　Burns,J.and R.W.Scapens.Conceptualizing management accounting change：an institutional framework[J].Management Accounting Research,2000(11),pp.3-25.

[9]　Bazerman,M..Judgement in Managerial Decision Making[M].New York：John Wiley &

Son，1998.

[10]　Bandura A. Self-Efficacy. The exercise of control［M］. New York：W. H Freeman and Company，1997.

[11]　Berry，J. W.. Immigration，acculturation，and adaptation［J］. Applied Psychology，1997，46，pp. 5-34.

[12]　Bromwich，M.. The Case for Strategic Management Accounting：The Role of Accounting Information for Strategy in Competitive Markets［J］. Accounting，Organizations and Society，1990，pp. 27-46.

[13]　Burns，J. and R. W. Scapens. Conceptualizing Management Accounting Change：An Institutional Framework［J］. Management Accounting Research. 2000，11 (1)，pp. 3-25.

[14]　Blocher et al.. Cost Management：A Strategic Emphasis［M］. 2th. New York：McGraw Hill，2003.

[15]　Brickley et al.. Managerial Economics and Organization Architecture［J］. Homewood：Richard D. Irwin，1997.

[16]　Bunce，P.，R. Fraser，and J. Hope. Beyond Budgeting White Paper［N］.（Hampshire，UK：Beyond Budgeting Round Table，CAM-I，Inc.，Europe，June），2002.

[17]　Covaleski，Mark A.，Evans Ⅲ，John H.，Luft，Joan L.，Shields，Michael D.. Budgeting Research：Theoretical Perspectives and Criteria for Selective Integration［J］. Journal of Management Accounting Research，2003(15)，pp. 186-210.

[18]　Cristopher D. Itter，David F. Larcker.，Assessing empirical research in managerial accounting：a value-based management perspective［J］. Journal of Accounting &Economics，2001，32，pp. 349-410.

[19]　Chong，V. K，and K. M. Chong. Strategic Choices，Environmental Uncertainty and SBU Performance：A Note on the Intervening Role of Management Accounting Systems［J］. Accounting and Business Research，1997，Vol. 27，No. 4，pp. 268-276.

[20]　Chenhall，R. H. and D. Morris. The Impact of Structure，Environment，and Interdependence on the Percieved Usefulness of Management Accounting Systems［J］. Accounting Review，1986，Vol. 61，No. 1，pp. 16-35.

[21]　Cooper，Robin. Activity-Based Costing. Handbuch Kostenrechnung［M］. Gabler Verlag，1992.

[22]　Cooper，Kyocera Corp.. The Amoeba Management System［M］. Harvard Business School Cases，1994.

[23]　David Otley. Performance management：a framework for management control systems research［J］. Management Accounting Research，1999，10，pp. 363-382 .

[24]　Cobb I，Helliar C，Innes J.. Management Accounting Change in a Bank［J］. Management Accounting Research，1995，6(2)，pp. 155- 175.

[25]　Dovev，L.，R. H. Pamela，and K. Poonam. Organizational Differences，Relational Mechanisms，and Alliance Performance［J］. Strategic Management Journal，2012，33 (13)，pp. 1453-1479.

[26]　Daft R. L.. Essentials of Organization Theory & Design［M］. 2nd Ed. South-Western College Publishing，2001.

[27]　Duncan，O. D，A. O. Haller and A. Portes. Peer Influences on Aspirations：A Reinterpretation［J］. American Journal of Sociology，1968，74，pp. 123-145.

[28]　Daft R. L.. Essentials of Organization Theory & Design［M］. 2nd Ed. South-Western College

Publishing,2001.

[29] Detert, J. R., R. G. Schroeder, J. J. Mauriel. A Framework for Linking Culture and Improvement Initiatives in Organizations[J]. Academy of Management Review, 2000,Vol. 25, No. 4, pp. 850-863.

[30] Downey, K. Hellriegel, D. and Slocum Jr., t.. Environmental Uncertainty: The Construct and Its Applications[J]. Administrative Science Quarterly,1975, 20, pp. 613-629.

[31] Dyer J. H., Singh H.. The Relational View: Cooperative Strategy and Sources of Inter-Organizational Competitive Advantage[J]. Academy of Management Review, 1998,23, pp. 660-679.

[32] Daft, R. L.. A dual-core model of organizational innovation[J]. Academy of Management Journal,1978, 21(2), pp. 193-210.

[33] Damanpour, F.. Organizational innovation: A meta-analysis of effects of determinants and moderators[J]. The Academy of Management Journal,1991, 34(3), pp. 23-32.

[34] David T. Otley. The contingency theory of management accounting and control: 1980-2014 [J]. Management Accounting Research, 2016,31, pp. 45-62.

[35] David T. Otley. The contingency theory of management accounting : achievement and prognosis [J]. Accounting, Organizations and Society,1980,5(4), pp. 413-428.

[36] Fu Y.. Research on the design and optimization of management control mechanism[N]. Keynote speech paper in APMAA 2012 Conference,2012.

[37] Gupta A. K. SBU Strategies, corporate-SBU and SBU effectiveness in strategy implementation [J]. Academy of Management Journal, 1987,3, pp. 477-500.

[38] Gary, M. S., and R. E. Wood. Mental Models, Decision Rules, and Performance Heterogeneity [J]. Strategic Management Journal, 2011,32(6), pp. 569-5948.

[39] Gordon, L., A. and V. K. Narayanan. Management Accounting Systems, Percievd Environmental Uncertainty and Organization Structure: An Empirical Investigation[J]. Accounting, Organizations and Society, 1984,Vol. 9, No. 1, pp. 33-47.

[40] Gul, F. A. and Y. M. Chia. The Effects of Management Accounting Systems, Perceived Environmental Uncertainty and Decentralization on Managerial Performance: A Test of Three-Way Interaction. Accounting [J]. Organization and Society, 1994, Vol. 19, No. 4/5, pp. 413-426.

[41] Ge Z., Hu Q.. Collaboration in R&D Activities: Firm-Specific Decisions[J]. European Journal of Operational Research, 2008,185, pp. 864-883.

[42] Gordon J. Myron. Postulates. principles and research in accounting[J]. The Accounting Review, 1964,39, pp. 251-263.

[43] Granlund, M. & K. Lukka. It's a Small world of Management Accounting Practice[J]. Journal of Management Accounting Research, 1998,10: 154-171.

[44] Hammer M. R., Bennett M. J., Wiseman R.. Measuring intercultural sensitivity: The Intercultural Development Inventory[J]. International Journal of Intercultural Relations, 2003,27 (4), pp. 421-443.

[45] Henderson, P. W. & Peterson, R. A.. Mental accounting and categorization[J]. Organizational Behavior and Human Decision Processes, 1992,51 (1), pp. 92-117.

[46] Lambert, R. A.. Contracting Theory and Accounting[J]. Journal of Accounting and Economics,

2001, 32, pp. 3-87.

[47] Luft,J. L.. Long-term Change in Management Accounting: Perspectives from Historical Research [J]. Journal of Management Accounting Research, 1997(9), pp. 163-197.

[48] Jacob Birnberg. Management Accounting Research and Practice as We End the Twentieth Century [M]. Working Paper, Canada,1999.

[49] Jeremy Hope&Robin Fraser. Beyond Budgeting: Questions and Answers[N]. Beyond Budgeting Round Table,2001.

[50] Johnson H. T., R. S. Kaplan. Relevance Lost: The Rise and Fall of Management Accounting [M]. Harvard Business School Press,1987.

[51] John Burns, Juhani Vaivio. Management accounting change [J]. Management Accounting Research, 2001,12(4), pp. 389-402.

[52] Joan Luft, Michael D. Shields. Mapping management accounting: graphics and guidelines for theory—consistent empirical research[J]. Accounting,Organizations and Society,2003, vol. 28: 169-249.

[53] Kaplan, R. S., and D. P. Norton. The Balanced Scorecard: Measures that Drive Performance [J]. Harvard Business Review, 1992,J. Vol. 70, No. 1, pp. 71-79.

[54] Ittner, C. D., and Larcker, D. F.. Are Nofinancial Measures Leading Indicators of Financial Performance? An Analysis of Customer Satisfaction[J]. Journal of Accounting Research, 1998, Vol. 36 Supplement, pp. 1-34.

[55] Ittner, C. D. and D. F. Larcker, Assessing empirical research in managerial accounting: a value-based management perspective[J]. Journal of Accounting and Economics, 2001,32, pp. 349-410.

[56] Mia, L. and R. Chenhall, The Usefulness of Management Accounting Systems, Functional Differentiatin and Managerial Effectiveness[J]. Accounting, Organizations and Society, 1993, Vol. 19, No. 1, pp. 1-13.

[57] Markus Granlund. Management control system integration in corporate mergers: a case study[J]. Accounting, Auditing and Accountability Journal, 2003,Vol 16. No. 2.

[58] Mia, L. and R. Chenhall. The Usefulness of Management Accounting Systems, Functional Differentiatin and Managerial Effectiveness[J]. Accounting, Organizations and Society, 1993, Vol. 19, No. 1, pp. 1-13.

[59] Maleen Z. Gong,Michael S. C. Test. Pick. mix or match? A discussion of theories for management accounting research [J]. Journal of accounting business & management, 2009,16(2), pp. 54-66.

[60] Ostrenga, M. R. and Probst, F. R.. Process Value Analysis: The Missing Link in Cost Management[J]. Journal of Cost Management, 1992,Vol. 6, No. 3, Fall, pp. 4-13.

[61] Otley, D. T.. The contingency theory of management accounting: achievement and prognosis [J]. Accounting, Organizations and Society, 1980,5(4), pp. 413-428.

[62] Rappaport A.. Creating shareholder value: a guide for managers and investors[M]. New York: The Free Press,1986.

[63] PAIB. Enterprise governance: Getting the Balance Right[N]. CIMA and IFAC, 2004.

[64] PCAOB. Audit Standard No 2 : An Audit of Internal Control Over Financial Reporting Performed in Conjunction with An Audit of Financial Statements[N]. 2004.

[65] Pfeffer, J. and Salancik, G. R.. The External Control of Organizations[M]. New York: Harper & Row, 1978.

［66］ P. Tiessen,J. H. Waterhouse. Towards a descriptive of management accounting［J］. Accounting, Organizations and Society，1983,8(2),pp. 251-267.

［67］ Ryan, R. M. , & Deci, E. L.. Self-determination theory and the facilitation of intrinsic motivation, social development, and well-be-ing[J]. American Psychologist, 2000,55(1), pp. 68-78.

［68］ Robin Cooper, Robert Kaplan. How Cost Accounting Systematically Distorts Product Cost: Accounting and Management: Field Study Perspectives[M]. New York: The Free Press,1987.

［69］ Simons,R.. Accounting Control Systems and Business Strategy: An Empirical Analysis［J］. Accounting, Organizations and Society, 1987,12 (4),pp. 357-374.

［70］ Simons, R.. Control in an Age of Empowerment ［J］. Harvard Business Review, 1995,20(4), pp. 80-88.

［71］ Sheilds, M. D.. Research in Management Accounting by North Americans in the 1990's［J］. Journal of Management Accounting Research, 1997,9,pp. 3-61.

［72］ Spector Y.. Theory of Constraint 2. Methodoy Where The Constraint is The Business Model ［J］. International Journal of Production Research. 2011,49(6),pp. 3387-3395.

［73］ Shank, J. K. and Govindarajan, V.. Strategic Cost Management: The New Tool for Competitive Advantage[M]. The Free Press,1993.

［74］ Simmonds, K.. Strategic Management Accounting[J]. Management Accounting (CIMA), 1981, Vol. 59, No. 4, pp. 26-29.

［75］ Simons, R.. Levers of control: how managers use innovative control systems to drive strategic renewal[M]. Boston: Harvard Business School Press,1995.

［76］ Scapens. Understanding management accounting practices: a personal journey ［J］. British Accounting Review, 2006,38(1),pp. 1-30.

［77］ Takeda, H, & Boyns. Management, accounting and philosophy The development of management accounting at Kyocera, 1959-2013[J]. Accounting, Auditing & Accountability Journal, 2014,27, 2, pp. 317-356.

［78］ Tosi H. , R. Aldag, R. Storey. On the Measurement of the Environment: An Assessment of the Lawrence and Lorsch Environmental Uncertainty Subscale[J]. Administrative Science Quarterly, 1973,18, pp. 27-36.

［79］ Teece D J.. Business models: Business strategy and innovation[J]. Long Range Planning,2010, (43),pp. 172-194.

［80］ Theodore H. Moran. International Political Risk Management: Exploring New Frontiers[M]. Switzerland: World Bank Publications,2011.

［81］ Tversky and Kahneman, D.. Prospect Theory: An analysis of decision under risk ［J］. Econometrical, 1979,47,PP. 263-291.

［82］ Tosi H. , R. Aldag, R. Storey. On the Measurement of the Environment: An Assessment of the Lawrence and Lurch Environmental Uncertainty Subscale[J]. Administrative Science Quarterly, 1973,18, pp. 27-36.

［83］ Wayeru, N. M.. Predicting Changing in Management Accounting Systems[J]. Global Journal of Business Research,2008,28(1),pp. 25-41.

［84］ Zott C, Amit R, Massa L.. The Business model: recent developments, and future research[J]. Journal of Management, 2011,5(7),pp. 1019-1042.

教师服务

　　感谢您选用清华大学出版社的教材！为了更好地服务教学，我们为授课教师提供本书的教学辅助资源，以及本学科重点教材信息。请您扫码获取。

≫ 教辅获取

本书教辅资源，授课教师扫码获取

≫ 样书赠送

会计学类重点教材，教师扫码获取样书

 清华大学出版社

E-mail: tupfuwu@163.com
电话：010-83470332 / 83470142
地址：北京市海淀区双清路学研大厦 B 座 509

网址：http://www.tup.com.cn/
传真：8610-83470107
邮编：100084